本书由上海市哲学社会科学规划课题资助

（课题批准号：2013BDS001）

潮涌东方

浦东开发开放30年

中共上海市委党史研究室 编
黄金平 龚思文 著

上海人民出版社

目录

引子

百年梦想 001

一、国家战略　时代使命

伟大的变革时代 002
“十个第一和五个倒数第一” 007
酝酿浦东开发大计 012
打出一张“王牌” 018
浦东开发办挂牌 024
几代中央主要领导的大力支持 029

二、高起点规划　高标准开发

“比特区还特”的政策定位 036
站在地球仪旁思考 042
面向世界的浦东规划 048
被誉为“垂直金融街”的陆家嘴 053
由“制造”向“智造”转身的金桥 060
追逐“自由”的外高桥保税区 065

承担自主创新使命的张江 071
向都市现代农业迈进的孙桥 076

三、浦东的速度　浦东的高度

南浦大桥飞架浦江两岸 082
列为 1 号工程的杨高路工程 088
第一条穿越黄浦江的地铁 093
鲲鹏展翅的浦东空港 098
面向国际航运竞争的洋山港 104
大数据时代的信息港建设 110
见证陆家嘴地区开发的东方明珠塔 115
从金茂大厦到上海环球金融中心的超越 122
对标世界顶尖的上海中心大厦 129

四、因改革而生　因改革而兴

“资金空转、土地实转”开发模式 136
沪上首例银团贷款 142

裕安大厦等省部楼入驻浦东 148
“小政府、大社会”管理模式 154
首次面向全国招考干部 160
“一门式”服务开全国先河 165
开展综合配套改革试点 170
打响市场监管体制改革“第一枪” 175
率先推进“证照分离”改革试点 181

五、推动转型升级　开拓发展空间

APEC 会议见证浦东发展 188
总部经济的“浦东样本” 193
央行上海总部在新区揭牌 198
风云际会的“陆家嘴论坛” 203
新浦东的“二次创业”新征程 208
“区港联动”绘就“黄金岸线” 213
临港地区的产业发展新动能 218
国产大型客机翱翔蓝天 223
上海迪士尼开启“寻梦之旅” 228

六、现代化城区　高品质生活

上海世博会闪耀浦江两岸 236
新区的公共文化新坐标 241
宜居宜业的“浦东范例” 246
东岸滨江之“城市客厅” 251
上海纽约大学选址陆家嘴 256
质子重离子医院落户新区 261
“城市大脑”的浦东模式 266
“海绵城市”之临港经验 271
从“联合支部”到“金领驿站” 276

七、自贸试验区　开放新标杆

首个自由贸易区成立 282
走向全国的“负面清单” 288
“互联网+”的电商服务港 293
服务“一带一路”的国别商品中心 298
规模全球最大的“单一窗口” 304
迈向全球的“上海金” 309
服务跨境投融资的全球并购网 314

设立中国的“纳斯达克” 319
自贸区临港新片区起航 324

八、核心承载区　科创新高地

从“园”升级为“城”的张江 330
硬 X 射线自由电子激光装置启动建设 336
比肩顶级研究机构的李政道研究所 341
对接全球资源的张江联合孵化平台 345
集成电路产业集聚新区 350
浦东驶入 AI“快车道” 355
打造“南北科技创新走廊” 359
世界顶尖科学家齐聚“滴水湖论坛” 364

展望

而立浦东再出发 369

参考文献 370

后　记 373

引子

百年梦想

浦东，位于上海市东部，因处黄浦江东而得名；东濒东海，南临杭州湾，紧邻上海最繁华之地——外滩；更是雄踞中国南北海岸线中点和长江出海口的交汇处，地理位置得天独厚。

开发浦东，承载了几代人美好的梦想。

1919 年，中国民主革命的先行者孙中山先生，在上海香山路 7 号的一座花园楼房里，写下了他为中国绘制的复兴蓝图《建国方略》。在这幅蓝图里，他特别提出在浦东建设“东方大港”的构想。

1921 年，致力于家乡建设的著名爱国民主人士黄炎培召集同乡，创建上川交通股份有限公司，在浦东修建铁路。这条铁路，由庆宁寺一直延伸至南汇祝桥镇，全长 33 公里。铁路建成后，带来了纺织业的发展，也拉近了浦东与时代的距离。但是，由于连年的战乱，使浦东与繁华擦肩而过。

1949 年，上海解放后，市政府在浦东进行了相当规模的投资，改造老企业，兴建、扩建上钢三厂、高桥化工厂和沪东造船厂等大中型骨干企业，修建公路、港口、仓库等，各项社会事业也有所发展。但是，由于黄浦江的阻隔，市区段江上仅有轮渡，没有大桥等现代化交通设施，致使浦东的经济和社会发展严重滞后于浦西。

1990 年，党中央、国务院宣布开发开放浦东。在党中央的正确领导下，在中央各部委、各省市和全国人民的大力支持下，经过上海全市人民和广大建设者的共同努力，上海浦东，用短短三十年成就一个令世人惊叹的发展奇迹：从农田遍布、芦苇摇曳到高楼林立、企业云集。而洋山深水港的辉煌崛起，更是圆了“东方大港”的梦想。今天的浦东，以占上海五分之一的面积、四分之一的人口，贡献了全市三分之一的经济总量。浦东不仅是上海经济的增长极和发动机，也成为中国改革开放的重要地标。浦东开发开放取得举世瞩目的成就，成为“中国改革开放的象征”和“上海现代化建设的缩影”。

百年梦想，成为了现实。

国家战略　时代使命

上海，中国的经济中心。从一个小商埠到大都市，走过了一个半世纪。然而到了 20 世纪 80 年代，上海前进的步伐越发沉重：城市空间狭小，基础设施陈旧，经济增长缓慢，城市功能老化……

上海新的发展空间在哪里？

一批有识之士将目光投向黄浦江东岸。在上海市委、市政府多次酝酿、研讨和推动下，一个开发浦东、振兴上海的计划呼之欲出。

1990 年初，我国改革开放的总设计师邓小平在思考中国进一步扩大开放时以一个战略家的眼光，提出了开发浦东、打上海这张“王牌”的全局构想。在邓小平倡导和推动下，1990 年 4 月 18 日，党中央、国务院宣布开发开放上海浦东，从此掀开了中国改革开放新的篇章……

[CHAO'YONG'DONG'FANG]

伟大的变革时代

1978年12月，中国共产党十一届三中全会确立了“对内搞活经济，对外实行开放”的改革开放的基本国策和“一个中心、两个基本点”的基本路线。从此，中国开始了从“以阶级斗争为纲”到以经济建设为中心、从僵化半僵化到全面改革、从封闭半封闭到对外开放的历史性转变。我国对外开放的基本策略、方案，是先在我国东南沿海地区及其毗邻港、澳、台的若干中小城市进行对外开放和建立经济特区的试验，积累经验，逐步向其他地区扩展。

1980年8月，国务院正式批准在深圳、珠海、汕头、厦门设置经济特区，这是一项重大的国家战略。以深圳为代表的经济特区主要以工业生产领域的对外开放为主。我国经济特区的发展，其中以深圳的变化最为显著。到1983年，深圳已和外商签订了2500多个经济合作协议，成交额18亿美元，引进2500台设备和一批技术。1983年与1978年相比，深圳工农业总产值增长11倍，财政收入比办特区以前增长10倍多，外汇收入增长2倍，基本建设投资比中华人民共和国成立后30年的总和增长20倍。

1984年，深圳蛇口工业区

1984年1月至2月，邓小平先后视察了深圳、珠海、厦门等地，对特区建设给予了充分肯定，有力地推动了对外开放的进一步扩大。在视察期间，邓小平相继挥笔题词。在深圳的题词是："深圳的发展和经验证明，我们建立经济特区的政策是正确的。"在珠海的题词是："珠海经济特区好。"在厦门的题词是："把经济特区办得更快些更好些。"回到北京后，邓小平就办好经济特区和增加沿海开放城市问题同中央的几位负责同志谈话时指出："特区是个窗口，是技术的窗口，管理的窗口，知识的窗口，也是对外政策的窗口。从特区可以引进技术，获得知识，学到管理，管理也是知识。特区成为开放的基地，不仅在经济方面、培养人才方面使我们得到好处，而且会扩大我国的对外影响。”“除现在的特区之外，可以考虑再开放几个港口城市，如大连、青岛。……我们还要开发海南岛。”

根据邓小平的谈话精神，1984 年 3 月 26 日至 4 月 6 日，中共中央书记处和国务院召开沿海部分城市工作座谈会。5 月 4 日，中央批转了这个会议的《纪要》，正式确定开放沿海大连、秦皇岛、天津、烟台、青岛、连云港、南通、上海、宁波、温州、福州、广州、湛江、北海 14 个港口城市。

1988 年 4 月 13 日，第七届全国人民代表大会第一次会议通过关于设立海南省的决定和关于建立海南经济特区的决议

为了更好地搞活经济，进一步扩大对外开放，1985 年 2 月，中共中央、国务院批转《长江、珠江三角洲和闽南厦漳泉三角地区座谈会纪要》，“在长江三角洲、珠江三角洲和闽南厦漳泉三角区开辟沿海经济开放区”。1988 年初，中央又决定将辽东半岛和山东半岛全部对外开放，同已经开放的大连、秦皇岛、天津、烟台、青岛等连成一片，形成环渤海开放区。1988 年 4 月，海南经济特区获批建立。至此，中国的对外开放形成了由经济特区和

经济开发区“点”的布局演化为整个东部沿海地带的“线”的格局。

在扩大对外开放、发展外向型经济中，几个经济特区居于领先地位。汕头经济特区的许多企业，在政策的引导和鼓励下，积极引进先进设备和生产线，为兴办技术密集型企业打好“硬件”基础，改变了过去以制衣、食品、陶瓷为主的工业生产结构，逐步形成了电子、陶瓷、医药、食品、轻纺等 27 个主要行业及烤鳗、陶瓷、制药等一批拳头产品和 40 多家技术密集型企业。其中，汕头超声印刷板公司，是汕头超声电子（集团）公司下属的一家专门生产高密度、高精度、高可靠性的双面及多层印制板电路板的中外合资企业。该公司不断跟踪国际新技术的发展趋势，进行技术革新，产品质量达到国际标准，获得美国 UL 机构认证，并获得中国大型工业企业、中国 500 家最大外商投资企业、中国最佳经济效益工业企业等称号，被誉为“中国印制板之冠”。

厦门经济特区台商投资区在发展外向型经济的过程中迅速崛起。1988 年 4 月，国务院批准厦门市为计划单列市，并赋予相当于省一级的经济管

建设中的厦门经济特区台商投资区

理权限。此后，厦门市将所辖杏林、海沧地区开辟为台商投资区，经国务院批准享受经济特区的优惠政策。1988 年，厦门共接待台胞 2 万多人次，为 1987 年的 20 倍，批准外商投资金额达 1.44 亿美元，其中台资 8219 万美元，占全年外商投资总额的 52.8%。

珠海经济特区在引进外资方面取得可喜成绩。1988 年珠海市在工业方面共签订利用外资合同 219 项，超过了前八年工业方面正常执行的外商投资项目的总和；实际利用外资 4520 万美元，相当于前八年的 34.2%；外商投资企业出口创汇达 5148 万美元，占全市外贸出口总值的 12.2%，为前九年的总和。

实践证明，这一开放战略是成功的，沿海地区的经济一直保持快速发展的势头。但是，中国 20 世纪 80 年代的对外开放还是局部性的，同时，这一阶段的对外开放基本上是低层次的，所引进的外商投资主要集中在劳动密集型和出口加工型的产品和企业上。进入 20 世纪 80 年代末之后，中国一是要把对外开放的局面继续推向全国，二是要转向引进规模更大、技术水平更高的外资项目。无论从经济地位的重要性来看，还是从地理位置的有利性看，能担当如此重任的首推上海。因此，尽快把上海推向改革开放的最前沿已是势在必行。■

『十个第一和五个倒数第一』

从上海发展的历史来看，20世纪二三十年代，上海就已成为远东重要的国际金融、贸易中心城市。

20世纪50年代以后，在高度集中的计划经济时期，上海继续保持着历史的辉煌，一直是全国最大的经济中心，拥有冶金、化工、机电、仪表、轻纺、石化、汽车、飞机、电站设备、新材料等门类齐全的工业及微电子、计算机、光纤通信、生物工程、激光技术等高科技产业。上海的港口、航空、铁路是全国最发达的地区之一。中华人民共和国成立以后的很长一段时间里，上海的经济发展在全国是独领风骚的。至20世纪70年代末，上海的经济实力一直名列全国前茅，创造了工业总产值、出口总值等多项全国第一。

20世纪80年代，上海的经济发展环境急剧变化。中国改革开放采取的是一条渐进的路线，即从农村到城市，从小城市到大城市，从非公有制经济到公有制经济的逐渐推进。这是因为，在市场化改革方面我们没有经验，只有边摸索、边前进。所以，我国的改革开放是从农村、边陲小镇与渔村

解放日报

JIEFANG RIBAO

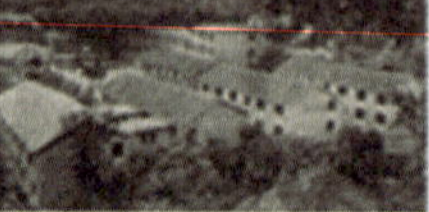

第11426号　1980年10月3日　星期五　今日四版

十个第一和五个倒数第一说明了什么？

——关于上海发展方向的探讨

上海社会科学院部门经济研究所　沈峻坡

市科协大力培训在职科技人员

市委、市政府领导同志节日分赴基层调查研究

就蔬菜、污染、住房等问题听取群众意见

为确保全市人民欢度国庆

杨树浦煤气厂搞好节日生产

本市二十一家锅炉机厂利用节日

抓紧检修设备　确保节后生产

人民欢乐我幸福

胜利了更要多读马列

十余国名将新秀会师沪上

上海国际举重邀请赛12日揭幕

1980年10月3日，《解放日报》发表《十个第一和五个倒数第一说明了什么？》

的深圳、珠海、汕头和厦门四个经济特区开始，而不是将国有大中型企业最集中、我国最大的经济中心上海放在最前沿。上海经济的稳定直接关系到全国经济的稳定和发展。在当时，上海充当的是改革开放“后卫”的角色，即主要是为我国其他地区的改革探索提供财力、人力与物力的支持。

从20世纪80年代初起，在改革开放的推动下，许多兄弟省市尤其是沿海地区的一些省市发展速度开始超过上海。上海各种优势一个一个地相继失去，技术进步迟缓；城市设施严重老化，建筑之密、厂房之挤、道路之狭、绿化之少、住房之缺，均为我国大城市之“最”；“三废”污染严重、经济运行效率明显下降。但是，处于改革开放“后卫”的上海，源源不断地为全国的改革与发展作出各方面的贡献。在当时，上海财政上缴约占中央财政收入的六分之一。另外，地方财政大包干在全国各地多在1980年就已经实行了，但上海却迟至1988年才实施。统收统支等政策影响了上海潜力的发挥。1980年10月3日，《解放日报》头版发表文章《十个第一和五个倒数第一说明了什么?》。

文章的作者是上海社会科学院部门经济研究所研究员沈峻坡。文章开门见山列举了上海在经济上至少有十个全国“第一”：

一、工业总产值占全国八分之一强，产值之大，居全国各省市的第一位；

二、出口总值占全国四分之一强，其中本市产品占60%，创汇之多，居全国第一位；

三、财政收入占全国总收入的六分之一，上缴国家税利占中央财政支出三分之一，上缴之多，居全国第一位；

四、工业全员劳动生产率1979年为30013元，高于全国各省市平均数1.5倍以上，居全国第一位；

五、工业每百元固定资产实现的利润，1979年全市平均63.73元，为全国平均数的四倍，居全国第一位；

六、工业资金周转率为69.5天，周转之快，为全国大城市的第一位；

狭窄的弄堂

七、按人口平均计算每人每年国民生产总值，1979年为1590美元，生产水平之高，居全国第一位；

八、能源有效利用率，1979年为33%，高于全国平均28%的水平，居全国第一位；

九、商品调拨量，上海商业部门调往各地的日用工业品占全国调拨量的45%，居全国第一位；

十、输送技术力量，解放以来上海迁往内地的工厂300多家，并通过其他各种途径，输送技术人员、技术工人超过100万人，居全国首位。

文章又列举了上海五项全国“倒数第一”：

一、市区平均每平方公里有4.1万人，城市人口密度之大，为全国之“最”；

二、建筑密度高达56%，按人口平均计算，每人拥有道路仅1.57平方米，绿化面积仅0.47平方米（像一张《解放日报》那么大），建筑之密、厂房之挤、道路之狭、绿化之少，均为我国大城市之“最”；

三、上海市区按人口平均计算，每人居住面积为4.3平方米（包括棚户、简屋、阁楼在内），4平方米以下的缺房户有918000多户（其中困难户、结婚户、特困户、外地调沪无房户共69000多户），占全市户数60%左右，缺房户比重之大，为全国大城市之“最”；

四、上海因交通事故造成平均每万辆车一年死亡人数为 42.5 人，车辆事故为全国大城市之“最”；

五、由于“三废”污染严重，上海市区癌症发病率之高为全国城市之“最”。

文章指出：十个全国第一和五个全国倒数第一，在上海同时并存，这说明了什么呢？这说明上海在取得重大进展、作出重要贡献的同时，出现了不少矛盾，主要是综合平衡遭到了破坏，比例的失调相当突出。

文章一见报，反响强烈，当天的《解放日报》零售脱销，进而引发全市上下对城市未来发展的大讨论。

上海向何处去？

人们把目光投向了与浦西一江之隔的浦东。

在改革开放的推动下，浦东地区开发建设的问题，被提到上海市委、市政府的重要议事日程。■

酝酿浦东开发大计

从 20 世纪 80 年代初，上海就提出了开发浦东的构想，但这一构想的出发点是着眼于浦西人口密度的疏解与中心区工业的动迁。当时，围绕拓展上海城市发展的空间不足等问题，各方面都展开了深入研究。

1980 年 2 月，市规划局办公室的陈坤龙针对上海“城市病”严重的问题，在市建委的《基建情况》上发表《在浦东新区建设“新市区”》。该文章不仅分析了开发浦东的 4 个有利条件，还提出了 6 项具体建议，这成为迄今为止所能见到的较早的关于开发浦东的建言。随后，他又以《向浦东广阔地区发展》为题，再一次在《社会科学》杂志上发表文章，提出：“要从根本上改变上海城市的‘乱、挤、脏’的现状，出路在哪里？我认为：向浦东这一个广阔地区发展是比较理想的。”由于专家、学者等对开发浦东建设新市区的研究日益增多，逐渐在理论界和学术界形成共识，引起市计委、市经济研究中心等政府部门的重视。

1984 年 4 月，市计委、市经济研究中心和上海社会科学院联合举办

1986 年 3 月，“上海城市发展战略研讨会”第二次会议召开

“上海经济发展战略讨论会”，来自全国各行各业的专家、学者代表 300 余人就上海今后经济发展的战略问题进行讨论，浦东开发问题也得到了与会者的响应。同年 5 月，在《上海市城市总体规划方案》专家讨论会上，中国建筑学会副理事长、华东建筑设计研究院首任院长金瓯卜分析了上海的城市性质，指出了主要问题和矛盾，在讲到上海城市的发展方向和规模问题时，系统论述了开发浦东的好处以及如何筹措建设资金等。他认为：“开发浦东是疏解上海中心城臃肿的一条最经济、最方便的捷径。”

1986 年 2 月和 3 月，由上海市经济研究中心和上海社会科学院部门经济研究所联合上海城市规划设计院等单位，组织了全市城市建设方面的专家、学者，先后召开了两次“上海城市发展战略研讨会”。这两次研讨会本着“敞开思想、端出问题”的精神，根据上海经济发展的战略方向、目标和要求，进一步研究了城市建设如何与之相适应，包括老市区怎样改造、新市区如何选址和建设，要不要扩建卫星城市，城市基础设施如何摆脱困境、走上良性循环等。会上，大家认为，必须要用建设新区的办法来支持老市区的改造，并形成了四个可供选择的方案："北上"方案——沿长江南翼开发宝山、吴淞地区；"南下"方案——向邻近江浙两省的闵行、金山等地发展；"西扩"方案——向虹桥机场以西拓展；"东进"方案——跨过黄浦江开发浦东，振兴上海。

从发挥国际市场功能以及地理位置、对外资吸引力、疏解市区诸方面进行综合分析，"东进"为上策的思想很快占据主导位置。这是因为浦东独特的地理位置。外高桥有 7 公里长的深水岸线，可建 40 多个万吨级泊位，相当于黄浦江沿岸码头之总和。更重要的是，上海作为国际大都市，要发展它在经济、金融、贸易以及交通枢纽方面的重要功能，从外滩可以向陆家嘴地区延伸，向宽阔的浦东新区拓展。

进入 20 世纪 80 年代后，上海经济发展遇到资金不足、资源短缺、交通拥挤、住房紧张和环境污染等一系列问题，特别是还面临世界新技术革命的严峻挑战和国际国内两个市场的激烈竞争。市委、市政府领导陈国栋、汪道涵等认为上海经济发展已进入一个新阶段，亟须做出新的战略决策。在汪道涵市长主持下，上海市人民政府对上海经济发展、对浦东开发进行一系列研究、论证等工作。

尽管改革开放初期我国改革开放的重点在东南沿海地区，但是，党中央、国务院仍十分关心上海的发展，对改造、振兴上海寄予殷切期望，要求上海充分发挥其口岸和中心城市的作用，做全国四化建设的"开路先锋"。1984 年 8 月，国务院和中央财经领导小组在北戴河召开会议，专门听取上海经济工作汇报。国务院领导要求上海积极推进上海改造和振兴。为了帮助上海研究拟订经济发展战略，国务院迅速派出了由国务委员宋平和国务院副秘书长马洪带队的改造振兴上海调研组，在上海市委、市政府的密切配合下，对上海经济和社会发展进行了广泛深入的调查研究，举行了上海经济发展战略战役研讨会，邀请全国各地的专家、学者来沪，探讨上海经济社会发展的战略方向，为改造、振兴上海献计献策。上海市委、市政府和国务院

1984 年 9 月 22—26 日，上海经济发展战略战役研讨会举行

改造振兴上海调研组一起，综合分析各部门的汇报材料和专家学者的意见，讨论起草上海经济发展战略。同年 12 月初，国务院领导来上海，进一步研究上海经济发展战略以及实现战略转变所必需的政策和条件。12 月 26 日，上海市政府和国务院改造振兴上海调研组联合向国务院、中央财经领导小组上报《关于上海经济发展战略的汇报提纲》，正式提出开发浦东的设想，并提出上海的城市和工业布局“重点是向杭州湾和长江口南北两翼展开，创造条件开发浦东，筹划新市区的建设”。这一意见得到了国务院的肯定。1985 年 2 月，国务院批复《关于上海经济发展战略的汇报提纲》时指出：“上海的发展要走改造、振兴的新路子，充分发挥中心城市多功能的作用，使上海成为全国四个现代化建设的开路先锋。”

1986 年 7 月，中共上海市委、市政府在上报中共中央、国务院的《上海市城市总体规划方案》中，就开发浦东提出设想：“有计划地积极建设和改造浦东地区。将划出一定地段发展金融、贸易、科技、文教、信息和商业服务设施。在陆家嘴附近形成新的金融、贸易中心，成为上海市中心的延续部分。”“通过精心规划，使之成为上海对内、对外开放都具有吸引力的优美的社会主义现代化新区。”同年 10 月，国务院在批复《上海市城市总体规划方案》中进一步指出：“当前，特别要注意有计划地建设和改造浦东地区。要尽快修建黄浦江大桥及隧道等工程，在浦东发展金融、贸易、科技、文教和商业服务设施，建设新居住区，使浦东地区成为现代化新区。”上海城市发展方向改为“在北上、南下的同时有计划地东进”。

为了落实国务院的两次批示，促进浦东的开发，1987 年 7 月，市政府专门成立了由副市长倪天增任组长的开发浦东联合咨询研究小组，陈国栋、胡立教、汪道涵等上海市老领导担任高级顾问，林同炎等一批海外知名学者被聘为海外顾问。对浦东开发进行大量的可行性研究、论证、规划和筹备工作。

1988 年 5 月，上海市人民政府召开“上海市浦东新区开发国际研讨会”，市委书记江泽民、市长朱镕基和市政府顾问汪道涵，与来自国内外的 140 多位专家学者共商开发浦东大计。在研讨会上，江泽民指出：上海要加快外向型经济的发展，建成社会主义时代太平洋西岸最大的经济贸易中心之一，不开发浦东，只靠老市区改造是不容易实现的。上海在 20 世纪 30 年代就已经成为亚洲最大的国际贸易中心和金融中心，是世界闻名的都

1988 年 5 月，上海市浦东新区开发国际研讨会举行

市。“上海作为全国最大、位置最重要的一个开放城市，应该更进一步改革开放。开发浦东，建设国际化、枢纽化、现代化的世界一流新市区。”并提出，开发浦东要再造“上海经济中心功能和对内对外枢纽的功能”，这一阐述，实际上是把浦东的开发定位在战略上又做了提升，即：不单单作为上海产业、人口的疏导区，而是作为城市发展战略的功能核心。

这一时期，中共上海市委、市政府发动全市干部群众，围绕上海经济发展面临国际和国内竞争双重挑战的严峻形势，开展“上海向何处去”的大讨论，统一思想认识，增强改造、振兴上海的信心；组织以市委书记、市长为团长的上海市党政代表团赴广东等地，学习兄弟省市改革开放的经验。上海市党政代表团回上海后，市委、市政府召开全市干部大会，要求学习广东的经验，把集中力量深化改革、扩大开放、发展外向型经济，作为上海推进现代化建设的战略选择。

同时，市政府抓紧酝酿和制订规划方案，并着手多渠道筹措资金，进行浦东基础设施建设。1988 年 9 月，江泽民、朱镕基、汪道涵在北京向中央领导专题汇报上海开发浦东新区的准备工作情况，中央领导强调指出：浦东开发的主要方针是利用外资，并同意建立开发浦东的筹备机构。11 月，上海市人民政府成立开发浦东新区领导小组。

其实，在理论研讨、规划制定的同时，上海已经将开发浦东的规划从纸面落实到了行动上。1988 年 12 月 15 日，跨越黄浦江的南浦大桥打下了第一根桩基，开始了越江工程建设。

1989 年 10 月，中共上海市委书记、市长朱镕基在上海市市长国际企业家咨询会议上指出：“要加快开发浦东。上海进一步开放的重点就放在浦东开发上，我们正在采取实际步骤加快开发浦东。”“我们欢迎外国企业家来浦东投资”。至 20 世纪 80 年代末，开发浦东的条件日趋成熟。

打出一张『王牌』

1989 年春夏之交的政治风波之后，国内外、党内外都有人对中国的改革开放能否继续表示怀疑。邓小平在总结我们党和国家之所以能在国内和国际风波中站住了脚的原因时，明确地指出了一个基本事实：如果没有改革开放的成果，在国内风波和国际风波面前，我们就不可能像今天这样巍然屹立。基于这样一种对大局的清醒判断，邓小平在 1989 年 6 月同中央负责同志谈话时指出："现在国际上担心我们会收，我们就要做几件事情，表明我们改革开放的政策不变，而且要进一步地改革开放。"他还明确提出："要把进一步开放的旗帜打出去。"浦东开发这面旗帜正是在这样的背景下打出来的。

邓小平倡导的浦东开发，已经在政治层面由上海市的地方战略上升为国家战略。而上海市委、市政府 20 世纪 80 年代一系列战略研究为中央决策提供了基础，也为中央高层的政治决策提供了契机。

1990 年 1 月 21 日，邓小平来上海视察，这是邓小平从 1988 年以来连续第三次来上海。邓小平在上海期间，提出请上海的同志思考一下，能采

绿荫环抱的上海西郊宾馆

取什么大的动作，在国际上树立我们更加改革开放的旗帜。

就在邓小平到上海的两天后，国家主席杨尚昆也到上海视察。2月2日上午，市委书记、市长朱镕基就上海的经济发展和社会发展向杨尚昆作了汇报。当天，市委开会商量，大家推选中共上海市委原第一书记陈国栋以开发浦东为主题再汇报一次。于是，在西郊宾馆，杨尚昆仔细听取了陈国栋关于上海开发浦东的准备工作及设想。听完汇报，杨尚昆很满意。事后，杨尚昆向邓小平作了通报。

2月13日，邓小平要回北京了。在面包车上，坐在前排的邓小平对送行的朱镕基说："你们提出来开发浦东，我赞成。你们去跟江泽民同志说。"朱镕基当即回道："江泽民同志刚到北京工作，上海的事情要他讲不方便。"邓小平爽快地答应："好，我来讲！"

2月15日，国务委员兼国家计委主任邹家华、国家计委副主任兼生产委员会主任叶青受中央委派，带领国务院有关负责同志前来上海现场办公。其间，邹家华、叶青两位领导在朱镕基市长和黄菊、倪天增副市长等陪同下实地考察了上海浦东。途中，朱镕基市长和倪天增副市长详细汇报了上海关于浦东开发的规划、设想和前期准备工作。朱镕基说，目前开发浦东的总体规划和分步实施规划已初步拟定，越江交通建设已有较大进展，水电、煤气、通信等建设前景看好，浦东开发的起步条件已趋于成熟。邹家华、叶青还同朱镕基等详细探讨了浦东开发中有关土地批租、外商投资等一系列问题。邹家华等回京后，很快向中央作了汇报。

邓小平回北京后，2月17日，在接见香港基本法起草委员会的全体委员之前，对中央几位负责同志说："我已退下来了，但还有几件事，我还要说一下，那就是上海的浦东开发，你们要多关心。"他建议中央政治局、国务院对此专门讨论一下，作出正式的决策。2月26日，市委、市政府正式向党中央、国务院提交《关于开发浦东的请示》。3月3日，邓小平同几位中央负责同志在谈到国际形势和经济问题时指出："比如抓上海，就算一个大措施。上海是我们的王牌，把上海搞起来是一条捷径。"

1990年全国的两会还在召开。3月28日至4月8日，中共中央政治局常委、国务院副总理姚依林受江泽民总书记和李鹏总理的委托，率国务院特区办、国家计委、财政部、中国人民银行、经贸部、商业部、中国银行的负责同志来上海，就浦东开发问题进行专题研究、论证。中央相关部委和上海市讨论、调研了十多天，最后汇总形成了向中央汇报的《关于上海浦东开发开放几个问题的汇报提纲》，内容包括，浦东开发要再加上“开放”的定位；开发基调是以现行经济技术开发区政策为基础，实行某些经济开发区和特区的政策；开发面积定在350平方公里。“汇报提纲”还讲到了浦东开发政策制定应当体现的几项原则：一是，坚持计划经济与市场调节相结合的方向，既要考虑如何扩大浦东开放度，又要考虑有利于增强宏观调控的能力，加强对经济活动的计划调节；二是，不改变现行的财政体制、外汇管理体制，不影响上海对中央的财政上缴、外汇上缴任务和在沪中央直属企业利润上缴任务；三是，既要增强浦东对外资的吸引力，也要避免与浦西、上海邻近区域的差距过大。

4月11日，国务院总理李鹏主持召开总理办公会议，听取姚依林关于开发开放浦东的专题报告，并对开发开放中的若干问题逐个作了研究。

4月12日，中共中央总书记江泽民主持中央政治局会议，原则通过了国务院提交的浦东开发开放方案。

4月18日，在上海大众汽车有限公司成立五周年庆祝大会上，李鹏宣布：“中共中央、国务院决定，要加快上海浦东地区的开发，在浦东实行经济技术开发区和某些经济特区的政策。这是我们为深化改革、扩大开放作出的又一重大部署。我希望上海的同志们把开发浦东的事情办好，使上海焕发出新的活力，为国家的社会主义现代化建设作出最大的贡献。”

6月2日，中共中央、国务院批复上海市委、市政府，原则同意上海5月4日报送的《关于开发浦东、开放浦东的请示》，指出：“开发和开放浦东是深化改革、进一步实行对外开放的重大部署。上海有良好的政治经济基础，有一批素质较高的科技和管理人才，有一支强大的产业工人队伍，

1990年4月
19
星期四

上海市市政工程管理局
关于换发车辆购置附加费凭证的通告

中外经济技术合作的丰硕成果
上海大众汽车公司庆祝成立五周年
李鹏总理出席大会并作重要讲话

李鹏总理在上海宣布
中央同意加快开发浦东
将实行经济技术开发区和某些经济特区的政策

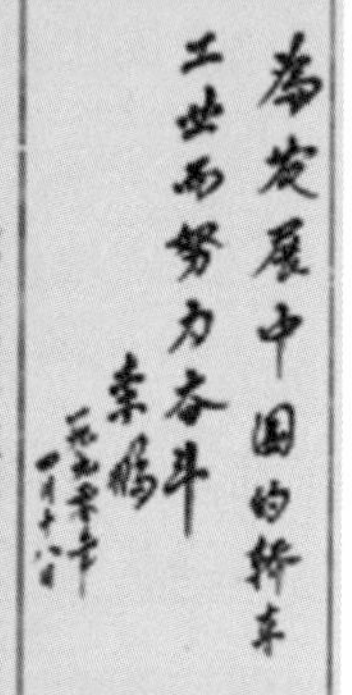

在上海大众汽车公司成立五周年庆祝大会上
李鹏总理的讲话

李鹏总理在沪会见科林巴总统
朱镕基市长设宴欢迎中非贵宾

李鹏看望好八连
勉励官兵保持和发扬光荣传统

李鹏总理会见哈恩董事长
希望与大众公司的合作继续发展

1990 年 4 月 18 日，国务院总理李鹏宣布开发开放浦东有优越的地理环境和便利的交通运输条件，又同海外各地有着广泛的联系。充分利用这些优势，有计划、有步骤、积极稳妥地开发和开放浦东，必将对上海和全国的政治稳定与经济发展产生极其重要的影响。开发和开放浦东是一件关系全局的大事，一定要切实办好。”

1990 年 4 月 18 日，上海大众汽车有限公司成立五周年庆祝大会举行

在邓小平的倡导和推动下，在以江泽民同志为核心的第三代领导集体的决策下，浦东开发开放从上海地方的发展构想上升为国家层面的战略，浦东开发开放的帷幕拉开了。

浦东开发办挂牌

1990年4月18日，党中央、国务院正式宣布开发开放浦东。为了加快浦东的开发开放，市委、市政府决定在浦东地区尽快建立上海市人民政府浦东开发办公室。4月24日，上海市委书记、市长朱镕基要求市委组织部三天之内搭好浦东开发办的班子，要求市政府三天内落实浦东开发办的办公地点。

20世纪90年代初的浦东，适合办公的楼房很难找，适合政府机构办公的楼房更难找。市政府副秘书长夏克强接到任务后，马上找来市房地局与黄浦区的有关领导，围绕朱镕基市长下达的任务进行研究。第二天，夏克强与有关领导到候选的几个地方进行察看。他们首先来到地处浦东南路、塘桥路的由由饭店，这里交通方便，但楼内不少商户已入驻，且每天有数量众多的各类人员进进出出，不利于政府部门办公，夏克强当场否定了。随后，又来到洋泾乡政府大院内一幢新建的楼房旁，看到办公楼位置不错，适宜用于办公，但对外联系及交通不便，也被否定了。预先准备的几处地点全看了，结果都未看中。当车子经过地处浦东大道的黄浦区浦东文化馆时，无意中看到紧挨着马路有一幢独立的二层小楼，尽管楼房显得有些破旧，但地段、位置都不错。夏克强等人停下车子走进文化馆，找到了文化馆的负责人，讲明专为寻找浦东开发办公室而来，详细察看文化馆西部的办公楼。临走时夏克强对文化馆的负责人讲，此事要向朱镕基同志汇报，是否要用你们的小楼，三天内给予答复。

4 月 27 日上午，夏克强副秘书长和市委、市政府有关部门，黄浦区政府、区文化局等领导来到浦东文化馆召开会议，会议宣布经市委、市政府领导研究，决定将上海市人民政府浦东开发办公室设在浦东文化馆西面独立的两层小楼，并要求三天内将小楼腾空。

据当时主持浦东文化馆工作的副馆长回忆，由于小楼内不少房间堆满了各种道具，有的是工作人员的办公室，要在三天内完全腾空，时间紧，工作量大。当天下午，文化馆召开全馆工作人员会议，传达了市委、市政府的决定和要求。黄浦区政府、区文化局领导也到会作了动员。会议决定：先分头准备，4 月 28 日（星期日）全馆人员不休息，除上班人员外，其余人搬迁办公楼。那天，从早忙到晚，中午不休息，有条不紊地将整幢办公楼腾空，并打扫干净。黄浦区派出的工程队当天搭起了脚手架，加紧对破旧的小楼外墙以及室内墙面进行一遍又一遍的粉刷，对损坏的地方重新装修。

与此同时，浦东开发办的筹建工作紧锣密鼓。市委、市政府决定由沙麟和李佳能负责筹建浦东开发办。4 月 30 日，上海市人民政府新闻办公室召开第一次浦东开发新闻发布会，市长朱镕基向中外记者宣布：成立上海市浦东开发领导小组，设立上海市人民政府浦东开发办公室、上海市浦东开发规划研究设计院。浦东开发办公室内设综合规划处、工程规划处、政策研究室、信息处、投资开发处和办公室；在上海市浦东开发领导小组领导下，全面负责浦东开发建设的各项事宜，具体职能主要有拟订浦东开发规划，部署开发战略的实施；拟订浦东开发优惠政策，预征土地，组织实施重大基础设施工程项目，负责招商引资，宣传和发布浦东开发开放信息等。

1990年5月2日，一个中英文大型指路标，矗立在延东隧道陆家嘴出口处，路标所指引的，是上海市人民政府浦东开发办公室和上海市浦东开发规划研究设计院的办公地点

从全市各部委办局抽调的参加浦东开发办筹备工作的骨干人员迅速集结。有来自市委组织部、市政府机关事务管理局、市经济信息中心、市规划院的……成为最早投身浦东开发的“十八勇士”。他们克服种种困难，来到浦东，积极投身浦东开发的洪流。从市政府机关事务管理局调来的陈兴来负责准备办公用具，他很快从外滩市政府大楼借来了必需的桌椅板凳，还联系赶制了“上海市人民政府浦东开发办公室”和“上海市浦东开发规划研究设计院”两块立牌；进行挂牌仪式时需要两只大绣球，他想方设法找来。市规划院调来的几位同志负责准备浦东开发的图纸和模型。经过开发办同志的努力和黄浦区政府及文化馆的大力支持，一个整洁、朴素、实用的两层办公楼布置得像模像样。

两层小楼已基本具备了浦东开发办公室对外办公的条件，但还有一件

浦东大道 141 号

十分紧迫的事需要马上解决，这就是浦东开发办公室的门牌号码。浦东文化馆用的是浦东大道 143 号，由于历史原因，143 号以前的号码基本都空置着。即将对外办公的浦东开发办公室小楼在文化馆的西面，相隔有 100 多米距离，用的是两个不同的大门，将来两个单位用同一个门牌号肯定不合适。怎么办？必须马上确定一个新的门牌号码。一位领导经过认真思索后说：“浦东开发一是一，二是二，一步一个脚印，要实事求是，何不就用‘一是一’的谐音，定名为浦东大道 141 号；再说文化馆是 143 号，其西边的为 141 号，也顺理成章。”对这一提议，大家一致赞同。

5 月 3 日下午，上海市委书记、市长的朱镕基，常务副市长黄菊，副市长倪天增，市政府副秘书长夏克强和市委、市政府有关部门及黄浦区的领导来到浦东大道 141 号门前举行挂牌仪式。挂牌仪式隆重而简朴，没有燃放鞭炮，也没有敲锣打鼓，由夏克强同志主持仪式，黄菊同志代表市委、

1990 年 5 月 3 日，上海市人民政府浦东开发办公室挂牌

市政府向公众宣布“上海市人民政府浦东开发办公室”成立。在场的领导和市民群众报以热烈的掌声。朱镕基同志在挂牌仪式上作了简短的讲话，号召大家要创造浦东速度、树立浦东风格、培育浦东精神，扎扎实实地苦干、实干、拼命干，披荆斩棘，奋力开拓，把开发浦东的工作做好。

随着上海市人民政府浦东开发办公室和上海市浦东开发规划研究设计院的正式挂牌成立，浦东开发开放这项跨世纪宏伟工程也就从这个“前线指挥部”——浦东大道 141 号起步。从此，浦东开启了波澜壮阔、激动人心的开发开放历程，上海也由全国改革开放的“后卫”逐步成为全国改革开放的“前锋”。

几代中央主要领导的大力支持

党中央始终关心浦东开发开放，历届中央主要领导都给予浦东开发亲切的指导和支持。

邓小平同志是浦东开发开放的倡导者。在浦东开发正式启动后，邓小平同志对浦东开发开放和上海工作作出了一系列重要指示和论述。1991 年初，他来沪考察时，勉励说：“上海开发晚了，要努力干啊！”开发浦东“不只是浦东的问题，是关系到上海发展的问题，是利用上海这个基地发展长江三角洲和长江流域的问题”。上海要“抓紧浦东开发，不要动摇，一直到建成”。并指出“上海过去是金融中心，是货币自由兑换的地方，今后也要这样搞。中国在金融方面取得国际地位，首先要靠上海”。并鼓励上海“要克服一个怕字，要有勇气”，“思想更解放一点，胆子更大一点，步子更快一点”。1992 年春天，他视察武昌、深圳等地后来到上海，指出：“上海的民心比较顺，这是一股无穷的力量。目前完全有条件搞得更快一点。”上海改革开放胆子要大一些，“看准了的就大胆地试，大胆地闯”。“我看上海一年会有一个变化，三年会有个大变化。我相信浦东开发可以后来居上。”

1993 年 10 月，杨浦大桥建成通车

1993 年底，邓小平同志又一次来到上海。12 月 13 日，他冒着寒风细雨视察浦东，并登上杨浦大桥，眺望热火朝天的浦东建设景象。在视察 1993 年建成的内环线浦东段和浦东罗山路、龙阳路两座立交桥后，邓小平同志说："喜看今日路，胜读百年书。"1994 年初春，当邓小平同志最后一次离开上海，火车即将启动时，他紧紧抓住前来送行的上海市委负责同志的手，说："你们一定要抓住 20 世纪的尾巴，是你们上海的最后机遇！"这一系列战略思考和重要指示，成为上海抓住历史机遇开发开放浦东、赢得大发展的重要指针。

江泽民同志曾先后十多次到浦东视察指导工作。特别是在浦东开发开放的三个关键时刻，江泽民亲临浦东给予支持和鼓励。1992 年 10 月，江泽民在党的十四大上提出"以上海浦东开发开放为龙头，进一步开放长江沿岸城市，尽快把上海建成国际经济、金融、贸易中心之一，带动长江三角洲和整个长江流域地区经济的新飞跃"，接着，11 月就来到浦东，听取陆家嘴金融贸易区、金桥出口加工区和外高桥保税区建设情况的汇报。当了解到浦东开发开放短短两年，首批十大市政工程已全面开工，有的已经进入竣工阶段，国外客商投资也出现热潮时，江泽民同志说：“浦东开发开放是从整个国家经济发展战略出发提出来的。一定要集中力量把浦东开发这件大事办好。”这给当时还处于基础开发阶段的浦东开发开放进一步指明了方向。1994 年 5 月 1 日，江泽民同志在上海听取了浦东开发开放的情况汇报。5 月 6 日，江泽民同志专门到浦东金桥出口加工区考察，并发表重要讲话，他说：“党中央、国务院关于开发开放浦东的决策坚定不移，政策坚持不变。开发、开放浦东不仅关系到上海的发展，而且是中国改革开放的重要标志。”“实践证明，中央关于开发、开放浦东的决策是完全正确的”。这

1992 年 10 月，党的十四大提出把上海建成“一个龙头，三个中心”的战略决策

一番话，充分表明党中央第三代领导集体，在复杂和严峻的国际环境中，毫不动摇地支持浦东开发开放。1997 年 9 月，江泽民同志在党的十五大报告中提出：“进一步办好经济特区、上海浦东新区。鼓励这些地区在体制创新、产业升级、扩大开放等方面继续走在前面，发挥对全国的示范、辐射、带动作用。”10 月 18 日，党的十五大闭幕后不到一个月，江泽民同志在浦东视察了陆家嘴金融贸易区，对陆家嘴中央商务区金融功能开发方面所取得的成绩，给予充分肯定，高兴地说：“浦东开发不容易，每年都有大变化。”并要求，努力把陆家嘴建设成为面向国际的现代化金融贸易区。

胡锦涛同志到中央工作以后，多次关心浦东，并到浦东考察工作。2004 年 7 月，胡锦涛同志在浦东考察工作时，专程到中科院上海药物研究所、居民小区、港口、造船公司等实地调研。他对浦东的发展提出了明确要求：“要继续搞好浦东开发开放，加快体制创新，不断提高外向型经济层次，努力在更高起点上实现快速发展。”2007 年 10 月，胡锦涛同志在党的十七大报告中提出：“更好发挥经济特区、上海浦东新区、天津滨海新区在

展讯通信（上海）有限公司

改革开放和自主创新中的重要作用。”2010 年 1 月，胡锦涛同志来到上海，深入科研基地、产业园区、企业车间，就转变经济发展方式、推动经济社会又好又快发展进行调查研究。在张江高科技园区考察展讯通信（上海）有限公司时，胡锦涛同志指出：“只有大力推进自主创新，才能不断增强核心竞争力。”在外高桥保税区考察时，当了解到国内最早成立的外高桥保税区主要经济指标排名各大保税区榜首，并已成为上海国际贸易的重要服务平台之后，胡锦涛同志提出了新的期望：“要进一步创新体制机制，不断完善服务措施，把物流园区建设得更好，为促进上海经济发展方式转变和产业结构优化升级发挥更大作用。”

党的十八大以来，以习近平同志为核心的党中央，围绕全面深化改革的新形势和新任务，对浦东开发的历史使命提出了新要求。习近平同志在担任上海市委书记时就多次强调，“坚持高举浦东开发开放的旗帜”，“进一步深刻认识开发开放浦东这项国家战略的重大意义”。2010 年 9 月，习近平同志来到浦东新区参观了浦东开发开放成就展，听取了浦东开发开放二十年成果与下一步发展规划的介绍。他强调，改革开放是加快转变经济发展方式的必由之路。浦东已进入开发开放二次创业的更高发展阶段，要进一步解放思想、开拓创新、大胆探索，坚持用全球视野、战略思维谋划发展，继续深入推进综合配套改革试点，率先建立充满活力、富有效率、更加开放、有利于科学发展的体制机制。2014 年 5 月，习近平总书记在上海考察自由贸易试验区时指出，自由贸易试验区要按照先行先试、风险可控、分步推进、逐步完善的原则，把扩大开放同改革体制结合起来，把培育功能同政策创新结合起来，大胆闯、大胆试、自主改。2016 年 12 月，习近平总书记对上海自贸区建设作出重要指示：“继续解放思想、勇于突破、当好标杆，对照最高标准、查找短板弱项，研究明确下一阶段的重点目标任务，大胆试、大胆闯、自主改，力争取得更多可复制推广的制度创新成果，进一步彰显全面深化改革和扩大开放的试验田作用。”2018 年 11 月，习近平总书记考察浦东新区。在张江科学城展示厅听取情况介绍后，习近平总书记强调，要以全球视野、国际标准推进张江综合性国家科学中心建设，聚集建设国际先进水平的实验室、科研院所、研发机构、研究型大学，加快建立世界一流的重大科技基础设施集群。在浦东新区城市运行综合管理中心，习近平总书记视频连线洋山港四期自动化码头时指出，洋山港建成和运营，为上海加快国际航运中心和自由贸易试验区建设、扩大对外开放创造了更好条件。要有勇创世界一流的志气和勇气，要做就做最好的，努力创造更多世界第一。在连续五年参加全国人代会上海团审议时，习近平总书记多次要求上海“更好地发挥浦东作用，推动重大改革举措在浦东先行先试”。■

高起点规划　高标准开发

在浦东开发开放的历史进程中，党中央的决策和蓝图，在浦东建设者的手中一步步变成美好的现实。浦东创造的一个又一个奇迹，源于“高起点规划”和“高标准开发”。

要把浦东建设成为具有国际水准的新城区，必须精心策划、惜土如金。在浦东，“惜土如金”有两个含义：一是土地有价值，比较贵；二是土地要用好。正是这种理念，为浦东的经济社会发展留足了空间。

仿佛棋坛高手的运筹布局，浦东的五个重点开发区就是政府摆下的“五子棋”——陆家嘴金融贸易区、金桥出口加工区、外高桥保税区、张江高科技园区、孙桥现代农业开发区，由点到面，共同构筑起现代化国际城区的靓丽风景。

CHAO`YONG`DONG`FANG

政策定位　“比特区还特”的

浦东开发建设的速度为什么这么快？

国内外为什么如此看好浦东？除了党中央、国务院的大力扶持、全国各地的积极支持和浦西强有力的依托，以及国内政治稳定、经济稳步发展和浦东自身所具有的优越的地理环境外，国务院给予浦东一系列的优惠政策也是一个至关重要的因素。

浦东新区既不等同于沿海开发区，也不等同于深圳、珠海、厦门等经济特区。国务院当时给予浦东新区的一系列优惠政策，与国内其他经济技术开发区和经济特区相比，既享受了开发区的全部优惠政策，同时也享受了经济特区的优惠政策，并且还有些优惠政策是当时的特区所没有的。朱镕基同志曾把它归纳为“不特而特、特中有特”。浦东的优惠政策来源有国务院、国家有关部委和上海市政府，集中在 1995 年以前陆续出台。

国务院在 1990 年 4 月批准的上海浦东开发十项优惠政策和措施，向全世界进一步树立了上海和我国对外开放的形象。

解放日报
JIEFANG RIBAO
第14923号 今日八版（代号：3—1）

1990年5月
1
星期二
农历庚午年四月初七
四月十二立夏
上海市区今明天气预报
天气：多云到阴，有时有阵雨
风向：偏南
风力：4—5级，阵风6级
最高温度：25℃和27℃
最低温度：17℃和18℃

上海市人民政府向国内外宣布
开发浦东十项政策措施
朱镕基、黄菊在新闻发布会上回答中外记者提问

本报讯 "上海热诚地欢迎外国朋友、港、澳、台同胞，参与并投资开发浦东。"昨天下午，上海市政府新闻处在锦江小礼堂举行新闻发布会，上海市副市长黄菊代表市政府向国内外介绍浦东开发的规划、实施步骤和10条政策措施。（详细内容另见）

上海市市长朱镕基、副市长黄菊在会上还回答了中外记者有关浦东开发的提问。朱市长并宣布，上海市浦东开发领导小组办公室定于五月三日正式对外办公。（详细内容另见）

中外记者、各国驻沪总领馆官员、各国（地区）驻沪商务代表处代表、各国（地区）驻沪商社代表、外国驻沪银行代表等共300余人应邀出席会议。

出席会议的上海市党政领导人还有刘振元、倪天增、庄道瑞等。（记者 [illegible]）

黄菊在新闻发布会上说
热诚欢迎外商来浦东投资
详细介绍浦东开发规划和实施步骤

本报讯 黄菊副市长昨天代表市政府在浦东开发新闻发布会上，向中外人士介绍了浦东新区将采取的10条优惠政策措施以及浦东新区规划、实施步骤。

黄菊宣布，经国家同意，在浦东新区采取以下10条优惠政策和措施：1、区内生产性的"三资"企业，其所得税减免按15%的税率计征；经营期在10年以上的，自获利年度起，2年内免征，3年减半征收。2、区内的"三资"企业进口生产用的设备、原辅材料、运输车辆、自用办公用品及外商安家用品、交通工具，免征关税和工商统一税；凡符合国家规定的产品出口，免征出口关税和工商统一税。3、外商在区内投资的生产性项目，应以产品出口为主；对部分替代进口产品，在经主管部门批准，补交关税和工商统一税后，可以在国内市场销售。4、允许外商在区内投资兴建机场、港口、铁路、公路、电站等能源交通项目，从获利年度起，对其所得税实行前5年免征，后5年减半征收。5、允许外商在区内兴办第三产业，对现行规定不准或限制外商投资经营的金融和商品零售等行业，经批准，可以在浦东新区内试办。6、允许外商在上海，包括在浦东新区增设外资银行，先批准开办财务公司，再根据开发浦东实际需要，允许若干家外国银行设立分行。同时适当时机适当降低外资银行现行的所得税率，并按不同业务实行差别税率。为保证外资银行的正常营运，上海将尽快颁布有关法规。7、在浦东新区的保税区内，允许外商贸易机构从事转口贸易，以及为区内外商投资企业代理本企业生产用原材料、零配件进口和产品出口业务。对保税区内的主要经营管理人员，可办理多次出入境护照，提供出入境的方便。8、对区内中资企业，包括国内其他地区的投资企业，将根据浦东新区的产业政策，实行区别对待的方针。对符合产业政策，有利于浦东开发与开放的企业，也可酌情给予减免所得税的优惠。9、在区内实行土地使用权有偿转让的政策，使用权限50年至70年，外商可成片承包进行开发。10、为加快浦东新区建设，提供开发、投资的必要基础设施，浦东新区新增财政收入，将留在新区，用于新区的进一步开发。

（下转第三版）

朱镕基回答中外记者
开发浦东需资金来源

本报讯 朱镕基市长在昨天的新闻发布会上就开发资金来源、投资环境和在沪设立外国银行等问题回答了中外记者的提问。

朱镕基说，在今后五到十年内，开发浦东需要投入几百亿元的资金。资金的来源，一个是国内，一个是国外。

在国内方面，第一是中央的支持。国务院决定，在今后五年内给上海提供65亿元（主要是贷款）。第二是上海市地方财政的积累。上海工农业生产和效益的潜力是很大的。他希望上海的工人、农民、知识分子大力开展增产节约、增收

负起历史重任 克服艰难险阻 创造光辉未来

市九届人大三次会议胜

通过关于政府工作报告等决议和决定，补选胡传治

市九届人大三次会议上，人大代表举手通过政府工作报告等项决议和决定。 ·本报记者吴文[illegible]摄·

本报讯 历时10天的上海市第九届人民代表大会第三次会议，经全体代表共同努力，在作出各项决议决定、圆满完成各项议程之后，于昨天上午在上海展览中心中央大厅胜利闭幕。

会议号召，全市人民团结起来，在中国共产党的十三届四中、五中、六中全会和七届全国人大三次会议精神的指导下，担负起振兴上海的光荣历史责任，齐心协力，振奋精神，自力更生，艰苦奋斗，克服前进道路上的艰难险阻，创造上海的光辉未来！

庆五一 奖先进
朱镕基等昨向五一劳动奖状和奖章获得者授奖
市党政领导和六千多群众一起参加游园联欢会

本报讯 上海基丰棉纺织厂等8个先进企业、上钢五厂二轧分厂轧钢车间

本报讯 昨天，上海市庆祝"五一"国际劳动节游园联欢晚会在沪东工人文化宫

副主席苏步青和老同志钟汇……19点30分，市总工会主席江荣宣布游

1990 年 4 月 30 日，上海市人民政府向国内外宣布开发浦东十项政策措施

这十项政策和措施，要点有：

一、区内生产性的"三资"企业，其所得税减免按 15% 的税率计征；经营期在 10 年以上的，自获利年度起，2 年内免征，3 年减半征收；

二、区内的"三资"企业进口生产用的设备原辅材料、运输车辆、自用办公用品及外商安家用品、交通工具，免征关税和工商统一税；凡符合国家规定的产品出口，免征出口关税和工商统一税；

三、外商在区内投资的生产性项目，应以产品出口为主；对部分替代进口产品，在经主管部门批准、补交关税和工商统一税后，可以在国内市场销售；

四、允许外商在区内投资兴建机场、港口、铁路、公路、电站等能源交通项目，从获利年度起，对其所得税实行前 5 年免征，后 5 年减半征收；

五、允许外商在区内兴建第三产业，对现行规定不准或限制外商投资

经营的金融和商品零售等行业，经批准，可以在浦东新区内试办；

六、允许外商在上海，包括在浦东新区增设外资银行，先批准开办财务公司，再根据开发浦东实际需要，允许若干家外国银行设立分行。同时适当降低外资银行现行的所得税率，并按不同业务实行差别税率。为保证外资银行的正常营运，上海将尽快颁布有关法规；

七、在浦东新区的保税区内，允许外商贸易机构从事转口贸易，以及为区内外商投资企业代理本企业生产用原材料、零配件进口和产品出口业务，对保税区内的主要经营管理人员，可办理多次出入境护照，提供出入境的方便；

八、对区内中资企业，包括国内其他地区的投资企业，将根据浦东新区的产业政策，实行区别对待的方针。对符合产业政策，有利于浦东开发与开放的企业，也可酌情给予减免所得税的优惠；

众多外资银行入驻浦东

九、在区内实行土地使用权有偿转让的政策，使用权限50年至70年，外商可成片承包进行开发；

十、为加快浦东新区建设，提供开发、投资的必要基础设施，浦东新区新增财政收入，将用于新区的进一步开发。

这些政策中有一部分是当时经济特区也

没有的。诸如，允许外国企业在浦东开办百货商店、超级市场等第三产业；允许外资在整个上海范围内开办银行、财务公司等金融机构，等等。这就使浦东新区的政策形成了“不特而特、特中有特”的特点，为浦东的全方位开发开放创造了极其有利的政策环境。

1992 年初，为进一步支持浦东开发开放，提高浦东新区审批项目的效率，进一步加快基础设施建设的速度，增加浦东开发资金的来源，国务院又给予上海和浦东新区扩大五类项目审批权限，增加五个方面资金筹措渠道。

这五类项目审批权限是：

（1）授权上海市自行审批在外高桥保税区内设立中资、外资从事转口贸易的外贸企业；

（2）授权上海市自行审批浦东新区内国营大中型生产企业自营产品的进出口经营权；

（3）扩大上海市有关浦东新区内非生产性项目的审批权限；

（4）扩大上海市有关浦东新区内生产性项目的审批权限，总投资在 2 亿元以下的上海可自行审批；

（5）授权上海市在中央核定的额度范围内自己发行股票和债券，具体发行事宜，由上海市自行决定。同时允许全国各地发行的股票在上海上市交易。

为了增加资金的来源，中央给上海五项配套资金的筹措权，在“八五”期间：

（1）允许上海每年发行 5 亿浦东建设债券；

（2）在原定每年给上海 1 亿美元贷款的基础上，每年再增加给予上海 2 亿美元的优惠利率贷款；

（3）允许上海在原定额度外每年再发行 1 亿元人民币股票，为浦东开发筹资；

（4）允许上海每年发行 1 亿美元 B 种股票；

（5）在原定每年国家支持 2 亿元拨款的基础上，1992 年开始每年再增加 1 亿元人民币拨款。

1995 年，浦东开发开放进入了形态开发和功能开发并举的阶段。在这关键时刻，国务院赋予了浦东新区一系列加快功能开发的新政策，制定了一系列鼓励外资服务业进入浦东的政策，同时对外资进入金融、保险、外贸、物流等领域，通过政策设置了各种不同的进入条件和规制。针对当时中国对外资进入的领域限制、产业限制、经营限制和其他限制，按照国际惯例和国内现状，允许在浦东突破上述限制，先行先试。要点是：

——经外经贸部批准的有进出口经营权的年出口额在 1 亿美元以上的外贸企业、出口额在 2000 万美元以上的自营生产企业，可以在浦东新区设立子公司，并授权上海市审批。

——允许在浦东新区选择有代表性的国家和地区，试办 3—4 家中外合资的外贸企业，由上海市提出具体方案，经外经贸部核定经营范围和贸易金额，报国务院审批。

——外高桥保税区内可以开展除零售业务以外的保税性质的商业经营活动，并逐步扩大服务贸易。

——一旦中央政府同意外资银行经营人民币业务，将允许首先在浦东试点，进入浦东的个别外资银行将获得优先权。

——在具备条件以后，经中国人民银行审批，在陆家嘴注册的外资金融机构可以在浦西和外高桥保税区内设立分支机构；可以在浦东新区再设立若干家外资和中外合资保险机构。

这些政策一公布，立即在国内外引起热烈反响。中外经济界人士都认为，中央给予的“功能性政策”，为浦东进一步开发并起到带动长江流域经济乃至全国经济腾飞的“龙头”作用，开辟了更为广阔更有作为的舞台。它给浦东城市功能开发带来了生机和活力。国务院赋予浦东功能性政策之后，很快，我国第一家中外合资商业零售企业——上海第一八佰伴有限公司在浦东开张营业，随后又成立了中技鲜京贸易有限公司、东菱贸易有限公司、上海兰生大宇有限公司等中外合资外贸公司大力发展外向型经济；

1995 年 12 月 20 日，上海第一八佰伴在浦东开张营业，吸引了众多消费者

接着，浦东开始了外资银行经营人民币业务的试点。这样，浦东就构建外贸大口岸，为中外企业、民营企业发展进出口对外贸易搭建大平台，从而使浦东万商云集、财源滚滚，有力促进了浦东经济的发展和浦东的开发开放。

站在地球仪旁思考

20 世纪 90 年代初，改革开放总设计师邓小平在视察上海时指出，浦东是面向世界的。为此，市委、市政府提出了“开发浦东、振兴上海、服务全国、面向世界”的开发开放总方针，“面向世界”是其中非常关键的内容。

当年，在浦东大道 141 号的食堂里，醒目地悬挂着这样的标语：“站在地球仪旁边，思考浦东开发”。

这条标语的提出者是时任上海市委常委、副市长、浦东新区管委会主任的赵启正。他曾解释，这条标语是为了提醒所有的浦东干部都要具备国际眼光、国际思维和国际战略。

“浦东开发是面对世界的，以其功能来说，目标是要做一个世界的经济城市，因此它需要世界的经营者来此做经济活动，也需要世界的投资、世界的经验、世界的作为，所以我们是站在地球仪旁观察浦东，而不是站在上海观察浦东。”赵启正说。

浦东新区创业者在贯彻这一思路时进一步提出：面向世界的浦东开发，

1997年9月，安装4台30万千瓦国产引进型燃煤机组的外高桥电厂一期工程全部建成。图中右一为建设中的4号机组

不仅是指浦东的地理位置，而且是指浦东的开发规模必须是世界级开发的规模；浦东开发的规划必须是达到世界高标准的规划；浦东开发的资金来自世界各地；开发智力源于五大洲四大洋；浦东开发开放的运作方式与国际接轨；浦东开发的目标是融入世界经济特别是亚太地区经济的发展进程。

在开发规模上，浦东以世界各国特别是亚太国家的核心区域开发为参照来进行部署与实施。浦东开发规模是世界级的，“八五”期间投资250亿元完成包括南浦大桥、杨浦大桥、杨高路扩建、内环线浦东段、外高桥港区一期、合流污水一期、凌桥水厂、浦东煤气厂二期、外高桥电厂一期、通信工程在内的第一批十大基础设施工程。“九五”期间又投资1000亿元，推进完成了浦东国际机场一期、东海天然气工程、外环线、外高桥电厂二期、外高桥港区二期、地铁2号线、隧道复线、通信枢纽工程等新一轮十大工程。经过两轮10年城市基础设施建设，新增道路总长1000公里，集中城市化地区从开发初期的44平方公里，扩大到近100平方公里。包括安置数十万征地农民。日本前首相宫泽称之为20世纪末世界最大的开发。与此同时，浦江东岸耸立起金茂大厦等一大批现代化功能性楼宇，活跃着陆家嘴、外高桥、金桥、张江等各有特点的功能区，这些工程和设施不仅是浦东本地开发所必需，而且也为进一步实施向世界经济开放奠定了必要的基础。

在开发规划上，浦东以世界一流水平作为浦东开发规划的基准。除了制定浦东开发总体规划外，还请了英、法、意、日等国的专家与中国专家一起对陆家嘴中心区的规划进行国际设计竞赛，使浦东的规划汲取世界各地规划的精华。一些建筑项目，如世纪公园、新区行政中心大楼、上海东

2000年4月18日正式对外开放的世纪公园，享有“假日之园”的美称

方艺术中心等，也请一些外国设计事务所一起参加设计，为浦东描绘最美的城市景观，从而为子孙后代留下一个既体现世界水平又具有中国特色、浦东风格的崭新城区。经国务院批准的由日本八佰伴和上海第一百货公司、香港华润和上海华联商厦合资建造的大型百货商店——上海新世纪商厦（第一八佰伴），在浦东矗立起现代化的商业设施，1995 年 12 月 20 日试营业，当天共有 107 万消费者涌进商厦参观购物，创造了吉尼斯世界纪录。

在开发资金上，浦东积极慎重地引进与利用各国资金及以跨国大公司大财团为重点的方针，并取得良好效应。据统计，1993 年中国已成为世界上第二大吸收外资的国家，而上海浦东则是其中的领跑者。在 1990 年 4 月中央宣布浦东开发开放之前，浦东只有 37 个外商投资项目，而至 1995 年 2 月，有 48 个国家和地区的 2836 个投资项目获批准，总投资额达 108.8 亿美元。一批著名跨国公司落户浦东，构筑起现代化的产业框架。如，美国的杜邦、罗斯蒙特、福特、吉列，德国的西门子、巴斯夫，日本的日立、

1991 年 5 月，浦东新区兴建的第一家大型合资企业——中美合资上海杜邦农化有限公司奠基

松下、夏普、胜利、丸红、森建筑，比利时的贝尔，韩国的浦项，港台地区的汤臣、新鸿基等公司。浦东良好的投资环境，使得外资企业纷至沓来。在 1998 年 2 月 26 日召开的浦东新区招商引资工作会议上，由全球 500 强之一的美国 MOLEX 公司在外高桥保税区投资建立的上海莫仕连接器有限公司成为新区第 5000 家外资企业，副市长、浦东新区党工委书记周禹鹏向该公司颁发了纪念奖牌。

在开发人才上，浦东广泛吸纳世界各国最新的文明成果，吸引各类科技人才投身浦东开发。至 1994 年底，已有来自五大洲 58 个国家、地区的 3500 多批外宾访问浦东新区，其中包括国家元首、政府首脑等重要外宾 200 余人次。此外，还有约 800 名国外经济技术专家落户浦东，在开发公司、三资企业、外资银行工作。为了给我国赴外留学的各类人才创造投身浦东开发的条件，浦东新区还专门成立了“归国创业公司”与“高级人才开发公司”。一批又一批海外赤子学成回国，在浦东这块热土上找到了施展才华与抱负的舞台。与此同时，浦东还将全员培训作为浦东人才开发战略的重要组成部分。强调要着重培养“面向世界、跨越世纪”的中青年干部。并采取多种渠道，如出国培训，请国外教授开培训班等，使当地大批国际人才脱颖而出。

在开发运作上，浦东采用国际惯例，按照世界各国认同的各种方式促进浦东开发进程。在开发过程中，积极营造一个面向世界的统一、竞争、开放、有序的市场环境和法制环境，以利于浦东与世界经济接轨。据统计，1993 年在上海及浦东已投产的 2746 家外资企业中 74.4% 已获得利润。在法制环境方面，颁布了包括优惠政策在内的一系列涉外经济法规。在体制上，减少冗长、繁琐的审批环节，提高办事效率，为投资者提供“一门式”服务，并提高公务员和职员按国际惯例办事的能力，提出“廉政也是重要的投资环境”，对公务员进行勤政、廉政的教育。

通过面向世界的开发，浦东新区国民经济综合实力快速增长，经济运行质量明显提高。从 1990 年到 2017 年，浦东经济总量从 60 亿元增长到

9651 亿元，增长 160 倍；财政总收入从开发之初 1993 年的 11 亿元增加到 2017 年的 3938 亿元，增长 357 倍。全球资源配置能力显著增强，到 2017 年，浦东货物进出口总额从 1993 年的 25.9 亿美元增长到 19565 亿元，占全国 7%；累计吸引实到外资 783 亿美元；跨国公司地区总部达到 281 家。随之变化的，是浦东的形象和浦东的功能，还有浦东的环境。浦东在近 30 年的时间里不仅建成了一流的发展硬环境，更重要的是初步形成了与国际惯例接轨的发展软环境。据德勤的调查报告显示，改革开放以来进入我国的外商投资成功率是三分之一，浦东是三分之二，成功率是全国平均水平的两倍。

所有这些充分说明，面向世界的浦东开发开放，日益显示其强劲的发展势头，营商环境与国际接轨，浦东形成万商云集的繁荣繁华局面。

面向世界的浦东规划

面向世界的浦东开发需要大思路、大规划、大手笔，它犹如一张白纸，可以画出最新最美的图画。

1990年4月，朱镕基市长在市九届人大三次会议上所作的《政府工作报告》中指出："党中央、国务院十分关心和支持上海的振兴。李鹏总理已经向国内外宣布了中共中央和国务院同意开发浦东、开放浦东的重大战略决策。""我们将按照面向世界、面向二十一世纪、面向现代化的战略思想，把黄浦江两岸的规划和建设作为一个整体来考虑，有计划、有重点、分层次、分步骤地加以实施。"4月30日，市政府举行开发浦东新闻发布会，常务副市长黄菊宣布浦东开发开放将分三步实施：第一步，"八五"期间为开发起步阶段。主要是编制规划、整治环境和着重解决交通问题，积极为吸引外资创造条件。第二步，"九五"期间为重点开发阶段。继续建设区内骨干道路和市政公共设施，初步形成基础设施比较配套的浦东新区的大格局，为以后几年的大发展打下基础。第三步，2000年以后的二三十年或更长一些时间，为全面建设阶段。届时通过浦东的建设和浦西城区的改造，上海将成为设施配套比较齐全，以外向型经济为主的重要现代工业基地和金融、贸易、科技、文化、信息中心。

按照“规划先行”的开发思路，经上海市人大常委会审定通过的1992年《浦东新区总体规划》指出：通过借鉴国内外新区开发的经验，把浦东新区建设成为有合理的发展布局结构、先进的综合交通网络、完善的城市基础设施、现代的信息系统以及良好的生态环境的现代化新区。通过新区开发，带动浦西的改造和发展，为加强与完善上海作为全国经济中心城市的功能，为把上海建设成为国际经济中心、金融中心和贸易中心奠定基础。总体规划明确了以开发区建设带动城区发展的思路，引入了“组团”“分区”等概念，采取了“多心组团”的规划布局，规划形成外高桥—高桥、陆家嘴—花木、北蔡—张江、庆宁寺—金桥和周家渡—六里5个各具特色、相对独立的综合分区。这5个分区分别侧重于建设港区、保税区，发展金融、

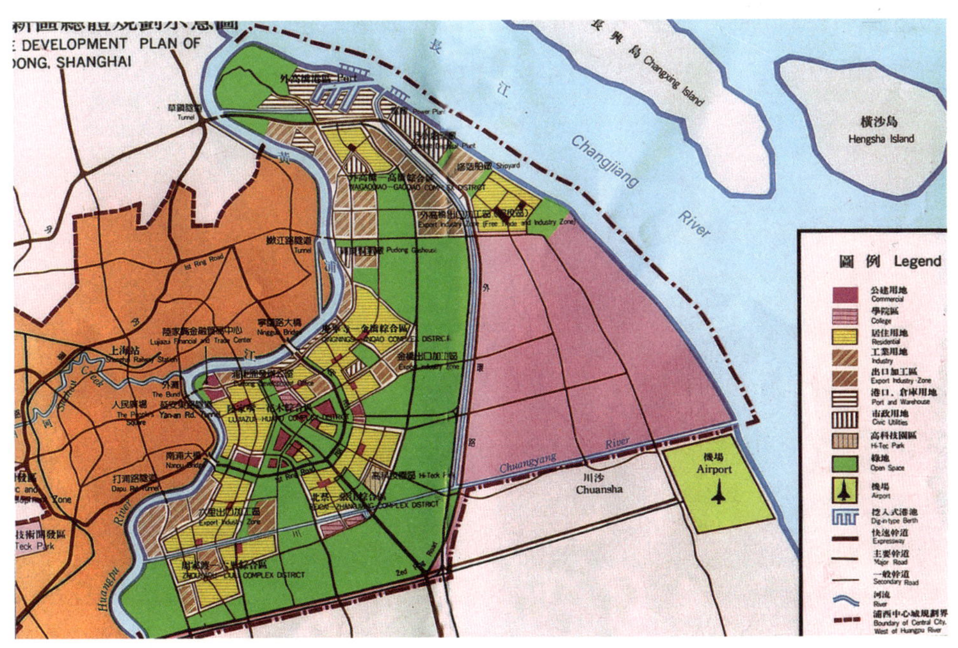

1992年11月审议通过的《浦东新区总体规划》中的浦东新区总体规划图

贸易，设立科学、教育园区，建设出口加工区，开拓无污染、有后劲的工业产业。尽管有约 400 平方公里的土地资源，面对慕名而至的国内外投资者，规划者却显得极为“吝啬”，因为要把浦东建设成为具有国际水准的新城区，必须精心策划、惜土如金。在浦东，“惜土如金”有两个含义：一是土地有价值，比较贵；二是土地要用好。正是这种理念，为浦东的经济社会发展留足了空间。

在总体规划基础上，浦东新区各职能部门陆续编制了各自的详细规划，如环保规划、绿化规划、交通规划、水利规划等；各开发区、街道、集镇也编制了本区、本块的各类详细规划。

在规划编制的方式上，浦东打破了传统规划编制的体制界限，1.7 平方公里的小陆家嘴地区在全国率先采用国际竞争性招标形式。

1990 年 12 月，在市政府组织的浦东总体规划审议会上，市长朱镕基对有关专家提出：浦东陆家嘴地区地理位置十分优越，区位绝无仅有，应该按照国际惯例，开展城市规划的国际招标或国际竞赛，以此提高陆家嘴金融贸易区总体规划的水平，扩大浦东开发的国际影响。从此，揭开了引进国外智力进行陆家嘴中心区规划、中心区交通规划、中心区城市设计的序幕。

1992 年 11 月 20 日，上海市陆家嘴中心地区规划及城市设计国际咨询会议在上海国际贸易中心举行

1992年11月，由法国政府公共工程部和上海市人民政府联合举办的上海市陆家嘴中心地区规划及城市设计国际咨询会议举行。英、法、日、意、中5国专家的5个精心设计制作的陆家嘴中心地区规划模型，摆放在会场中央，世界顶级规划设计大师们就各自的设计，各抒己见。

在国际咨询会上，对于是否在陆家嘴中心位置建造绿地曾产生过较大的分歧。

英国、法国两位专家陈述设想时，说："陆家嘴四周是建筑群，中间建一块圆形的绿地，让人和自然融合，置身于大自然的怀抱之中。"

有人问："建中心绿地需要多少土地？"外国专家回答：要占地10公顷。这相当于10个足球场的大小。一时间，会场震动，在场的人有些坐不住了。要知道，这陆家嘴中心区地块，可是寸土寸金！

后来，浦东建设者在与外方的交流中形成了共识，陆家嘴金融贸易区不能只有"水泥森林"，没有绿荫。10公顷的中心绿地要建！

最后确定的小陆家嘴地区规划的模型

据参加会议的时任市委常委、副市长赵启正回忆："各国设计各有特色，都比我们设计得好。"

在中外专家5个规划方案的基础上，上海市成立了以赵启正为组长的陆家嘴中心区深化规划领导小组，开始了中心地区规划方案深化工作，先后完成了17轮的逐步深化。

1993年8月，最终形成了融汇各国专家设计方案特点，集城市功能、建筑美学、环境科学、交通设施于一体，反映跨世纪超一流城市规划设计水准，体现中国与外国、浦东与浦西、历史与未来相结合的陆家嘴中心地区城市规划设计深化方案，同年12月经市政府正式批准。1995年，该规划设计方案获上海市优秀勘察设计项目一等奖。1998年，这个中国历史上第一个与国际合作的CBD规划模型被当时的中国革命博物馆作为文物永久性收藏。

同时，浦东还邀请英国专家进行交通规划设计咨询，邀请加拿大和日本专家分别编制不同区域的城市设计咨询或环境设计，使得区域的社会和经济发展规划、城市形态规划、交通规划、基础设施规划和生态环境规划配套完善。

此后，新区的规划设计走出了一条新路，许多规划，包括一些系统规划、地区规划、单体规划，都纷纷采取国际招标或国际咨询等方式，使之成为集国际、国内智慧的最新成果。许多单体、单项，如著名的浦东国际机场航站楼、世纪大道、金茂大厦、世纪公园等，都具有标志性建筑的特点，也都是中外规划设计专家的贡献。浦东还在全市率先办起规划展示厅，让规划接受市民审查，并形象化地展示浦东开发前景。参照世界大都市文化发展的经验，新区还制订面向21世纪的文化发展规划，建造第一流的音乐厅、大剧院、博物馆、科技馆、文化博览城和浦东民俗风情园等，使之成为浦东文化的象征和标志。

通过一系列高起点的规划设计，一方面保证了开发的有序性，为子孙后代留下一个比较理想的新城区；另一方面也在国际上打出了浦东的品牌，使浦东的开发开放在启动之初就定位于国际高端。

被誉为『垂直金融街』的陆家嘴

浦东开发开放之初的陆家嘴，是一个低矮厂房、破旧棚户与阡陌农田犬牙交错的地方，只有消防瞭望塔、邮电大楼和东昌大楼等少量高层建筑。10多万户家庭、54万人口充塞在这块狭窄的地带里。水、电、煤、交通、通信……原有的市政基础设施日显陈旧，在急剧增长的人口面前捉襟见肘，只能疲惫不堪地超负荷运转。

1990年6月，伴随着浦东开发开放的号角，与外滩一江之隔的陆家嘴，经国务院批准，成为国内唯一以“金融贸易区”命名的开发区，规划面积28平方公里。一个新生的陆家嘴迅速完成了蜕变，成为中国改革开放的新地标，从过去的烂泥渡华丽转身为“垂直金融街”。

“烂泥渡”，其实就是我们现在时常说的“小陆家嘴”地区。这里是上海滩上有名的危棚简屋区域，而且排名应该说是靠前的。每逢大风暴雨，家家几乎都是“水漫金山”，户户都能积水积到膝盖。比起上海的众多棚户区，这里的环境恶劣得“有过之而无不及”。

暴雨过后的陆家嘴“烂泥渡”

浦东曾有这么一首民谣：“黄浦江边有个烂泥渡，烂泥路边有个烂泥渡镇，行人路过，没有好衣裤。”这条“烂泥渡路”今天的名字是“银城中路”。若你踏足“银城中路”，也就意味着你已置身于大上海最为寸土寸金的核心区域——陆家嘴金融贸易区。

而这一切的变化，源自浦东开发开放，源自陆家嘴中心区规划。1.7 平方公里的小陆家嘴地区在全国率先采用国际竞争性招标形式，经过英、法、日、意、中 5 国专家的设计，以及十多个国家的 30 余位专家 17 轮讨论深化，历时两年，高质量地完成了小陆家嘴地区的规划。

以组建开发公司的形式通过市场筹措建设资金，根据编制完成的区域规划，按照特定的城市功能进行组团式滚动开发，这是城市大规模开发、建设和改造的新尝试。1990 年 9 月，陆家嘴金融贸易区开发公司挂牌成立。

20 世纪 90 年代，陆家嘴金融贸易区建设主要是打基础，进行基础设施建设和功能开发。

开发开放之初，浦东新区财政非常紧张，但大规模开发离不开大量资金投入。1990年陆家嘴金融贸易区开发公司成立初期，开发公司总经理王安德和他的同事们想方设法，以国有土地使用权（约合6.7亿元人民币）“实转”起步，以中国工商银行200万元贷款作为公司的开办费，以3000万元借款作为启动资金，重点解决两件事：编制区域规划和动迁用房的开发和建设。通过土地二级市场进行土地使用权的有偿出让，把土地资源变成现金，用于土地的滚动开发。至1997年底，动迁旧区居民20257户，动迁单位548家。常言道“故土难离”，但为了建设陆家嘴的明天，动迁企业和居民忍痛割爱，毅然搬迁。黄浦江边的上海钢球厂，在搬走时职工们依依不舍，但还是点燃鞭炮，打出了一条感动人心的横幅“让我们笑着向陆家嘴告别”。上海钢球厂只是众多动迁企业中的缩影，为了陆家嘴的明天，动迁企业和职工的名字永远载入浦东开发的史册。

1995年6月，中国人民银行上海市分行迁至陆家嘴，标志着陆家嘴金融贸易区进入功能开发阶段。紧接着，1995年9月，首家外资银行——日本富士银行上海分行在陆家嘴开业；1996年8月，中国境内首家外资独资银行总行——泰华国际银行从汕头迁址浦东，成为第一家在陆家嘴的外资银行总部；1997年12月，上海证券交易所迁址浦东在陆家嘴开始运作；1999年12月，上海期货交易所在陆家嘴正式运营。此外，中国工商银行、中国建设银行、中国农业银行、国家开发银行以及三菱银行、渣打银行、汇丰银行和花旗银行等中外金融机构也接踵而至，陆家嘴金融贸易区的金融功能初步集聚。

2000年至2009年，则是陆家嘴金融贸易区功能提升阶段。2000年10月，全国第一家钻石交易所——上海钻石交易所在陆家嘴成立；2001年1月，国泰君安证券公司与德国德累斯顿银行在陆家嘴成立全国第一家中外合资基金管理公司；2006年9月，中国金融期货交易所在陆家嘴成立；2007年12月，首个处理金融纠纷的机构——上海金融仲裁院在陆家嘴成立……这一阶段，陆家嘴金融贸易区初步形成以金融、航运服务、现代商贸为核心，旅游和会展为重点的“3+2”现代服务业产业体系，以证券、商

1995年6月28日，中国人民银行上海市分行东迁陆家嘴

品期货、金融期货等为主要内容的现代金融市场体系日渐成熟，基本确立了中国金融市场中心的地位。

2015 年 4 月，由北京市奋迅律师事务所与贝克 · 麦坚时国际律师事务所携手成立的中国首家自贸区中外律师事务所联营试点正式落地陆家嘴；2016 年 9 月，首家外商独资资管机构——摩根资产管理（上海）有限公司落户陆家嘴；2017 年 5 月，中债金融估值中心有限公司在陆家嘴正式设立，实现首个债券市场权威价格指标在上海发布；2018 年 3 月，我国首个国际化期货品种——原油期货在陆家嘴正式挂牌交易……进入深化改革创新阶段的陆家嘴金融贸易区，再迎“第一”诞生的高潮期。

在陆家嘴金融贸易区迎来一个个“第一”的同时，其高度也在不断地刷新。

1993 年 12 月，东方明珠电视塔实现了 350 米的主体结构封顶。1995 年被列入上海十大新景观之一。

1999 年 8 月，高 88 层的上海金茂大厦开张营业。这座八角形外观如钻石般精致的超高层建筑，以 420.5 米的高度在当时排名世界第三。

2008 年 8 月，因受亚洲金融危机影响曾停工数年的上海环球金融中心竣工启用。其以 492 米的高度成为当时国内最高楼，也是世界最高的平顶式大楼。

2016 年 3 月，外观呈螺旋式上升造型的上海中心大厦正式竣工，以 632 米的高度成为上海“第一高度”，也是中国第一高楼、世界第二高楼。

2.5 公里长的滨江大道、10 万平方米的陆家嘴中心绿地、5 公里长的景观道路世纪大道、连接浦西浦东的外滩观光隧道和现代化的大楼群，形成了上海这个大都市的独特景观。

至 2018 年底，在陆家嘴金融贸易区范围之内，已经建成 256 幢八层以上的高档写字楼，投入使用的建筑体量是 1513 万平方米，面积是浦西外滩全部万国建筑群的 10 倍以上。

伴随着一幢幢摩天大楼的拔地而起，一大批高能级的功能型、平台型、

1990年从外滩眺望陆家嘴

今日陆家嘴

创新型、领袖型金融机构纷纷落户。截至2018年底，陆家嘴共有持牌类金融机构849家（占全市60%），其中包括交通银行等20家商业银行总行（占全市80%）、85家商业银行分行（占全市58%）、33家非银行金融机构，还聚集了汇丰、花旗、渣打等19家外资法人银行。同时，陆家嘴吸引了13家各类国家级金融要素市场和功能性金融基础设施，除上海证券交易所、上海期货交易所和中国金融期货交易所等外，近年来，又陆续引入上海保险交易所、中国信托登记有限责任公司等。

陆家嘴金融贸易区致力于吸引全球大量跨国公司以及更多的国内大企业前来设立总部机构，着力提高经济密度，提高投入产出效益。截至2018年底，陆家嘴金融贸易区共有136家跨国公司地区总部、国内大企业总部、营运总部、区域性总部、高成长性总部，其中经市商务部门认定的跨国公司地区总部有100多家，吸引世界500强企业及其分支机构近300家。

与总部经济形态相适应，陆家嘴金融贸易区高档商务楼宇高度集聚，吸引着大量人流、物流、资金流、信息流在此汇聚、流动，楼宇经济特征明显，形成了显著的“财富效应”。2017年，税收亿元以上楼宇达91幢，税收10亿元以上楼宇从五年前的5幢增加到25幢，经济贡献向楼宇集聚不断加速。可以说，这里的每幢摩天大楼都是一条“垂直金融街”。■

由『制造』向『智造』转身的金桥

乘着1990年浦东开发开放的春风，金桥出口加工区成为我国大陆第一个以“出口加工区”命名的国家级开发区，位于浦东新区的中部，规划面积约19平方公里，西连陆家嘴金融贸易区，北接外高桥保税区，南临张江高科技园区。整个区域以金桥路为界，东部为工业区，约15平方公里；西部为管理服务区和生活住宅区，约4平方公里。金桥出口加工区主要发展出口加工业和第三产业，是国内集出口加工、贸易经营、商业服务、生活居住四大功能于一体的综合开发区域。

开发伊始，按照建设一个面向21世纪的、高起点、高水平的现代工业园区和具有现代都市功能的新城区的目标定位，在上海金桥出口加工区开发公司总经理朱晓明的主持下，制订了金桥出口加工区开发建设战略，从市政开发、项目引进、产业结构、资金运筹、管理体制、人才培养、信息系统、经营管理诸方面提出了战略构想和发展目标，此后，又制订了形态规划、经济发展规划和社会发展规划。

金桥公司以招商引资战略为指导，致力于引进高新技术、高附加值的大项目，使当初冠名为“出口加工区”的金桥开发区“脱胎换骨”，成为资金技术密集型的高新技术开发区；以区域规划战略为指导，金桥开发区严格规划出现代工业区、现代生活区及管理区，现代工业区又按照区域布局规划形成了若干个以相关产业集聚为标志、具有较大的产业关联度又相对独立的功能小区；以市政开发战略为指导，金桥开发区的道路形成了四通八达的交通网络；以社会发展战略为指导，金桥开发区注重教育、医疗保健等社会服务设施的建设，使开发区做到了全面发展。战略规划先行使金桥的开发建设朝着科学化、系统化、规范化目标迈出了一大步，成为金桥开发建设取得成功的重要基石。

按照战略目标的要求，金桥公司致力于“筑巢引凤”，对基础设施进行了高强度的投入和高标准的建设，使金桥开发区的基础设施达到了“九通

绿意盎然的金桥开发区

一平”。金桥公司至1997年已投入数十亿元资金用于基础设施建设，建成道路40.2公里、雨污水泵站7座、35千伏变电站3座、绿化面积达67.7万平方米，建成标准厂房28万平方米及综合办公楼8.49万平方米。在“七通一平”的基础上还增加了集中供热和VSAT卫星通信系统。在金桥开发区内，绿树掩映之中，一座座色彩各异风格独特的现代化标准厂房鳞次栉比，与宽阔的道路、耸立的高楼交相辉映，形成了别具一格的风景线。开发区内不闻机器轰鸣，不见浓烟滚滚，已成为花园式的现代工业园区，吸引中外客商近悦远来。

按照市委、市政府及新区党工委、管委会关于加强功能开发的要求，金桥公司将招商引资的重点放在高新技术、高附加值、低物耗、低能耗的大项目上，从而使金桥开发区的引进项目具有很高的高新技术“含金量”。

1990年代末，在金桥开发区引进的项目中，有不少具有“全国之最”美誉的高新技术大项目，其中有全国最大的数字程控交换机生产基地——上海贝尔电话设备制造有限公司；有全国最大的电子通信群——西门子移动通信、西门子程控通信系统、西门子通信电源、西门子终端和西门子汽车电机；有全国最大的空调压缩机生产基地——上海日立电器有限公司；有全国最大的传真机生产和出口基地——上海理光传真机公司；有全国最大的绿色（无氟旋转式）冰箱压缩机生产和出口基地——上海森林电器有限公司；有全国最大的汽车配件项目——联合汽车电子公司；我国最大的中美合资项目——上海通用汽车项目及最大的中日合资项目——华虹微电子项目。其中，著名跨国公司德国西门子公司的“五子登科”尤其令人瞩目。这家大公司先是与上海邮电管理局、广电股份公司合资组建西门子移动通信有限公司，年产“大哥大”30万部，产值达16亿元，一举获得成功，在金桥站稳脚跟。信息很快反馈到德国慕尼黑总部，他们迅速作出反应，继续增加投资，开拓中国市场。紧接着西门子的另外4个子公司相继落户金桥，形成了“西门子群落”。这么快的节奏和频率在德国西门子公司史上也是罕见的。西门子移动通信有限公司总经理、德籍人士康培燮发自

落户金桥出口加工区的上海西门子移动通信有限公司是中国第一家从事GSM移动通信系统的开发、制造、销售和服务的合资企业

内心的话语道出了真情：“浦东投资环境好，金桥地区实现了‘九通一平’，尤其是新区交通便捷，我能驾驶轿车从坐落在浦西的别墅直上高架道路，跨越南浦大桥，很快抵达金桥，感觉特别好。”

2010年7月19日，通用汽车中国前瞻技术研究中心在浦东金桥正式动工。通用前瞻技术研究中心在全球范围内仅有两个，位于美国密歇根州的技术研究中心诞生于1920年，是全球第一个前瞻技术研究中心，而中国新建的中心投资1.5亿美元，无论从设备，还是规模来说较之美国有过之无不及，新的前瞻技术研究中心包括通用汽车中国研究院、车辆工程实验室、动力总成实验室和前瞻设计中心四大部门，研究的重点包括先进驱动系统、动力总成、可替代能源、电池技术和材料技术。其实，通用汽车中国前瞻技术研究中心落户金桥，只是众多世界一流研发机构聚集金桥的一个缩影。这些研发机构大都有一个特点，那就是与金桥的产业密不可分，与金桥的产品密不可分。它给金桥带来一个革命性的变化：“代工厂”向“智慧谷”

金桥碧云国际社区

悄然蜕变，“金桥制造”向“金桥智造”华丽转身，“世界名牌金桥造”已名副其实。

2018年，金桥开发区实现工业总产值为2436.06亿元，营业收入7262.22亿元，完成税收收入533.34亿元，完成地方财政收入69.37亿元，形成了汽车、信息通信、机器人、新兴金融四大产业。

“服务也是一种产品，服务做好了，园区便会增值。”为入驻金桥的世界500强企业高管生活配套的碧云国际社区，如今已经成为全上海“老外圈子”里口口相传的品牌社区。

碧云国际社区是浦东开发开放的进程中，按照外向型、多功能、现代化国际新城区的功能定位，参照国际标准和惯例，以超前的规划和理念建设而成的一个新型国际社区的优秀典范。碧云国际社区已形成了多元文化相交融、“人与自然和谐”、建筑风格多样化、生态环境一流、适合境外人士多种居住模式需要的大型国际社区。碧云国际社区也是在沪工作、生活的各类高层次境外人士聚居度最密集的国际社区之一。

追逐“自由”的外高桥保税区

外高桥保税区是1990年6月经国务院批准成立的我国第一个，也是最大的综合型、多功能的保税区，规划面积10平方公里。该区位于中国万里长江黄金水道和东海黄金海岸线的交会点，直接依托中国最大的工业、经济、贸易、金融、港口城市上海，背靠着中国最富饶的长江三角洲和长江流域，经济腹地广阔，市场容量巨大。

外高桥保税区成立伊始，第一件事就是关于保税区如何命名，要确定保税区的英文翻译。“保税区”是中国人自己创造的具有中国特色的名词，在国际上使用的是“Free Zone”（自由区）、“Free Port Zone”（自由港区）、“Bonded Port”（保税港区）、“Bonded House Zone”（保税仓库区），而国际通行最多被使用的称谓是“Free Trade Zone”（自由贸易区）。最终，保税区的中文名按国家文件为上海外高桥保税区，英文名为“Shanghai Waigaoqiao Free Trade Zone”。1991年4月，朱镕基出访西欧六国，向外宾解释道：“中国的保税区，就是你们的自由贸易区，Free

上海外高桥保税区地标——海鸥门

Trade Zone。”

保税区的创立是20世纪90年代中国扩大对外开放的重大突破。保税区作为与国际接轨的“试验场”，当时，从中央给予的政策来看，可以归纳为“三个自由”：贸易自由、货物进出自由、货币汇兑自由。

从保税区的性质来看，它是属于境内关外的一块经济自由区；从保税区的功能来看，发展与国际市场的经济关系是它的首要功能；从保税区的作用来看，它在发展外向型经济方面有着显著的启动作用和带动作用。上海市原副市长、原浦东新区管委会主任赵启正指出：“中国经济要现代化就必须实现国际化，这就需要一些最发达的沿海城市率先国际化，率先同国际市场交会，而保税区正是中国经济与世界经济最先重合的地方。”

而要建设和国际接轨的保税区，首要任务就是建码头。作为第一批外高桥开发浪潮中的领军人物，外高桥开发公司首任总经理阮延华说：“采取自由贸易和出口加工结合的模式，以自由港为目标，实行商品、人员、物

1991 年，外高桥保税区首期工程开工典礼举行

资豁免关税和进出口自由，新型经济辐射新区的建成，首要破冰任务是建码头。”

1991 年 7 月初，外高桥新港区动工建设。外高桥港区一期工程是：建成一座拥有 4 个可停泊万吨级以上船舶泊位的顺岸式码头，岸线长 990 米，码头长 900 米，港区陆域面积达 50 万平方米，有包括保税仓库在内的 40 个建筑单体，新港区的年吞吐能力达 240 万吨。动工前，据专家测算，建设新港区的合理工期为 42 个月。当时的上海市市长朱镕基立足加快浦东开发开放，斩钉截铁地拍定工期：28 个月建成！经过各方共同努力，1993 年 10 月 30 日，外高桥新港区正式建成开港。创造了上海建设史上的新纪录。

外高桥保税区是我国最早的一个保税区。上海市政府和浦东开发办公室在参考和借鉴国外成功的经济特区管理模式的基础上，本着“小政府、大服务”和“统一、精简、高效”的原则，采纳了管委会为主的“块管模式”。上海市政府为此颁发了《上海市外高桥保税区管理办法》，明确规定

1999 年的外高桥港区

保税区由管理委员会实行统一管理。科学的管理办法应当是严格依据功能的需要设置机构，真正做到每一个机构既是必不可少的，又是唯一的，既不出现交叉重叠管理，又不出现管理空白。

因此，管委会首先从机构设置合理方面谋求精简。根据“小政府、大社会”的原则，仅设直属机构两处一室。经贸管理处负责招商引资、项目审批管理、市场管理、劳动人事管理和经贸统计管理等事务；规划建设处负责区内规划制订、建筑方案审批、市政配套协调管理、房地产管理和环保管理等事务；办公室负责机关内部管理、政策研究、各进区机构的协调管理等事务。除此之外，将市场经济运行体制下不应该由政府管理的事务全交给社会中介机构去管理，从而有效地防止了机构膨胀，避免了向旧体制的回归。

保税区所有的宏观管理功能和具体操作程序同国际上通行的一套规范接轨。管理机构减少到最低限度，在区外需盖几个甚至十多个图章才能解决的问题，在保税区只需一个图章就能解决；在区外需要跑规划局、土地局、市政局、房产局、消防局、环保局、卫生局等十多个局才能办完的建设事务，在保税区内只要跑规划建设处一家就能解决问题。

为了进一步参照国际惯例，改进监管方式，提高办事效率，促使保税区真正成为自由贸易区，1996年12月，上海市十届人大常委会第32次会议通过的上海市第一个地方性法规——《上海外高桥保税区条例》，使外高桥保税区的法制建设迈出了实质性的步伐，为营造公平、公正的投资环境，实施规范、高效的园区管理提供了有力的保障。

外高桥保税区依托浦东开发开放的优势，坚持对外开放的宗旨，形成了以国际贸易、现代物流、先进制造业三大功能为主的口岸产业。

1992年初，我国第一家外商独资贸易企业——日本上海伊滕忠商事有限公司经外经贸部批准在外高桥保税区注册。90年代后期，保税区贸易功能日趋成熟，以跨国公司为主导的贸易企业纷纷在原有业务的基础上大规模开展分拨业务，分拨面也从单一的国内市场逐步向国际市场拓展，使外高桥保税区成为跨国公司跨区域的货物集散中心之一。贸易企业在保税区综合经济发展中的地位举足轻重。2006年保税区内从事进出口业务的贸易企业超过2700家，同世界上160多个国家和地区开展贸易往来。完成进出口总额448.57亿美元，同比增长27.2%，占浦东新区的42%，占上海市的19.7%，占全国保税区的41.3%。

1993年9月，全国保税区第一家中外合资的物流企业——上海外红国际物流有限公司在外高桥保税区设立。90年代中后期，基于外资企业市场运作的需求，以“保税—滞后纳税”为特征的分拨运作模式在保税区获得了快速的发展和壮大，为国外商品进入中国市场提供了高效的流通渠道。在分拨业务的刺激和带动下，第三方物流业也得到了蓬勃发展，外高桥保税区已基本形成了以第三方物流企业为主体的现代物流产业体系，集聚了包括美国APL、英迈，荷兰TNT，日本近铁、通运和德国飞格等世界知名物流企业在内的1000多家物流仓储企业。2004年，外高桥保税区更是与外高桥港区在全国首试“区港联动”，使保税物流园区形成国际中转、国际配送、国际采购和国际转口贸易四大功能，实现了与上海各口岸的海运联动。

外高桥保税区加工制造业最初的业态是简单的来料、进料加工和轻纺家电产品加工。1990 年代中期，保税区紧紧抓住世界制造业向中国快速转移的机遇，积极优化产品结构，不断提高科技创新能力，形成了由英特尔、IBM、惠普、飞利浦、安靠等企业组成的微电子产业群，形成了由德尔福、伊顿、通用等企业组成的汽车零部件加工制造、研发及分拨产业群，先进制造业已成为保税区出口加工业发展的重要支撑。2006 年，包括 12 家高新技术企业在内的 240 多家出口加工企业完成工业总产值 519.59 亿元，占全国保税区的 21.3%。

从国际贸易、加工制造到现代物流，保税区的三大产业走过了一条从先行先试的探索到成为区域核心功能的成功发展之路。2010 年，上海外高桥保税区在英国伦敦《金融时报》全球自由贸易区按八大要素综合评比中获得第一名。■

承担自主创新使命的张江

张江高科技园区成立于 1992 年 7 月， 是国家级高新技术园区，位于浦东新区中部，规划面积 25 平方公里，分为技术创新区、高科技产业区、科研教育区、生活区等功能小区。

1992 年 10 月，园区第一期启动地块 2 平方公里土地和一期 30 万平方米住宅基地正式启动建设。1993 年，园区达到 3.5 平方公里的开发规模，完成 2 平方公里“七通一平”，完成标准厂房和通用仓库 9 万平方米，建成 10 万平方米厂房和动迁房基地，引进项目投资 15 亿元人民币。1993 年 12 月，龙东大道正式通车。

1994 年 5 月，园区第一家外资企业——罗氏制药有限公司正式签约。而此前，1993 年 9 月，罗氏公司的项目负责人威廉·凯乐在上海的合作伙伴三维制药公司推荐下，来到张江实地考察。后来他回忆说：“当时，园区里除了几幅宣传开发的横幅外，还只是一片绿油油的菜地。我七寻八找，终于找到一幢破旧的工房。开发公司的总经理吴承璘热情地告诉我，上海

开发前的张江

市政府是支持张江高科技园区建设的，未来的张江将会有翻天覆地的变化，出现许多新的楼群、绿地，还有高尔夫球场等。我认为，浦东开发之初的地价便宜，前景是极其灿烂的。作为企业家，关注未来，肯定比关注眼前利益更重要。就在此时，我作出一个令瑞士总部大多数人都认为疯了的抉择：建厂张江！我代表总部签订了意向书。”

在罗氏制药公司这个世界第三大制药公司的带动下，比利时史克必成、挪威奈科明、日本麒麟、美国美敦力等一批生物医药企业落户园区。这些企业在每公顷土地上的投资量超过1800万美元，从而使“张江高科”的高科技含量逐步得到体现。

1996年8月“国家上海生物医药科技产业基地”在张江园区成立。1999年1月，国家新药筛选中心、国家上海新药安全评价研究中心落户张江。张江现代生物与医药产业快速发展。至2008年底，园区内已集聚跨国制药公司研发中心15家、国内科研机构19家、大型生产企业29家、研发型中小企业194家、CRO（临床研究）公司32家，成为国内生物医药领域研发机构最集中、创新实力最强、新药创制成果最多的标志性区域之一。

特别是 CRO 群体，已初步形成涵盖新药研发各环节的完整的“外包服务”链条。数据显示，2004 年到 2007 年，浦东新区生物医药外包产值由 2.2 亿元猛增到 21.4 亿元，其中绝大部分出自张江。

1999 年 8 月，上海市委、市政府颁布了“聚焦张江”的战略决策，明确园区以集成电路、软件、生物医药为主导产业，集中体现创新创业的主体功能，张江园区开始进入了快速的发展阶段。

上海浦东软件园是国家软件产业基地、国家软件出口基地。2000 年 3 月、2002 年 9 月和 2006 年 8 月，占地面积 75 万平方米的上海浦东软件园一期、二期、三期园区先后建成。2008 年，园区企业软件营业收入 145 亿元、软件出口 7 亿美元以上，单位面积产出在国内同类园区中名列前茅。国家软件产业基地和国家软件出口基地的引领、示范、集聚与辐射效应已经展现出来。截至 2008 年底，浦东软件园内注册企业达 700 家，入驻软件企业达 200 家，从业人员达 1.1 万人，包括芯片设计、信息安全、软件出

上海浦东软件园

口、系统集成、金融、电信、医药等软件在园区形成了企业群落，一批国内外著名的软件企业落户园区，如日本的索尼、奥林巴斯、京瓷、电装等，美国的花旗、ARG、群硕软件、Sungard 金仕达等，印度的 Infosys、塔塔、HCL 等公司，德国的 SAP 中国研究院，法国的凯捷等企业。

2004 年 11 月，国内运算速度最快的超级计算机“曙光 4000A”在张江的上海超级计算机中心启用。“曙光 4000A”实现了国产超级计算机多项核心技术的重大突破和“工业标准机群”的技术增值，在性能价格比和性能功耗比等方面处于国际领先水平。“曙光 4000A”的推出，使中国成为继美、日之后第三个跨越了 10 万亿次计算机研发、应用的国家。建成后的“曙光 4000A”，承担包括国家网格、上海基础科研平台和华东地区信息服务三方面的重任，为华东地区各行各业提供海量信息处理、信息开发服务和科学研究高性能计算服务。

与此同时，“张江园区”作为国内自主创新的主要承载地、中国高科技园区的重要名片，其品牌影响力也快速提升。2006 年 3 月，经国务院批准，上海高新技术产业开发区更名为“上海张江高新技术产业开发区”（简称“张江高新区”）；2011 年初，国务院正式批复张江高新区创建国家自主创新示范区（包括一区十二园），张江园区被列为核心园，规划面积扩大至 75.9 平方公里，包括原张江高科技园区、康桥工业区、国际医学园等区域。

2009 年 4 月，落户张江的国家重大科学装置——上海光源完成调试并向用户开放。这个国宝级“鹦鹉螺”——上海光源，是我国迄今为止已建成的规模最大的同步辐射装置，内有许多电子以近乎光速昼夜不停放射着“神奇之光”。上海光源其实就是一台超级显微镜，或者说是高品质的巨型 X 光机，其成像线站静态分辨率达到 0.3 纳米（比万分之一的发丝直径还小），能观测到肉眼看不到的微观世界里的“奇妙景色”：花草树木的呼吸过程，蚕宝宝肚子里有一个超现实“丝国”，用皮秒级“快门”给人体内的蛋白质分子“拍写真”，看穿不同地区来源的 H7N9 禽流感病毒入侵人体“路线图”，帮助故宫国宝探幽千年前的传统制作技艺，等等。上海光源已

国宝级“鹦鹉螺”——上海光源

成为我国多个学科领域前沿研究和高科技研发不可或缺的实验平台，中国科学家在这里创造了一批世界级的研究成果。

经过二十年的开发，园区构筑了生物医药创新链和集成电路产业链的框架。园区建有国家上海生物医药科技产业基地、国家信息产业基地、国家集成电路产业基地、国家半导体照明产业基地、国家863信息安全成果产业化（东部）基地、国家软件产业基地、国家软件出口基地、国家文化产业示范基地、国家网游动漫产业发展基地等多个国家级基地。在科技创新方面，园区拥有多模式、多类型的孵化器，建有国家火炬创业园、国家留学人员创业园，一批新经济企业实现了大踏步的飞跃。“自我设计、自主经营、自由竞争”和“鼓励成功、宽容失败”的园区文化和创业氛围正逐渐形成。

截至2012年底，园区累计注册企业9164家；从业人员27万，本科学历以上占比超过60%。实现经营总收入4200亿元，同比增长13.5%；工业总产值2084亿元，同比增长19.75%；固定资产投资206亿元，同比增长1.93%；税收收入189.15亿元，同比增长10.6%。成为浦东发展的重要增长极。根据“2012年上海市开发区综合评价”，张江高科技园区再度蝉联综合排名第一，同时在创新发展和投资环境指标上也排名第一。

向都市现代农业迈进的孙桥

孙桥现代农业开发区成立于 1994 年，是全国第一个综合性的现代农业开发区。伴随浦东开发开放的进程，凭借其良好的区位优势，开发区充分利用上海人才、技术、资金和先发优势，大力推进农业科技园建设，取得了很好的发展。按照把园区建设成国外先进农业与中国农业接轨的桥梁、传统农业向现代农业转变的桥梁的功能定位，园区已形成了以工厂化农业为代表，以科技创新、先进农业技术组装集成和科技成果转化为重点，以休闲观光、科普教育、美化绿化环境为特色的都市现代农业框架。

建设初期，孙桥规划面积为 4 平方公里。经过十多年的开发建设，开发区面貌已发生了深刻变化。基础设施基本配套，实现了“七通一平”；工厂化、设施化农业已形成规模，累计已引进国外温室和建造国产自控温室共约 20 公顷，以及连栋温室与单栋塑料大棚、食用菌生产工厂、半工厂化水产育苗设施、生物工程实验楼、蔬菜出口加工车间等，并形成了成套种子加工、食用菌生产、加工食品真空包装、蔬菜播种育苗等自动化流水线。

在产品方面，生产经营了200多个品种的农产品以及高科技产品。“孙桥现代农业”已经成为国内外具有一定影响的农业品牌。

孙桥现代农业开发区

作为全国第一个综合性的现代农业开发区，孙桥坚持以科技农业为抓手、以服务农业为着力点，在科技和服务方面下功夫、做文章。1995年，孙桥在全国率先从荷兰引进了面积达3公顷的智能温室，并在引进消化、吸收基础上，形成具有自主特色的现代温室产业，在全国推广智能温室1000多公顷，并且成功向日本、印度和塞舌尔等国出口智能温室共15多公顷。后来援建都江堰园区和喀什莎车的温室也由孙桥制造。经过长期努力，入驻孙桥的企业和研发机构约60家，设施规模达35公顷，中高档温室25公顷，年生产蔬菜、花卉种子50万公斤以上，年育苗能力超过3000万株。从最早引进的全自动电脑调控温室到消化、吸收后，自主建造的国产自控温室；从工厂化食用菌生产、种子包衣到采用天然雨水回收、无限生长品种的无土栽培技术，孙桥在充分利用科技服务农业方面发挥了引领作用。园区先后承担了国家、市、区科研项目超过100个，申请专利近百项，还大力引进农业高科技企业，先后建立了独立的研发中心、企业博士后工作站、园区农产品与环境检测中心、上海设施园艺技术重点实验室孙桥实验室等9个研发与服务机构。

温室栽培番茄

经过多年的运作，孙桥发展了六大主导产业：一是种子种苗产业，依托上海农科院的技术力量，重点发展以传统育种方式和农业高新技术相结合的品种选育体系；二是设施条件下包括食用菌、蔬菜、花卉的设施农业产业；三是农产品加工与精深加工业，经加工的蔬菜、食用菌、苦瓜素等产品绝大部分出口国外；四是包括农用微生物、农产品生物制剂，组培、熊蜂以及害虫天敌等生物技术产品的生物技术产业；五是温室工程安装与制造产业，该产业集温室设计、制造、安装、农艺园艺培训与服务为一体；六是休闲观光与科普教育产业，利用园区的高科技农业设施与主要功能区向社会开放，每年大约接待 20 万—40 万游客和 3 万名高中生学农。六大产业发挥了生产示范、推广辐射、旅游观光、科普教育和出口创汇五大功能，起到了国外先进农业与中国农业接轨、传统农业向现代农业转变的桥梁作用，实现了社会、生态、经济效益三统一。

孙桥在引进国外设施、先进技术的同时，也引进了农业标准化的观念，并以发达国家的生产技术规范、产品质量标准作为我们自己的标准。经过数年努力，孙桥被国家技监局确定为国家农业标准化示范区项目实施地。2001 年，孙桥核心区在全国首家获得 ISO 14001 环境质量体系认证。2002 年 12 月又通过 ISO 9001 产品质量体系认证，并投资建设了园区环境与农产品检测中心，园区和外省市基地的产品，经过这里检测通过后，才能进入市场走出国门。

体制、机制创新创造了良好的投融资氛围。孙桥建立了领导小组，由浦东分管区长任组长，区政府相关职能部门负责人为小组成员，下设园区办公室具体履行园区行政管理、招商引资、信息统计、协调服务职能。国集联营的上海孙桥现代农业联合发展有限公司是园区的主体开发公司，通过参股、控股、决策、经营、改革等形式，全面负责园区的建设和管理。2002 年推行股份制体制创新改革，孙桥现代农业联合发展有限公司与上海 3 家大型民营企业合资组建了上海孙桥农业科技股份有限公司。孙桥还制定了一系列优惠政策，吸引国内外企业和民营企业前来园区开发建设，同时建立了合理的进入和退出机制，确保入驻企业不仅与农业相关，有一定的科技含量，而且能产生一定的经济、社会和生态效益。对于一些科技含量高的高新技术企业或是研发中心，则采用零租金的优惠方式吸引他们入驻。入园区的近 70 家企业，80% 以上是民营企业。

孙桥在全国 10 余个省市推广蔬菜花卉良种 50 多万千克，种苗几千万株，建立蔬菜、食用菌特约生产基地和良种繁育基地 3 万多亩，带动当地 1.6 万多户农户增产增收，带动效益 7000 余万元。其中，园艺种子丸粒包衣加工技术为内蒙古鄂尔多斯的飞播造林治沙 300 万亩，节约成本 1000 多万元，为当地的经济发展和生态环境的治理作出了贡献。孙桥还先后在重庆万州、四川都江堰和新疆莎车援建现代农业示范园。孙桥建立的前五年，就接待考察、观光、旅游 80 多万人次，其中有来自 20 多个国家的首脑和客商，也有中央到地方的各级领导，还有大量的中小学生、企事业单位职工、机关工作人员、市民各界人士，并与航空公司、星级宾馆、大型超市等建立良好的合作关系。

自控玻璃温室

经过二十多年的发展，孙桥现代农业开发区创造了一系列国内第一，使孙桥成为当之无愧的农业科技创新基地：第一个成功完成引进、消化、吸收和改造自控智能温室，第一个建成具有自主知识产权的自控玻璃温室，第一个采用液体菌种培育方法，第一个制定并实施黄瓜、番茄等 4 种蔬菜无土栽培地方标准等等。此外，孙桥还在全国率先将种子加工技术移植到牧草花卉种植并实现产业化、率先采用废弃物资源化和无害化处理并形成产品。这极大地发挥了孙桥现代农业开发区的引领、示范、带动作用。

2015 年，上海自贸区扩区，孙桥由此成为自贸区里唯一一家国家级现代农业园区；2015 年，上海打造“全球科技创新中心”，张江高新区是打造“全球科技创新中心”的核心地区，而孙桥就在张江高新区内，孙桥成为“现代农业科技创新中心”的实施主体；2016 年，上海浦东孙桥现代农业科技创新中心成立，通过聚焦农业高科技研发中心、农业高新技术与产品研发支撑平台等建设，集聚世界最前沿农业科技资源，打造具有全球影响力的农业科创中心，助力我国农业现代化。

浦东的速度　浦东的高度

浦东开发开放之前，除浦东大道和浦东南路外，几乎没有什么像样的道路。随着浦东开发开放的推进，新建了南浦、杨浦等跨黄浦江大桥，地铁 2 号线等轨道交通，延安东路隧道（复线）等越江通道，还先后建成了杨高路、远东大道等几百条段高等级道路，以及连接世界的空港、深水港和信息港。

20 世纪 80 年代中期，24 米高的消防瞭望塔还是浦东这片土地最高的建筑。此后，浦东的天际线被不断刷新：1994 年，东方明珠广播电视塔建成；1998 年，金茂大厦落成，成为当时的“中华第一高楼”；2008 年，上海环球金融中心竣工；2016 年，上海中心大厦建成。468 米、420.5 米、492 米、632 米……位于陆家嘴的四张高度名片，不但构成了浦东垂直向上的瑰丽天际线，也成为中国改革开放飞速发展的见证。

[CHAO`YONG`DONG`FANG]

南浦大桥飞架浦江两岸

20世纪80年代，浦东人去浦西还要靠摆渡，遇上恶劣天气交通就会阻断。消除黄浦江对浦东浦西的自然阻隔，切实解决过江难问题，是上海城市发展的需要，更是浦东开发开放的首要问题。1976年建成通车的松浦大桥，在上海北松公路至松江得胜港之间，远离市区，对缓解市区浦江两岸"过江难"作用不大。

"过江难、难过江"，这句话成为人们强烈的呼声。1980年12月8日，《文汇报》登载文章《浦东浦西可否一桥飞架》，表达了对两岸畅通来往的期盼。文章得到了全社会的响应，数千封读者来信飞向报社，其中不乏科学的造桥方案。经过改革开放的几年发展，上海的综合经济能力和科技水平，已经为黄浦江上建桥奠定了扎实的基础。在黄浦江市区段上建造大桥提上了市委、市政府的议事日程。1983年10月，上海市政工程设计院在对大桥工程的技术标准、桥位、桥型结构、引桥引道的布置、征地动迁等问题调研论证以后，正式提出《黄浦江大桥可行性研究报告》。1986年7月，市政府向国务院报送《关于建设黄浦江大桥项目建议书的请示》。同年

1975 年 9 月，松浦大桥下层铁路桥建成通车。第二年 6 月，上层公路桥建成通车

8 月，国务院批复原则同意并要求在“七五”期间抓紧实施。

随着浦东人口的快速增加，“过江难”的问题越发严重。尽管轮渡线不断增加，但仍不能满足人们过江的需求，仅仅从陆家嘴到延安东路外滩的陆延线，到 80 年代后期一天就有超过 20 万的客流量。一到大雾天停航，就有两三万乘客积压在码头上，人们只有望江兴叹。

终于在 1987 年底发生了陆家嘴轮渡站踩踏事件。

12 月 10 日清晨，大雾弥漫，黄浦江上的轮渡船全部停航了，上万人挤在黄浦江陆家嘴轮渡站焦急地等待过江上班。当大雾散去，轮渡船开航时，大量的人群拥挤着往船上赶，秩序开始混乱，而偏偏人群中又混杂着各种自行车。你挤我挤，人难走，自行车更难走。突然，一个中年男子连同他的自行车一起被汹涌的人流挤倒，紧接着一个接一个人被挤倒，倒下的人挣扎着要爬起来，但向前拥挤的人群被一股巨大的力量推着，发疯似地踩着那些倒地的人冲向前方。此时，前面轮渡闸门已经关上，但后面的人还

市民摆渡过黄浦江

在向前冲去。一起惨祸就这样酿成了。踩死16人，重伤30人，近百人被挤伤。陆家嘴轮渡站踩踏事件震惊中外。

这次踩踏事件，促使南浦大桥建设的研究和论证加快进行。经过多次研讨、论证，最终确定了黄浦江大桥的设计、施工方案。1988年7月，国务院批准了黄浦江大桥可行性研究报告。当时围绕黄浦江越江工程建设，有两个方案，一个是大桥方案，一个是隧道方案。大部分专家认为要建隧道，因为隧道占地小。市领导力排众议，指出，建大桥还是建隧道不仅要从工程上考虑，还要从政治、社会效应和广大市民的感受上考虑。黄浦江大桥不单单涉及浦东浦西的交通往来，还打响了浦东开发、上海腾飞的头炮；建大桥更能振奋精神，鼓舞全市人民奋发向上。后来，拍板造大桥。

南浦大桥的建设开启了解决“过江难”的序幕。

1988年12月15日，跨越黄浦江的南浦大桥打下了第一根桩基，开始了越江工程建设。经过全体大桥建设者近三年的日夜奋战，1991年11月19日，南浦大桥提前45天全面建成。

南浦大桥飞架于浦西陆家浜路至浦东新区南码头之间的江面上，是一座双塔双索面斜拉桥，为世界第三大斜拉桥，工程总投资8.2亿元。两岸各设一座150米高的“H”型钢筋混凝土主塔，桥塔两侧各以22对钢索连接主梁索面，呈扇形分布。大桥主塔的109米高的上横梁上，镶嵌着由邓小

1991 年 6 月 8 日，南浦大桥主桥钢梁合龙

平同志题写的桥名“南浦大桥”，每个字有 16 平方米大。

南浦大桥全长 8346 米，有主桥、引桥。主桥全长 846 米，总宽度为 30.35 米，设置机动车道 7 条，其中浦东往浦西 3 车道，浦西往浦东 4 车道，两侧各设 2 米宽的观光人行道。日通机动车 5 万辆。两岸引桥全长 7500 米，浦西引桥长 3754 米，采用复曲线螺旋造型，上下三环分岔，衔接内环线高架路、中山南路和陆家浜路。由于受地域空间的限制，浦西的引桥设计成两个复曲线螺旋状，其造型犹如盘圆团龙，这在国内外桥梁建筑史上也属罕见。游客们乘车盘旋而上，如同进入了盘山公路，朝下看大桥下面的花园绿地，走动的人流变得越来越小，车窗外不断升高的桥体使每个游客都有一种车在桥上走、人在半空游的感觉。浦东引桥长 3746 米，采用复曲线呈长圆形，与浦东南路相连并直通杨高路。南浦大桥也是上海道路内环线的过江枢纽。南浦大桥设有观光电梯，游人可乘电梯上桥观光。

南浦大桥宛如一条昂首盘旋的巨龙横卧在黄浦江上，它使上海人圆了“一桥飞架黄浦江”的梦想。大桥造型刚劲挺拔、简洁轻盈，凌空飞架于浦

像一条巨龙盘旋在市区上空的南浦大桥

江之上，景色壮丽。入夜大桥采用中杆照明，主桥用泛光照明，在钢索的根部有投光灯，将光射到桥塔上，光彩夺目。

横空出世的南浦大桥，当时创造了多项全国第一：

主桥桥长 846 米，以一跨 423 米过江，跨度之大为全国之最；

桥下净空高度 46 米，在我国桥梁中首屈一指，5.5 万吨位的巨轮可安全通行；

主桥桥面用钢材与混凝土两种建筑材料叠合而成，叠合梁结构开了我国建桥史上的先河；

主桥桥面的钢框架共有 438 根钢梁，其中最重的一根达 80 吨，为全国之最。制作钢梁用的钢板，最厚的达 80 毫米，其厚度在钢结构中又是全国之最；

拼装钢框架用的 10 多万套高强度螺栓的直径达 30 毫米，螺栓之大，是我国建桥史上前所未有的；

大桥主桥桥面是用180根钢索“吊”在桥塔上的。其中最粗的一根钢索是用265根直径7毫米的高强度钢丝绞合而成，直径146毫米，重21吨，均为全国第一。180根钢索都是用千斤顶拉后固定在主塔上的，每个千斤顶的拉力达600吨，也是全国之最。

南浦大桥建成后，使浦江两岸的陆家浜路、中山南路和浦东南路、杨高路等主要道路连接贯通，从而使“过江难”得到了缓解。昔日在渡口排队过江需耗时两个多小时，如今驱车过江，只需短短7分钟。

现在，在黄浦江这条上海的“母亲河”上，矗立着十二座巍峨雄壮的大桥。它们自北往南依次为：杨浦大桥、南浦大桥、卢浦大桥、徐浦大桥、奉浦大桥、闵浦大桥、闵浦二桥、金山铁路黄浦江特大桥、松浦大桥、松浦二桥、松浦三桥和辰塔路横潦泾大桥，第十三座大桥——昆阳路大桥正在施工，预计2020年6月竣工。与此同时，穿越黄浦江的越江隧道也加紧建设，先后建成延安东路隧道（复线）、外环隧道、大连路隧道、复兴东路隧道、翔殷路隧道、上中路隧道、西藏南路隧道、龙耀路隧道、军工路隧道、长江路隧道、虹梅南路隧道等。沟通浦江两岸的隧道和桥梁工程，彻底破解了“过江难”的难题，改变了上海的城市面貌，也加快了浦东开发开放的进程。■

杨高路工程 1号工程的 列为

1992 年初，杨高路拓宽改建工程被市政府列为 1992 年 1 号重点工程。杨高路太不显眼了，连许多上海人都在问：杨高路在哪儿？

1956 年，上海市高桥区、洋泾区、杨思区合并，成立东郊区，当年修筑了一条贯通全区的道路，两端分别是杨思镇和高行镇，故名杨高路。这条路当时全长 18.9 公里，宽度 3.5 米，为碎石和煤屑路面。这条窄得像羊肠小道的路，曾被人戏称为“羊羔路”。以后 1971 年铺设了柏油路面，1980 年拓宽到六至七米，但沿路曲折，从头至尾车子得跑上 1 个小时。

浦东开发，道路先行。1991 年 11 月，南浦大桥竣工通车，杨浦大桥正在建设。而浦东呈西南—东北走向的干道杨高路的狭窄，导致浦西浦东路况严重不匹配，这将制约浦东的开发开放。同年 12 月，市委书记吴邦国提出，动员全市各方力量，在浦东建设一条道路的设想，以更好地推动浦东开发的进程。黄菊市长要求，原定两年半完成的拓宽工程，必须当年开工，当年竣工，质量要保，投资要包。

规划中的杨高路拓宽工程，最初设计为四车道。邓小平视察南方谈话

20 世纪 90 年代初，拓宽前的杨高路

发表后，“浦东热”迅速升温。市领导指出，杨高路拓宽要按长远规划，使之成为一条跨世纪的交通大动脉。于是，将原实施的 34 米路幅改为 50 米一次实施，即改 4 快 2 慢六车道为 6 快 2 慢八车道，一步到位。

1992 年 1 月 25 日，杨高路拓宽工程开工。建设者们一边设计、一边动迁、一边施工，与时间展开了赛跑。这个头号工程，工程之艰巨、时间之紧迫少有：工程总投资逾 9 亿，总长 24.5 公里，宽度 50 米，道路两侧各 8 米的绿化带，道路中央设 3 米绿化隔离带，全线桥梁 14 座，地下埋设 14 条总长 240 余公里的各类公用管线，地上架设两条 3.5 万伏高压线，整个工程需填筑土方 60 余万立方米，耗用钢材 7000 余吨、水泥 67000 吨。如此宏大的工程，从动拆迁到工程全部结束，时间一年不到。没有一点改革措施，绝难做到。

市委、市政府对杨高路工程高度重视。吴邦国书记指出：“杨高路一路牵全局，一号工程要创造公路史上的奇迹。”杨高路工程成立了黄菊市长挂帅的领导小组，建立了以夏克强副市长为总指挥、市建委副主任盛道钧为副总指挥、市政局副局长吴念祖为常务副总指挥的现场总指挥部，统一组织工程实施。按以往，整个工程从征地、动迁、吸劳到管线的埋设，全得由建设单位出面协调解决，建设单位被迫管一些不该管或难以管的事，负担极为沉重。如今，总指挥部下破天荒地设立了农委、川沙县、公用局、电力局、邮电局、劳动局、园林局7个分指挥部，分别承担征地拆迁、劳动力安置、管线敷设、园林绿化等任务。在这里，杨高路的建设单位已不是市政局公路处，而是整个上海市。

当时，杨高路上出现了“动迁县长”“吸劳主任”，沿线152家工厂、395户农民和近200户居民约13万平方米房子，仅一个月基本动迁完毕。工程总指挥部打算把办公地点设在最前线，看中了公路处金桥道班房这一场地。川沙县公路管理所当即表示支持。不到一周，道班全部人员搬进了另一幢潮湿矮小的房屋。

市中心气象台领导主动上门，通过10天一次的书面预报、一天7次的气象报告和全天的高频对讲机，随时报告天气变化情况。

全线300多道规划公用管线横穿管进行综合设计与规划。对埋在杨高路全线下公用管线作出统筹安排，在穿越河道时，统一实施管线桥。

杨高路工程，时间紧、任务重、施工设备紧缺。要做到“当年动迁、当年施工、当年绿化、当年通车”，控制质量是很重要的任务。以前工程建设的质量检查要在工程结束后再进行。这次杨高路工程建设，工程指挥部进行了改革，通过招标聘请同济大学、城建学院的教授、工程专业技术人员组成监理机构，对工程质量进行全方位、全天候的工序监理和质量跟踪，并实行复核制度。施工单位每道工序完成后，没有监理人员签证，不得进行下道工序施工，这种“旁站监理”，使工程质量问题解决在每道工序的过程中，从而保证了每道工序合格。经最终质量验收，杨高路被评定为优良工程。市政局副局长、工程常务副总指挥吴念祖深有感触地说，杨高路工程的建设管理方法意义非同寻常，它必将促使上海整个工程管理水平的提

建设中的杨高路

高。杨高路工程不仅出工程，还要出成果，出人才，出经验。工地是大课堂、大熔炉，一大批年轻人在杨高路工程建设中茁壮成长。在杨高路工地，有五位女大学生，她们工作干得很出色，被工地上的人们亲切地誉为“五朵金花”。其中，最突出的一位叫田赛男，当时她28岁，担任指挥助理，负责工程监理，为杨高路成为优良工程，功不可没。而现在，她已经担任上海市城乡建设和交通工作党委副书记。

经过参加工程建设的市公路处、市政一公司、市政二公司、浦东市政工程建设指挥部，以及水、电、煤、邮电、园林、交警总队等单位的近万名建设者的共同努力，原定两年半完成，只用了10个月时间。建设者们克服了3月份的连续阴雨和7、8月份的连续高温等困难，昼夜艰苦施工，终于实现总指挥部提出的4月底完成动迁和下水道工程，5、6、7三个月埋好“煤、水、电”，9月底道路桥梁全线贯通，最后冲刺两个月完成绿化、交通设施配套和清扫路面准备竣工通车的“四大战役”的目标。值得一提的是，杨高路下埋设了各类大口径公用管线，包括35公里长的市政管道、125公

1992 年 12 月 9 日，老浦东喜看浦东第一路

里长的水、煤、电和通信管道、特意铺设的大型天然气管道，以及地上架设的两条 3.5 万伏高压线，这些市政基础设施极大地服务于浦东新区的建设。

1992 年 12 月 8 日，杨高路拓宽改建工程建成通车。拓宽后的杨高路南起杨思镇上南路、北迄外高桥江海路，犹如一条丝带串起了外高桥、金桥、陆家嘴、张江、六里五个开发区，与外高桥港区连成一体，从起点到终点坐车仅 20 分钟，为浦东新区的开发建设创造了十分有利的交通环境。

此后，内环线浦东段、中环线浦东段、外环线浦东段、郊环线浦东段、迎宾高速、沪芦高速和华夏路（华夏路高架）、龙东大道、张杨路、浦东大道、五洲大道、浦东南路、川沙路、罗山路、沪南公路、华东路、申江路、川南奉公路、南六公路、南芦公路等交通干道的建设，极大地提升了浦东新区城市形象，方便了居民的出行，推进了浦东开发开放和功能区域的建设。通过越江桥隧设施，浦东新区域内的交通干道与上海市的交通干道连成一体，不仅改变了整个城市的交通面貌，塑造了国际大都市的崭新形象，也为上海和苏浙两省的交通提供了可供选择的快捷通道。

第一条穿越黄浦江的地铁

上海地铁 2 号线是第一条穿越黄浦江的地铁，也是现在上海客流量最大的地铁线路。

浦东，可以说是上海地铁的“摇篮”。早在 1960 年，以上海隧道工程局为主体的地下铁道盾构掘进试验段正式在浦东塘桥段开工。1963 年，形成了国内盾构施工的基本工法，掌握了上海轨道交通施工的一些基本技术。塘桥试验段的成功，打破了苏联专家“上海地质条件不适宜建地铁”的预言。

1986 年 7 月，上海市委、市政府向中央报送《上海市城市总体规划方案》，国务院于 1986 年 10 月批复同意。其中包括《上海市中心城轨道交通网规划》，即一个共有 7 条线路、全长 176 公里的环形放射线网规划。这个方案中的 2 号线是由长宁区的天山路至杨浦区的军工路，解决杨浦区中原地区市民的出行问题，并不是走向浦东。

1990 年前后，地铁 1 号线正进入建设高潮时，在德国柏林交通咨询公司的帮助下，开始了地铁 2 号线的论证、选线工作。1991 年 2 月，邓小平在上海视察时说：“抓紧浦东开发，不要动摇，一直到建成。”这对地铁 2 号线的走向产生了重要影响。为了加快浦东开发开放的步伐，解决浦东浦西的交通难，就把地铁 2 号线改为由浦西过江到浦东，形成了现在的线路走向，到了陆家嘴、世纪大道，与地铁 1 号线形成一个“十”字形的轨道交通，并将与浦东国际机场连接。这一调整，对于改善浦东投资环境，把浦东乃至整个上海建成对世界和内地双向辐射的窗口，具有极其重要的意义。

而最终过江的版本也一改再改，可谓“一波三折”。

据参与组织上海多条隧道和轨道交通设计、时任上海市隧道工程设计研究院院长的沈秀芬回忆：“最初想从天津路过江，由于路太窄，动迁量太大，再加上线路不直放弃了。重新选择走南京路地下，可又遇到中百公司东楼正在建造，桩基已经下去，不得已再调整方案，微调从新世界地下穿越南京路。等到了外滩即将过江前方又遇到天文台，方案再次修改，最终

建设中的地铁 2 号线

经市领导同意，天文台进行平移，最终为2号线地下穿越创造条件。”“如今回头看2号线过黄浦江抵达陆家嘴，再向浦东机场延伸是明智的。而最终没有放弃南京路，也符合地铁的宗旨，把百姓出行放在首位。”

1995年12月28日，地铁2号线工程浦东杨高南路站（现称上海科技馆站）率先开工。地铁2号线一期工程规模大、耗资多、技术难度高，工程建设采用市、区两级政府共同投资、共同管理、共同建设的办法，由上海市地铁工程建设指挥部对工程实施总负责。建设资金采用“三三”制式，即由浦东新区等沿线区政府承担一部分，主要负责前期动迁和车站建设；市政府委托城市投资公司，以地铁2号线市政府的借款人作为投资主体，承担一部分，主要负责区间隧道与车辆段的建设；利用外资筹措一部分，由市政府归还，用于购买车辆与各类设备。地铁建设多元化的投资渠道，开创了上海地铁建设市场化运作的新思路。

地铁2号线在科学管理和文明施工方面，迈上了一个新台阶。以前，地下隧道施工到处是泥浆漫溢，人们在隧道里要穿高筒靴，出来像只“面拖蟹”。而在2号线的隧道里，指挥部要求施工单位必须保证每天有充足的设备保养时间。因而，整个工地上明亮整洁，不见泥浆散落，不见积水堆物，只见工程有序进展。这样高质量的整洁文明工地，在国外同行中也颇少见。《隧道与隧道工程国际杂志》副主编Shain Wallis女士参观后，赞扬说：“我走过世界上许多著名隧道，你们的文明程度和隧道施工技术已达到国际先进水平！”

经过上万名建设者3年零9个月艰苦奋战，1999年9月20日，地铁2号线一期工程建成试通车。2000年6月11日，地铁2号线一期工程开通运营。这条穿越黄浦江底的巨龙沟通了浦江两岸快速交通的百年之梦。为进一步改善上海城市交通状况，促进浦西浦东的联动发展，尤其是促进浦东的开发开放发挥了巨大的作用。

上海地铁2号线一期工程西起浦西静安寺，东到浦东龙东路站（现称龙阳路站），设10座车站，长13.35公里。后来西延伸到中山公园站，全

1999 年 9 月 20 日，地铁 2 号线一期工程试通车

长 16.3 公里，其中浦东段 7.9 公里。全线设 12 座车站，浦江两岸各 6 座。2000 年 12 月，地铁 2 号线东延伸到张江高科站，全线车站增加到 13 座，全线里程增长到 19.1 公里。地铁 2 号线把繁华的浦西南京路，浦东的陆家嘴金融贸易区、竹园商贸区、花木行政中心、上海科技馆、世纪公园和张江高科技园区等连成一片。

随着上海经济的发展，这条巨龙还向东延伸至浦东国际机场，向西延伸到虹桥国际机场，现已延伸至徐泾东，成为连接浦江两岸的重要快速交通干线。

当我们乘坐在舒适快捷的地铁 2 号线，透过洁净宽敞的车厢玻璃望去，那一座座飞驰而去的车站，犹如一处处色彩明快、美妙无比的地下宫殿。而浦东的几座车站更是各领风骚。陆家嘴站的装饰虚实结合，桃红色半圆形的站台与地面的东方明珠塔、国际会议中心的圆球体相得益彰；东昌路站采用波浪形蓝色吊顶，置身其中，仿佛游弋于无边的海洋；东方路站

（现称世纪大道站）以暖色为基调，恰与浦东新区新兴的商贸区红火的经济发展相吻合；杨高南路站的采光顶摒弃传统的钢结构支撑网架，而采用新颖的总接式支架，高新科技工艺将该站的建筑线刻画得柔美隽秀。令人称绝的是站顶上有一大块玻璃，竟作为世纪大道的一段路面使用，不管是在灿烂的阳光下，还是在繁星闪烁的夜晚，都会透进一束巨大的光柱，给人一种震荡心扉的感觉；还有被绿色簇拥的世纪公园站，拥有穹形天顶的龙

行驶中的地铁 2 号线

阳路站……它们为浦东的开发开放增添了一道道美妙的风景线。

进入 21 世纪以来，连接浦东浦西的地铁加快建设，先后建成地铁 4 号线、6—13 号线、16 号线，14、18 号线正在加紧建设中。随着一条条穿越黄浦江地铁的建成通车，浦东浦西交通状况的不断改善，方便了浦江两岸的市民交通出行，更为重要的是促进了浦东浦西联动发展，有力地推动了浦东的开发开放。

鲲鹏展翅的浦东空港

上海是一座拥有两个机场的城市。位于上海市西郊的虹桥机场始建于 1907 年，距离市中心仅 13 公里，见证了 20 世纪上海的风云变幻，为上海的经济和社会发展做出了重要贡献。然而，随着改革开放的不断深入，上海单一机场的格局已经不适应发展的需要。20 世纪 80 年代，上海就开始筹划在浦东建新机场。经过反复论证，浦东国际机场选址浦东长江入海口南岸的滨海地带，面积为 40 平方公里，距虹桥机场约 52 公里，距市中心约 30 公里。

根据党中央确定的把上海建设成为“一个龙头，三个中心”的战略目标，以及上海社会经济发展对未来航空业务量的需求，浦东国际机场按现代化、大型国际机场的目标进行规划建设。浦东国际机场的发展规模确定为年旅客吞吐量 7000 万人次，年货运吞吐量 500 万吨；规划建设 4 座总面积为 120 万平方米的单元式旅客航站楼，4 条能起降波音 747-400 等大型客机的 4E 级南北向跑道。

浦东机场工程建设实行“一次规划、分期建设”原则。总投资为人民币 130 亿元的一期工程，包括一条长 4000 米、宽 60 米的主跑道，面积 28 万平方米的航站楼，以及配套的货运、供油、能源中心、信息中心、行政管理区等辅助设施。

1994 年 7 月，上海市委、市政府提出了“完善虹桥、加快浦东”的上海航空港建设方针，决定在对虹桥国际机场进行改扩建的同时，抓紧建设浦东国际机场。1995 年 5 月，浦东国际机场建设指挥部成立。1996 年初，浦东国际机场一期工程项目建议书经国务院和中央军委讨论通过后下发。

机场工程批准后，首先面临的是航站楼的设计问题。当时的设计理念是要把浦东国际机场打造成一个大型的综合性国际机场，形成现代化航空港。而当时国内建设这样大规模的机场还是第一次。机场指挥部将视野投向了全世界的设计者，38 家最具实力的规划、设计公司（事务所）参与了这一设计方案的竞标。经过几轮评审筛选，最后选定了美、法、德、英、荷等六个竞标团组设计的六个方案。1996 年，机场建设指挥部邀请民航局、建筑科学院、清华大学、同济大学、我国香港地区以及美国、日本的国内外专家，经过评审，确定法国巴黎机场公司设计师安德鲁设计的“鲲鹏展翅”建筑中标。

安德鲁曾为法国艺术院院士，是一位富有想象力和诗意的设计师。安德鲁 29 岁时就挑起了法国巴黎戴高乐国际机场的设计重任，一生参与了 30 多个机场的方案设计，他说：“浦东国际机场可能是我的最后一个‘孩子’。”安德鲁的方案，按世界一流的标准设计，体现出 21 世纪人与自然、环境与建筑的和谐统一、持续发展的理念，因而给人以全新的感觉。从侧面看，机场建筑设施犹如一只振翼欲飞的鲲鹏，在海天一色的映衬下，栩栩如生。这个方案注重环境的规划，建筑设计风格也体现了上海城市蓝天门户的形象和人与自然的完美结合，给人以现代化航空港充满活力的气息。安德鲁的设计方案，最后由华东建筑设计研究院付诸实施。

在浦东国际机场建设初期，市委书记黄菊就提出浦东机场要达到“一流设计，一流建设，一流管理，一流服务”的要求，市长徐匡迪担任浦东

建设中的 1 号航站楼

机场建设领导小组组长。

1997 年 10 月，浦东国际机场一期工程全面开工。机场的航站区和飞行区是两个关键的工程。因为之前在国内没有搞过如此大的工程，所以很多技术方面的问题，做了很多创新性试验，创新成就了浦东国际机场的辉煌。例如，航站楼的钢结构系统是安德鲁设计的张弦梁结构，实现难度很大。一是因为它体量大，用钢量要达三万多吨，相当于当时南浦大桥、徐浦大桥、杨浦大桥的总用钢量，而当时我们国家在钢结构方面的规范、技术标准还涵盖不了这样大型的钢结构，难度可想而知。二是钢架的上弦矩形钢管，是 40 厘米 ×60 厘米 ×2.2 厘米，安德鲁设计要求轧制，而当时还没有一家公司可以轧制这样的矩形钢管。后来，就组织华东建筑设计研究院、上海建工、上海建科院科技人员、施工人员一起进行科研攻关。在江南造船厂做了一个 1∶1 比例的大跨度钢屋架模型，搜集了几十万个数据来解决技术上的难点，解决了外国专家设计方案中没能解决的问题，节省了大约 11%的钢材，节约了四五千万元资金，也弥补了国家规范、国家标准技术上的不足。竣工时，安德鲁仰望着没有一根立柱的楼顶惊讶不已。

浦东国际机场的建设是一个庞大的系统工程，对工程建设管理的要求很高。指挥部采取了总承包体制。设计总包是华东建筑设计研究院，施工总包是上海建工集团，监理是上海建科院。一期的设计者是法国人，华东建筑设计研究院配合施工。上海建工集团还首次尝试承担弱电信息系统的总包管理，其中，关于“航站楼机电安装集成管理研究与实践”的课题研究，还获得了民航总局的科技进步奖。上海建科院承担监理，也做了大量的工作，克服了许多困难。在管理上，注重文化建设，开展了立功竞赛活动。立功竞赛，把外国承包商也包含进来。当时，法国人认为，建设一期工程至少要八年时间，结果只用了三年。这也得益于开展的劳动竞赛。在管理策划方面，做了详细的工程策划，列出了六大类 59 项难点，成立了不

浦东国际机场 1 号航站楼

同的科研课题和科研小组，逐个攻关，并获得了十多项国家级、省部级科技进步奖。同时，也为国家节约了大量的建设资金。机场一期工程预算 130 亿元，实际花了 113 亿元。

1999 年 9 月，浦东国际机场正式建成通航。一期工程竣工后，满足了年旅客吞吐量 2000 万人次的需求，为建设亚太航空枢纽港奠定了基础。2005 年 3 月，浦东机场第二跑道正式启用。2008 年 3 月，浦东机场二期扩建工程第二航站楼及第三跑道正式通航启用。浦东机场进入了 2 座航站楼、3 条跑道同时运营时期，形成了年旅客吞吐量 6000 万人次的保障能力。2015 年 3 月，浦东机场第四跑道正式启用。同年 12 月，浦东机场三期扩

2019 年 9 月 16 日，全球最大的单体远距离卫星厅正式启用

建工程的主体工程卫星厅工程开建。2019 年 9 月 16 日，浦东机场三期扩建主体工程启用，建筑面积达 62 万平方米的全球最大的单体远距离卫星厅正式投入运营。

秉承“安全、便捷、人性化”的理念，浦东国际机场在服务品质上也狠下功夫，如巩固航班正点，引入全流程自助服务，多项便民举措等，服务细节日臻完善。2007 年起浦东机场加入国际机场协会（ACI）全球机场旅客满意度测评，加入时仅 3.7 分、在 101 家机场中排名第 63 位。十年过去，2018 年 9 月，浦东机场荣获国际机场协会（ACI）2017 年度“全球旅客吞吐量 4000 万以上级最佳机场第 2 名”，浦东机场服务得到了国际认可。

2018 年，浦东国际机场完成年旅客吞吐量 7405.42 万人次，完成年货邮吞吐量 376.19 万吨。有 107 家航空公司开通了上海的定期航班，联通全球 48 个国家、300 个通航点（其中国际航点 135 个），2018 年新增国际航点 5 个。随着浦东国际机场基础设施逐步完善，将进一步提升上海航空枢纽的服务能力和水平。

洋山港

面向国际航运竞争的

1992年10月，党的十四大提出要把上海建成“一个龙头，三个中心”的战略目标。上海要成为国际经济、金融、贸易中心，必须要有国际航运中心相匹配。

从1992年起，专家们先后对北上（罗泾）、东进（外高桥）、南下（金山嘴）等建港方案进行过比选论证，但都因航道水深不够、岸线 不足等原因而作罢。1990年代中期，市委、市政府领导开创性地提出跳出上海看上海，到外海建设深水港的大胆思路。在初步勘察分析的基础上，1995年夏秋之交，时任上海市委书记黄菊率领一批专家与相关领导干部，深入长江口、杭州湾等海域进行调研和踏测，寻找合适的深水港港址。最终确定以大、小洋山为上海国际航运中心集装箱枢纽港区的港址。1995年底，上海市人民政府制定《上海市国民经济和社会发展“九五”计划与2010年远景目标纲要》，发展目标之一，就是打造上海国际航运中心。

1996年1月，国务院在上海召开专门会议，启动以上海深水港为主体，以江苏、浙江的江海港口为两翼的上海国际航运中心建设。同年5月，成立上海国际航运中心上海地区领导小组办公室，推进深水港论证工作。

在党中央、国务院的支持下，1996 年 9 月，洋山深水港建设前期工作启动，至 2001 年 5 月，由国家审查通过一期工程初步设计。近六年时间内，来自 130 多家专业机构和高等院校的科研人员，完成专题研究 200 多项，研究、设计资料总重量达 2000 公斤。参加专题成果评审和咨询的知名专家有 900 余人。其中，中国科学院、工程院院士近 100 人。2001 年 10 月，上海正式向国务院及相关部委报送了共计 200 多万字的《洋山深水港一期工程建设可行性报告》，报告已 12 易其稿。因为要报送的单位和份数太多，这些报告是装满了整整一个集装箱后运往北京的。

连接洋山港区与陆域的东海大桥，是我国第一座真正意义上的跨海大桥

洋山港址位于杭州湾长江口外的崎岖列岛，西北距上海南汇芦潮港约30公里，距国际航线45海里，是离上海最近的具备15米水深的天然港址。洋山港区工程规划至2020年，建设码头深水岸线总长超过10公里，布置集装箱深水泊位30多个，设计年吞吐能力1300万标准箱以上。

2002年3月，国务院批准《洋山深水港一期工程建设可行性报告》。2002年6月，洋山深水港一期工程正式开工建设。

洋山深水港区一期工程由港区、东海大桥、沪芦高速公路、芦潮港陆域配套工程四部分组成。港区工程先期建设码头岸线1600米，建5个集装箱深水泊位，可停靠第五、六代集装箱船，同时兼顾8000标准箱集装箱船舶靠泊，设计年吞吐能力220万标准箱，陆域面积1.7平方公里。东海大桥位于南汇芦潮港客运码头东侧4公里的海滩与大堤交接处，至浙江嵊泗县崎岖列岛小城子山，总长31公里，其中跨海部分25公里，按双向六车道高速公路标准设计，桥宽31.5米。沪芦高速公路北起A20公路（外环线）环东二大道立交南，至东海大桥登陆点，全长43公里。

2005年12月10日，洋山深水港一期开港

洋山深水港一期工程要填海成陆，吹填量高达2500万立方米。填海成陆

的“砂”并不是所有砂都可以用的。因为码头建成后，将在码头上建造集装箱堆场，安装大型集装箱桥吊，码头地基必须能承重。按照技术要求，必须使用粒径 0.075 毫米以上、且砂粒含量不低于 85% 的砂源。为寻找砂源，从 2001 年起，上海航道局就投入大量人力物力，以小洋山岛为圆心，在半径 50 公里的海域内“大海捞砂”。上海航道勘察设计研究院还投资 9 万美元，从国外引进最先进的海底勘探设备“参量阵地质浅剖仪”，在海上勘探了一年，终于在离小洋山 20 多公里外的大海中找到了合适的砂源。就是用这样的细砂，上海航道局在小洋山岛和周边的海域，吹填出了 135 万平方米的土地，相当于 200 个标准足球场！

从解决这样“细微”的难题，到一期码头究竟建造起重能力多少吨的集装箱桥吊这样的“大事”，专家们总共举行了 128 次重大技术项目专家论证会。

在一期工程中，工程建设者攻克“上海国际航运中心洋山深水港区细粉砂高填土地基处理研究及其应用”“密排钢管桩挡土墙结构负摩擦研究及应用”“早期推定混凝土抗氧化物侵蚀能力研究”“深海筑堤技术研究及其在洋山港区工程中的应用”“高填土斜顶板桩墙承台驳岸结构技术研究与应用”五大世界级技术难题，使东海大桥成为我国首座百年基准期大桥，绿色环保建材确保桥身百年不朽，智能化系统时刻监测大桥的“健康”，护栏刚柔相济，确保集装箱卡车安全。同时，运用声呐技术，帮助扫除航道“漏网”的暗礁。

经过三年半的建设，2005 年 12 月 10 日，洋山深水港一期工程建成开港。上海港终于实现跨江入海。建成 5 个集装箱深水泊位，码头岸线 1600 米，使上海增加 300 万标准箱的年吞吐能力。

2006 年，洋山二期开港运营。2008 年，洋山三期工程竣工投产，整个洋山深水港拥有 16 个集装箱深水泊位，累计建成集装箱深水港码头岸线 5.6 公里、集装箱堆场 8 平方公里，释放出年集装箱吞吐量超过 1500 万标准箱的生产能力。

东方大港——洋山深水港

洋山港的发展壮大带动了上海港集装箱吞吐量的持续增加。2010 年，上海港集装箱吞吐量达到 3174 万标准箱，超过新加坡的 2994 万标准箱，首次登上全球港口第一位。到 2016 年，上海港凭借 3713 万标准箱，已连续第七年坐稳全球港口头把交椅，其中，洋山港集装箱吞吐量占上海港 40%以上。

2017 年 12 月，全球最大、智能化程度最高、具有完全自主知识产权的上海洋山深水港区四期自动化码头正式开港。

洋山港四期总用地面积 223 万平方米，共建设 7 个集装箱泊位、集装箱码头岸线总长 2350 米，设计年通过能力初期为 400 万标准箱，远期为 630 万标准箱，是全球规模最大、最先进的全自动化集装箱码头，极大地提高了生产效率。过去，一台桥吊需配几十个工人服务；现在，一个工人就能服务几台桥吊。过去，操作工人坐在 50 米高空的桥吊控制室，俯身向下操作集装箱；现在，工人们在后方中控室，看着电脑屏幕，就能把庞大的集装箱吊起放下。未来，工人们还有望实现远程操控，无须到码头，在市区控制室就可以操作。

洋山港四期的开港运营，标志着上海港的建设又上了一个新台阶，对扩大上海港的集装箱吞吐能力、巩固上海港的国际枢纽地位、推进上海国际航运中心建设具有重要作用。

信息港建设

大数据时代的

建设现代化通信网络是浦东新区功能开发的基础性工作，也是建成现代化新城区的必要条件。1995 年 6 月，中国人民银行上海市分行迁至陆家嘴银都大厦，上海证券交易所、商品交易所、房产交易市场、城乡产权交易市场等相继进驻浦东。此外，还有众多外资银行和外资金融机构，以及外国办事处，相继进驻浦东陆家嘴地区。没有现代化的公共通信网配合，陆家嘴地区众多高楼大厦内的智能化功能就会受到制约而成为“孤岛”。

随着浦东开发由形态开发为主转向以功能开发为主，信息化发展被列为新区新一轮发展的一个基本战略，信息化建设成为一项全局性的工作。浦东新区启动了信息化工程，成立信息化领导小组暨领导小组办公室。浦东信息化工程是上海信息港工程中的一个重要组成部分，坚持先进性、超前性、开放性、实用性、面向公众的指导思想，明确了“重点突出、基础先行、试点示范、整体推进”的建设方针。在信息传送网络平台、信息资源及各种计算机应用服务系统、标准和法规及安全管理、训练有素的信息人才四个方面构成了互为有机联系、缺一不可的浦东信息化工程总体构架。

1996年7月，总投资19亿元的上海浦东国际信息港即上海信息港枢纽大楼开工建设。大楼位于浦东陆家嘴金融贸易区的中心区，是以信息时代的通信信息枢纽为建设目标，集通信、信息服务、智能化办公、信息博览于一体的现代化智能大楼，建筑总高度288米，占地8250平方米，建筑总面积达10万平方米，2001年底建成。上海浦东国际信息港的建成启用，为实施上海信息高速公路发展计划奠定了基础，是上海信息汇集处理、存贮、交换、传送的枢纽，它运用多媒体、光纤通信、计算机和卫星通信技术，为新区中外客商提供智能化和全球24小时的经贸通信和信息服务。

上海信息港枢纽大楼

2000年12月，由上海市政府投资建设的上海超级计算中心（SSC）落户浦东张江高科技开发园区内。这是国内第一个面向社会开放，资源共享、设施一流、功能齐全的高性能计算公共服务平台，也是上海信息港主体工程之一。

经过扎实稳健的推进，2004年，浦东新区在互联网普及率、人均信息消费比例、政府公共服务网上实现比例都超出全市平均水平5—10个百分点，达到了发达国家中心城市的平均水平。“十一五”期间（2006—2010年），浦东新区的城市信息化基础设施建设实现快速发展，综合水平继续居

上海超级计算中心

国内前列。基本建成了浦东新区电子政府“五横两纵”框架体系，初步解决跨系统资源整合、跨部门业务协同、跨领域公众服务的部分问题，基础网络完成升级改造。以需求和项目为导向，围绕产业应用、城市管理、社会服务等领域实施了一批重点信息化项目，极大地提升了新区信息化应用整体水平。信息技术向城市管理、金融、航运、先进制造、生物医药、新能源等重点领域广泛渗透，大部分领域已实现网络化、数字化、智能化；信息产业呈现快速发展态势，占上海市信息产业半壁江山。

2009 年，浦东新区提出“数字高原、智慧浦东”的愿景。2010 年，浦东新区成为“上海市信息化与工业化融合实践区”，综合交通信息管理平台荣获“2010 中国城市信息化应用示范奖”，被国家工信部批准为“国家电子商务综合创新实践区”，荣获我国信息化最高荣誉“中国城市信息化卓越成就奖”。

智慧浦东既是上海建设智慧城市的重要组成部分，更是浦东新区“创新驱动、转型发展”的重要支撑体系和战略任务。“十二五”（2011—2015

年）期间，浦东新区继续加快智慧基础设施建设、深化智慧行业应用、打造智慧产业高地，努力打造以城市管理、政府行为、社会生活智慧化为主要特征的智慧浦东。

通过城市光网升级计划、无线城市完善计划、三网（电信网、广播电视网、互联网）融合加速计划，实现网络一体化和网络覆盖基本无缝化的目标。全区百兆家庭宽带全覆盖，干线光缆总长达到33000皮长公里；城市重点区域内90%以上实现移动宽带覆盖，无线基站达到3000个，移动宽带用户数达到570万户，基本实现“U-WLan”(无处不在的无线网络)；中心城区、郊区城镇化地区NGB（新一代的广播电视网络）实现全覆盖。在陆家嘴金融贸易区、金桥开发区、张江高科技园区、后世博区域、上海综合保税区、国际旅游度假区、临港新城等区域率先实现了更移动、更高速、更融合的网络基础设施。

深化“电子政府”建设，构建开放、协同的“云政务”体系；优化“上海浦东”门户网站枢纽功能，构建高效协同的跨部门网上运作模式；建设新区无线政务应用服务平台与开放统一的基础数据平台，推动部门业务信息化的深度应用。通过建立新型卫生管理和医疗服务模式的“数字健康”计划和智慧型终身教育体系的“数字教育”计划，以及拓展先进文化传播途径的“数字文化”计划，推动了教卫文体从“单一渠道”向“多维共存”的转变，形成了新型的全方位的信息化公共服务应用体系。促进社区管理和服务方式转变的“智慧社区”计划、建立智能生活新模式的“智慧家居”计划、社会保障服务更加高效便捷的“数字人保”计划，推动了智能服务从“分散低效”向“智能互动”的转变。通过加快城乡信息基础设施整合同质的“基础设施并轨”，提升农业信息服务水平的“精准农业试点”，提高农民信息化素质的“新型农民培训”，数字三农综合工程促进了浦东新区农村建设从“城乡二元”向“城乡一体”的转变。

推进信息化与工业化的深度融合，积极打造智慧产业高地。一方面，通过提升制造业信息化水平，助推企业综合竞争力。2015年，浦东新区两化融合指数达到85以上，在全市继续保持领先，实现了重点行业从“初步融合”到“深度融合”的转变。另一方面，迅速扩大电子信息制造业既有优势，强力提升软件信息服务业的产业能级，关注新兴交叉领域创新发展，实现智慧产业化和产业智慧化，形成健康坚实的智慧产业体系。2015年，浦东新区新一代信息产业总值，均占浦东新区高新技术产业总值和上海市信息产业总值的50%以上。■

见证陆家嘴地区开发的东方明珠塔

20世纪80年代，上海市广播电视局提出了利用外资建造新电视塔的设想。经过反复勘察和研究，新建电视塔选址在浦东陆家嘴。

1985年下半年起，建塔工程的申请立项、可行性论证、方案设计和资金筹措等实质性工作开展，并得到了国务院和上海市委、市政府有关部门的重视和支持。1987年1月，国家计委批准立项，同意将建塔项目列入上海“九四专项”。1988年7月，上海市计委批准上海市广播电视局提交的建造新广播电视塔的可行性研究报告。1989年3月，中共上海市委召开常委扩大会议，讨论决定选用华东建筑设计院的“东方明珠”方案。东方明珠塔的灵感源于唐朝诗人白居易的《琵琶行》中关于琵琶声音的描写，“大弦嘈嘈如急雨，小弦切切如私语。嘈嘈切切错杂弹，大珠小珠落玉盘”，诗人把琵琶的声音比喻成珍珠落到玉盘里时发出的美妙声音。

设计者富于想象地将11个大小不一、高低错落的球体从蔚蓝的天空中串联至如茵的绿色草地之中，两颗红宝石般晶莹夺目的巨大球体被高高托

建设中的东方明珠广播电视塔

起，浑然一体。东方明珠塔和南北两边的南浦大桥和杨浦大桥，巧妙地组合成一幅二龙戏珠的巨幅画卷。

东方明珠广播电视塔主体结构高350米，塔高468米，由三根直径9米的擎天立柱、太空舱、上球体、下球体、五个小球、塔座和广场组成。塔身具有较强的稳定性，设计抗震标准为“7级不动，8级不裂，9级不倒”，同时具有良好的抗风性能。东方明珠塔的三根直径9米、高287米、深入地下的空心擎天立柱，把11个大小不一、高低错落的球体串联在一起，其中3个上千吨的钢结构圆球分别悬挂在塔身112米、295米和350米的高空。东方明珠塔1991年7月动工，1994年10月建成，1995年5月1日投入使用。1999年，东方明珠塔在“新中国50年上海经典建筑”评选中获金奖，还获得了上海市优秀勘察设计一等奖、中国土木工程一等奖（詹天佑奖）。东方明珠塔集广播电视发射、观光、会议、博览、餐饮、购物、娱乐、住宿于一体，是上海的标志性文化景观之一。

东方明珠广播电视塔的发射天线桅杆长118米，具有发射9套电视和

10 套调频广播节目的能力，覆盖了整个上海市及邻近省份 80 公里半径范围内的地区，极大地改善了收听收视质量。东方明珠塔共有 15 个观光层，其中位于 350 米处的太空舱、263 米处的主观光层和 259 米、90 米处的室外观光层，是 4 个具有 360 度视角的观光层。267 米处有亚洲最高的旋转餐厅，259 米高的“凌霄步道”位于第二个主球体内，周长 150 米，宽 2.1 米，人们可透过脚下的透明玻璃，俯瞰黄浦江两岸全景，感受“720 度全方位”的视觉体验。90 米处的下球体内有太空游乐城。在两个大球之间还有一家 20 间客房的太空酒店。底层电梯大厅拥有可载 50 人的双层电梯和每秒 7 米的高速电梯，悬空于立柱之间的是世界首部 360 度全透明三轨观光电梯。快速安全的垂直交通工具让人们充分领略现代技术带来的无限风光。上海城市历史发展陈列馆位于零米大厅，陈列馆通过城厢风貌、开埠掠影、十里洋场、海上旧踪、建筑博览、车马春秋六个展馆的 80 多个景点，数百件珍贵历史文物，上百幢按比例缩小的华美建筑，117 个与真人般大小的蜡像，近千个小蜡像、小泥人，反映了上海的发展历程。科幻城位于塔底，有森林之旅、南极之旅、魔幻之旅、藏宝洞、欢乐广场、激光影院、动感影院、探险列车和太空热气球等。东方明珠塔也创造了良好的旅游经济效

东方明珠广播电视塔

益。东方明珠塔年观光人数和旅游收入，在世界各高塔中仅次于法国的埃菲尔铁塔位居第二，从而跻身世界著名旅游景点行列。

位列亚洲第一、世界第三的东方明珠广播电视塔北望长江口，西眺浦西全景，南见田野景色，东看开发中欣欣向荣的浦东，是上海特别是浦东陆家嘴地区开发开放的见证者。

2000年底竣工的外滩观光隧道，位于浦东东方明珠广播电视塔和浦西南京东路外滩之间，是我国第一条越江行人隧道。浦东出入口紧临东方明珠塔的西侧、上海国际会议中心的南侧，浦西出入口位于外滩陈毅广场的北侧。隧道总建筑面积近17500平方米，两边的地下建筑均为地下三层、局部四层结构。隧道首次设计采用地下冷却塔，以保持浦西外滩和浦东滨江大道的环境协调、完整；通过声、光、电、激光等高科技手段，在直径仅6.76米、长646.7米的圆形隧道内制作五光十色的动态景观，在5分钟的过江时间内让人们经过八个景色不同、内涵各异的景区。全程采用全自动无人驾驶、索引式封闭车厢，车厢内6声道高保真音响系统送出的音乐和音响效果与眼前的景观变幻相结合。融交通与旅游功能为一体的外滩观光隧道，将上海两个钻石区域连成一体。

陆家嘴中心绿地

10万平方米的陆家嘴中心绿地，1996年正式启动建设。规划绿地所在的烂泥渡路、草塘弄等一带

10万平方米棚户区，住宅简陋破旧低矮，道路坑洼狭窄泥泞，居住环境十分恶劣。经过短短十个月的时间，投资近8个亿，实际动迁了3500多户居民和上海钢球厂、上海烟草工业机械厂、上海立新造船厂、上海第十棉纺织厂等30多家单位，20多万平方米的建筑被夷为平地，一片开阔葱绿的大草坪终于镶嵌进了陆家嘴的高层楼宇间。陆家嘴中心绿地，地形高低起伏，以绿为主，水景为辅，简洁、自然、通透、壮观，提升了整个陆家嘴地区的环境品质，被誉为“都市绿肺”。

滨江大道，从泰东路沿黄浦江一直到东昌路，全长2500米，与浦西外滩隔江相望。由亲水平台、坡地绿化、半地下厢体及景观道路等组成，1997年建成。滨江大道分南、中、北三段，每段都巧妙地建成标高7米的防洪体，为抗御千年一遇的洪汛、保护陆家嘴地区安全发挥着实质性的功能。沿江建立的数百米亲水平台标高4—4.5米，与平均潮位3.1米的浦江，相距仅一米多，为人们提供了与母亲河亲密相近的环境。滨江大道集防汛墙体、亲水平台、音乐喷泉、游艇码头、交通服务设施于一体，沿线的上海国际会议中心、东方游船码头、香格里拉大酒店、海洋水族馆等浦东现代化建筑群与浦西外滩典雅建筑交相辉映，成为浦东的“新外滩”。

1999年8月落成启用的上海国际会议中心，位于浦东滨江大道，毗邻东方明珠电视塔，与浦西外滩万国建筑群隔江相望，总建筑面积11万平方米。会议中心拥有4300平方米的多功能厅和3600平方米的新闻中心各一个，可容纳50—800人的会议厅30余个。从外滩隔江相望，只见乳白色的外墙托起两只巨大球体。大球直径50米，高51米；小球直径也是50米，但高只有38米，一大一小相映成趣。球体上的透明玻璃拼装出世界地图图形，意寓“上海走向世界”。会议中心外墙上安装的25只、每只约8吨重的石柱帽更突出建筑物的雄伟壮观，被评为建国五十年上海十大经典建筑之一。1999年9月，20世纪最后一次《财富》世界论坛在这里举行。

2000年4月建成通车的世纪大道，西起东方明珠电视塔，东到世纪公园，连接陆家嘴金融中心区、新上海商业城、竹园商贸区、花木行政文化

夜幕下的上海国际会议中心

区，全长约 5.5 公里。由法国夏氏–德方斯提供的世纪大道方案设计，融汇了法国城市浪漫情调和中华文化的含蓄优美，功能定位为景观为主、交通为辅的城市景观道路，被誉为“东方的香榭丽舍大街”。道路断面的非对称设计，将 100 米宽的世纪大道的中心线向南偏移 10 米，使得东方路、张杨路两路的中心线得以在世纪大道交会，成为世界上独一无二的不对称道路。世纪大道是世界上唯一以时间为主题的城市雕塑展示街。位于世纪大道与崂山路交汇处的大型雕塑“世纪辰光”，以中国古计时器沙漏为原型，9 根高低不一的不锈钢镶玻璃立柱沙漏呈抛物线分布，构成行星轨迹。这座用现代材料表现的古代科技成就与周边现代化的建筑相得益彰。位于世纪大道杨高路交汇处开阔的环岛上，一座以日晷为原型，采用不锈钢管网架结构的大型雕塑“东方之光”面对世纪大道，背靠世纪广场，立于世纪大道

以“日晷”为原型设计的大型城市景观雕塑“东方之光”

的最南端。日晷上小下大，椭圆的晷盘象征地球，晷针穿过的中点代表中国，针指向正北方。“东方之光”完美地将古典与现代、东方美和西方美糅合在一起，成功地凸显了其跨世纪的重大时间主题。

上海国际新闻中心，位于东方明珠广播电视塔下，总面积超过 1.6 万平方米，是集新闻发布、观光、会展、餐饮等于一体的综合性新闻中心。2000 年 10 月破土动工，2001 年 5 月竣工。中心主体建筑的外装饰采用纯色的花岗石墙体，与东方明珠电视塔塔座外墙浑然一体，敦实而粗犷的墙面和晶莹剔透的玻璃幕墙形成古典与现代的质感对比。1100 平方米的新闻发布厅配置有最先进的同传、背投、音响与灯光等会务设施，可容纳 800 人规模的新闻发布会或国际会议。曾作为 2001 年 APEC 上海会议的指定新闻中心，而为全世界所瞩目。

从金茂大厦到上海环球金融中心的超越

浦东的开发开放坚持利用国内外两种资源、两个市场，来加快浦东的发展。在浦东开发开放的初始阶段，国内外公司进军浦东，投资建设大项目的不多。1992年，邓小平南方谈话坚定了海内外对开发开放浦东信心和决心。时任外经贸部部长李岚清提出设想，在上海浦东陆家嘴建一座88层的摩天大楼，成为中国经济、金融、贸易面向世界的窗口，由外经贸部牵头投资、经营、管理。同年12月，金茂大厦立项。金茂大厦，由中国中化集团公司、中粮集团有限公司、中国五矿集团公司等10家大型企业集团组建的中国金茂（集团）股份有限公司投资，建筑造价50亿美元。

金茂大厦有十余家国际知名设计公司投标设计，最后美国SOM公司被确定为设计方，其设计融入了塔的意象，通过最现代的玻璃幕墙等建筑材料体现。平面构图是双对称的正方形，立体构图是13个内分塔节，由下到上，四角内收。大厦上小下大，逐节加宽，像一尊摩天宝塔。大厦体量巨大但非大而无当，让人们在接近它时从未感到压迫感，体现了设计师对中

“人工建造的最高最美的宝塔”——金茂大厦

国古典建筑的理解。中庭中飞跨的九曲桥、从后院深处走到前厅的江南月洞门、北方民居花格窗演绎成金拱顶饰、铜雕壁饰龙凤虎，演绎数千年来汉字的进化。设计师以创新的设计思想，巧妙地将世界最新建筑潮流与中国传统建筑风格结合起来。

金茂大厦 1994 年 5 月动工，是我国大陆境内建造的第一座摩天大楼，采用业主自管建设模式。负责牵头的总承包是建工集团，联合了德国和日本两家公司。上海建工集团在工程建设中锐意创新，在超高层建筑中的商品砼和散装水泥应用技术、粗直径钢筋连接技术、新型模板与脚手架应用技术、高强混凝土技术、建筑节能技术、硬聚氯乙烯塑料管的应用技术、粉煤灰综合利用技术、建筑防水工程新技术、现代管理技术与计算机应用、其他新技术的应用和建筑物施工过程中的测量工作等方面创造了多个世界领先的记录。为确保多家公司同时施工的工程质量，除建工集团严格掌控外，又特别请华东建筑设计院做工程监理，确保工程质量万无一失。1998 年 8 月，金茂大厦竣工；1999 年 8 月全面营业。钢筋混凝土结构的金茂大厦占地 2.3 公顷，建筑面积 29 万平方米，地上 88 层，地下 3 层，建筑高度 420.5 米。金茂大厦成为海派建筑的里程碑，先后荣获伊利诺斯世界建筑结构大奖、建国五十年上海十大经典建筑金奖第一名、第二十届国际建筑师大会艺术创作成就奖等多项国内外大奖，被誉为“人工建造的最高最美的宝塔”。

2008 年 8 月，金茂大厦的高度被毗邻的上海环球金融中心超越。

1993 年，日本森大厦株式会社社长森稔来到上海。此行之前，森稔已经派员在上海进行了周密的考察。时任上海市副市长、浦东开发领导小组副组长的赵启正接待了森稔一行。在观看了浦东规划模型，认真听取了浦东开发的具体基础设施规划介绍后，森稔发现了浦东的商业机会。按照规划，浦东开发的核心就是构筑陆家嘴金融贸易区，整体分为三层：外围由 100 米至 200 米的建筑群组成，中间层高度是 200 米至 300 米，内层核心由 3 幢超高层的标志性建筑组建而成，形成“品”字形布局。森稔认定，如果说上海位于长江龙头，那么刚刚开发的浦东陆家嘴就是这条龙的眼睛。1994年，森稔拍板做出了投资的决定，将目光锁定在陆家嘴的核心地块Z4-1上。1995年12月，森大厦顺利获得这一地块的土地使用权。为此，森大厦注资2.13亿美元成立了上海环球金融中心有限公司，股东分别为森财团的海外公司森海外株式会社和上海环球金融中心投资株式会社。前者出资128亿日元，持股51.2%；后者由日本、美国等40多家企业联合出资122亿日元，持股48.8%。1995年，正值浦东最需要外资投入之际，森海外株式会社的这一投资无疑起到一种巨大的示范效应。

上海环球金融中心位于世纪大道100号，由美国KPF建筑师事务所和株式会社入江三宅设计事务所承担建筑设计，籁思理·罗伯逊联合股份有限公司承担结构设计，总体设计的设计单位是上海现代建筑设计（集团）有限公司、华东建筑设计研究院有限公司，结构形式为钢筋混凝土结构、钢结构。施工单位是中国建筑工程总公司、上海建工（集团）总公司总承包联合体。监理单位是上海市建设工程监理有限公司。

1997年8月，上海环球金融中心奠基，原计划高度460米，地上94层，投资81.7亿元人民币，建成后成为世界第一高楼。当深80多米的基桩陆续打入上海环球金融中心的地基时，亚洲金融危机爆发。1998年10月，200余根基桩完工后，上海环球金融中心工程被叫停。2001年美国遭遇“9·11”恐怖袭击、2003年中国突然暴发SARS，国内外投资者的信心不断被削弱，诸多日本金融机构撤离上海环球金融中心项目。尽管如此，多次造访上海的森稔从未想过要退出这个项目。同时，上海市和浦东新区从浦东开发开放的战略高度出发，坚持与投资方合作，通过此举向世界进一步宣示开发开放浦东的信心和决心。2003年2月工程复工时，原来的设计已经无法适应国际上对高级办公楼的新需求，同时当时的设计高度已被高508米（含60米尖顶天线）的中国台北101大厦超越。复工后的环球金融中心对设计方案进行了修改，对高层建筑的硬件、软件进一步作了调整，建筑主体比原来增加7层，达到地上101层，地下3层，总高度492.5米，比台北101大厦主楼主体高度高出12米。上海环球金融中心建设中采用的先进工艺和技术，创出了塔楼核心筒和巨型柱施工的世界先进水平。高强度、高耐久、高流态、高泵送混凝土技术刷新了国内房建领域新纪录和混凝土一次泵送至492米高空的世界纪录。吊装作业采用的2台M900D塔吊，总重量达225.4吨，大厦封顶后在500米高空拆卸，这在世界范围内尚无先例。还创造国内首次运用工程质量远程验收系统，首次采用预制组合立管技术，首次在450米的垂直竖井内进行电缆敷设等技术。2007年9月，总投资额11.3亿美元的环球金融中心结构封顶，2008年8月竣工。截至2014年，上海环球金融中心是世界最高的平顶式大楼。

上海环球金融中心是一幢以办公为主，集商贸、宾馆、观光、会议等设施于一体的综合型大厦。匠心独运的楼层亮化设计，充分展现出环球金融中心独特的文化内涵与商业诉求，达到较为完美的视觉效果。在大楼90层处，设置了两台各重150吨的风阻尼器，使用感应器测出建筑物遇风的摇晃程度，通过电脑计算以控制阻尼器移动的方向，减少大楼由于强风而

2007年9月14日，上海环球金融中心实现结构封顶

引起的摇晃，这两台由宁波玺玛克公司提供的阻尼器成为世界最高的自动控制阻尼器，开创了世界智能化大楼安防领域的新时代。

上海环球金融中心总建筑面积为 38.16 万平方米，其中地下 2 层至地上 2 层为拥有 1100 台车位的车库和配套商业设施。二层步行连廊中的“明珠环”，将金茂大厦与上海环球金融中心连接，人们可以从“空中”穿行于两幢大楼之间。3 至 5 层为会议中心。7 至 77 层为商业办公楼层，其中 29 层的环球金融文化传播中心，为中外媒体单位提供交流合作的平台。79 至 93 层为上海柏悦酒店，该酒店是世界最高酒店，这里有高度在 366 米第 85 层的全球最高的游泳池；高度在 416 米第 93 层的全球最高的中餐厅。94 至 100 层为观光厅。速度达每秒 8 米的高速电梯，从地下 2 层到 95 层只用 66 秒。

在上海环球金融中心大厦顶端的倒梯形风洞设计，取中国传统文化中的“天圆地方”之说，使 94 至 100 层的观光厅更加灵动。高 423 米位于 94 层的观光大厅，面积约为 750 平方米，挑高 8 米，除了可以一览上海风

上海环球金融中心高度超越金茂大厦

貌之外，还能以美丽的浦江两岸为背景举办各种展会和活动，带来不同的视听感受和前所未有的身心震撼。倒梯形底部成为97层观光天桥，高439米，犹如一道浮在空中的天桥，身处其中，仿佛漫步天际，开放式的玻璃顶棚设计令人们在仰望天际的同时，尽情呼吸最清新的空气，蓝天白云触手可及，人与自然在这里融为一体。高474米的倒梯形顶部成为位于100层的贵宾观光天阁，观光天阁长约55米，是世界最高的观景台，内设三条透明玻璃地板，俯下身去，能清楚地看到繁华城市就在脚下流动。

上海环球金融中心像一块强有力的“磁石”，信息与金融两大潮流在此汇合分流，经济与文化、东方与西方、知识与潜能等多种“磁流”在此相遇、交汇，形成推动时代发展的新潮流。

对标世界顶尖的上海中心大厦

上海中心大厦东邻上海环球金融中心，北靠金茂大厦，建筑总高度 632 米。三栋毗邻而建的超高层大厦，代表着上海乃至整个中国的新高度。在开发开放浦东后的两年多时间，金茂大厦被批准立项建设，彰显了浦东开发开放的力度；2003 年 2 月，上海环球金融中心工程复工，标志着浦东进入新一轮的开发期。经历了中国改革开放 30 年和浦东开发开放 18 年，到 2008 年上海中心动工建设时，上海已在资金筹措、科研施工及管理等方面，完全具备了建造世界一流高楼的能力和条件。开发主体上海中心大厦建设发展有限公司，由上海市城投（集团）有限公司、上海陆家嘴金融贸易区开发股份有限公司、上海建工集团股份有限公司分别按 51%、45%、4%的股权比例投资 86 亿元注册成立。

2006 年 6 月，上海开始组织“上海中心”项目的设计方案招标。多家国内外著名设计单位提交了设计方案。同年，共征集到 19 个设计方案和 21 个设计模型。2008 年 4 月，经过由全国知名建筑专家组成的评审团评选，美国 Gensler 建筑设计事务所的“龙型”方案中标。大厦深化设计以“龙型”方案作为蓝本，由同济大学建筑设计研究院完成施工图出图。

按照设计方案，上海中心大厦总高度 632 米，包括地上 127 层、地下 5 层和 5 层裙楼，总建筑面积 57.8 万平方米，单体建筑重达 85 万吨。大厦横截面类似一个三角形，以顺时针方向连续 120 度螺旋式上升并一直延伸到顶端，宛若一条腾空而起的巨龙，在顶端是一个开放式顶棚。它的内部由 9 个圆柱形建筑叠加形成 9 个垂直分区空间。地上 5 层及裙房为第一个垂直空间，主要是零售和会议中心，第二至第六个垂直空间为办公区域，第七个垂直空间为酒店，第八个垂直空间为酒店及精品办公区域，最上部的一个垂直空间为观光平台和文化活动空间。九个垂直分区空间，每一个都有自己的空中大厅和中庭，夹在内外玻璃墙之间，空中大厅的每一层都建有自己的零售店和餐馆，成为一个垂直商业区。机动车停车位布置在地下，可停放 2000 辆。“上海中心”功能定位于国际标准的 24 小时甲级办公楼。此外，还拥有超五星级酒店和配套设施、主题精品商业、观光和文

上海中心混凝土一次浇筑总量达到了 6 万立方米

化休闲娱乐、特色会议设施等多项功能。“上海中心”不仅仅是一个高度的象征，更反映了不同发展阶段建筑的内涵，整个大厦的建设贯彻了“绿色”的主旨。

2008年11月，上海中心大厦主楼桩基开工。建设者在土质松软，含有大量黏土的基坑中打下980个深度达86米的基桩，而后一次浇筑6万立方米混凝土进行加固，形成一个6米厚的基础底板。创造了世界民用建筑底板体积之最。

这块巨大的底板和其下方的955根主楼桩基一起承载“上海中心”主楼的负载，堪称“定海神座”。大厦依靠3个相互连接的系统保持直立。第一个系统是27米×27米的钢筋混凝土芯柱，提供垂直支撑力。第二个是钢材料“超级柱”构成的一个环，围绕钢筋混凝土芯柱，通过钢承力支架与之相连。这些钢柱负责支撑大楼，抵御侧力。最后一个是每14层采用一个2层高的带状桁架，环抱整座大楼，每一个桁架带标志着一个新区域的开始。

大厦有两个玻璃正面，一内一外，主体形状为内圆外三角。每个垂直分区空间里，内外两层幕墙间的间距最小1.5米、最大有十多米，既为空中大厅提供空间，又有隔热层作用，降低整座大楼的供暖和冷气需求。能耗的降低不仅有利于保护环境，同时也让其更具有经济可行性。随着上海中心大厦高度的升高，每层扭曲近1度，建筑外观呈螺旋式上升便于延缓风流，使这幢摩天大楼能够经受台风的考验。

大厦的玻璃幕墙钢结构支撑体系结构复杂，以主体结构八道桁架层为界，共分为九区，每区幕墙自我体系相对独立。在超高层安装14万平方米柔性幕墙是世界首次，被业界定义为“世界顶级幕墙工程”。建设者不仅克服了上下跨度大、支撑玻璃幕墙钢环梁构建超长等难题，还对在台风、地震、高低温、幕墙玻璃板块自重加载等各种环境因素影响下的幕墙变形及结构安全方面实施了有效的控制，达到了世界先进水平。

大厦内安装了106部（其中有7部为双层）快速电梯，采用加压舱设

2013 年 8 月 3 日，“上海中心”实现主体结构封顶

计和可以发电的转换器，能耗减少 30%。最大速度约每秒 18 米，是世界上速度最快的电梯。

大厦采用了多项最新的可持续发展技术，达到了绿色环保的要求。主楼顶层布置了 270 台 500 瓦的风力发电设备，对冷却塔进行围护以降低噪音；绿化率达到 31.1%，室内环境达标率 100%；综合节能率大于 60%；有效利用建筑雨污水资源，实现非传统水源利用率不低于 40%；可再循环材料利用率超过 10%，实现建筑节能减排目标。

大厦的造型极大程度地满足了节能的需要。它摆脱了高层建筑传统的外部结构框架，以旋转不对称的外部立面使风载降低 24%，减少大楼结构的风力负荷，节省了工程造价。同时，与传统的直线型建筑相比，上海中心大厦的内部圆形立面使其眩光度降低了 14%，减少了对能源的消耗。大厦的灯光展示除了为建筑本身增光添彩外，还围绕上海创新精神的主题，进行整体灯光设计。塔冠部位是 2000 多平方米的大屏幕及 LED 点阵灯光，而大楼九大区域外墙上也安装了灯光扣件，或临时或永久性设置灯光造景。

2015 年 11 月，“上海中心”（右）获颁有绿色建筑“奥斯卡”之称的 LEED-CS 白金级认证

上海中心大厦能够打造四类灯光秀，对应平时、周末、节假日以及特殊演出，还能与浦西外滩和浦东建筑群景观灯呼应，定期展示地标性灯光秀。大厦位于地下二层的公共通道连接地铁 2 号线和 14 号线，并与金茂大厦、环球金融中心及国金中心相互连接。

2013 年 8 月 3 日，随着上海中心大厦主体结构最后一根钢梁吊装就位，上海中心大厦实现主体结构封顶，按计划达到 125 层、580 米的高度。一年后，大厦塔冠封顶，顺利到达 632 米最高点，刷新上海天际线的新高度。2014 年 12 月，上海中心大厦土建竣工。2016 年 4 月，上海中心大厦正式投入分步试运营，是已建成的中国第一、世界第二高楼，是上海的一座新的地标。

上海中心大厦让浦东、上海乃至中国又增添了一座对标世界顶尖的平台。在这座平台的周围，一个集聚众多跨国公司总部机构的金融城正在形成。上海高层建筑楼群最密集、最具现代大都市魅力的浦东陆家嘴成为了中国改革开放和生机活力的象征。

四、

因改革而生　因改革而兴

2010 年，习近平在上海浦东调研时曾说："浦东发展的意义在于窗口作用、示范意义，在于敢闯敢试、先行先试，在于排头兵的作用。""敢闯敢试、先行先试"正是浦东高速发展的真实写照。

浦东开发开放以来，通过大胆试、大胆闯、自主改，形成了一系列可复制、可推广的制度创新成果，为全国进一步深化改革、扩大开放探索了新路、积累了经验。

通过我国加入 WTO、成功举办世博会等一系列重大机遇，浦东坚持以开放促改革促发展，率先开展综合配套改革试点，在完善社会主义市场经济体制、政府职能转变、推进城乡一体化发展等方面在全国先行先试。

改革伴随着浦东的成长，成为浦东向全世界发出响亮声音的动力之源。

[CHAO`YONG`DONG`FANG]

“资金空转、土地实转”开发模式

浦东开发开放之初，最大的现实问题是资金匮乏、基础薄弱，尽管中央、上海市人民政府都给予了大力扶持，但据当时的初步估算，整个开发初步完成需要的资金达8千亿元人民币，这显然不是当时的政府财政所能支撑的。之前，深圳等经济特区的开发模式主要是通过吸引外商投资，发展“三来一补”形式的出口加工业。

按照“开发浦东、振兴上海、服务全国、面向世界”的方针，浦东开发开放定位为上海城市功能转型的先导区，着重发展以金融贸易为核心的第三产业和吸引以跨国公司投资为主体的高新技术产业。为此，上海把“重点小区先行”作为浦东开发开放的一个基本的战略举措，建设陆家嘴金融贸易区、金桥出口加工区、外高桥保税区和张江高科技园区四个国家级开发区。随后，又相继成立了王桥工业区、孙桥农业园区、华夏旅游文化区和六里生活园区。

当时，市委、市政府决定先行启动陆家嘴、金桥和外高桥这三个重点开发区，要求尽快组建三家开发公司。

面对没有足够资金来搞建设的问题，经过上海市浦东开发领导小组常务副组长、浦东开发办主任杨昌基与有关委办局反复研究，最终决定采取“资金空转、土地实转”的创新开发方式。以开发公司取代政府作为开发主体，使土地的有偿使用得以实现，对土地价值的提前预支，避免了资金的直接投入，也降低了土地开发成本。政府将有限的财政资金投入到基础设施建设中，又提升了土地价值，加速了土地开发一级市场循环，进而加快了城市化发展速度。陆家嘴等几个重点功能小区的土地开发模式具体表现为：“资金空转、土地实转、统一规划、滚动开发”。这是浦东新区有别于国内其他开发区的显著特征。

要注册一家公司，离不开注册资金，同时“七通一平”等开发建设也需要资金。这些资金从哪里来？有两个办法，要么找财政，要么找银行。但是按照规定，银行借来的资金不是自有资金，不能作为注册资金，而且也没有哪家银行会贷款给别人去注册公司。因此，事实上只有一条路径：

这栋楼是外高桥保税区第一楼，当时是高南乡友好小学，“土地实转”在这里酝酿

找财政。

回想浦东开发开放初期的这一创举，原外高桥集团监事会副主席吴震仍历历在目：

来浦东之前，他曾经在上海财税系统工作了 16 年，深知当时上海的财政“余粮”不多。浦东财政更指望不上，而且体制上还没有整合。

虽然明知市里财政困难，但他还是抱着一丝希望，硬着头皮去找上海市财政局老领导要钱。一见面一张嘴，就被老领导给顶了回来，“想都别想，一分钱没有，不是不支持浦东开发，财政确实没钱，这个情况你又不是不知道”。

或许是碍于情面，老领导又给他想了个办法：要不等到下一年的财政预算再说？但是，一方面，浦东开发的形势催人，不能等，另一方面，以当时上海的财力，就算等，希望也不大。后来又去了几回，包括浦东开发办的领导亲自出面，也都无济于事、无功而还。

这边，资金问题似乎已经到了“山穷水尽疑无路”的境地；那边，此前已经任命的三位开发公司老总，其中包括外高桥开发公司总经理阮延华，已经在招兵买马、摩拳擦掌，就等工商注册登记下来。怎么办？

都说穷则思变，在被逼无奈的情况下，外高桥开发公司几位同志想出了用土地折价入股的方案。没有钱、有土地，能不能以土地折价入股？工商说可以，但必须以货币形式表现出来。

事实上，不仅没有钱，而且也没有地。因为当时上海土地已经由过去的划拨转为批租，通俗地讲，就是要拿钱买地。那么，买地要多少钱呢？以外高桥来算的话，当时市里出让给外高桥开发公司是 4 平方公里土地，按照 60 元 / 平方米计算，需要 2.4 亿元资金。要折价入股也必须用钱购买形成价格后才能注册。关键还在钱。

没办法，外高桥开发公司又去找财政，汇报了土地折价入股的想法，心想着财政不给钱，借笔钱总行吧。财政的回答：第一，没钱，有钱早就借了；第二，国家金库里的钱不能随便挪用；第三，作为国有企业，财政

建设中的外高桥保税区

必须控股。虽然没有借到钱，但财政局对土地折价入股方案仍给予了支持，表示不管用什么形式、办法，只要走得通，财政都支持。

就在事情再次陷入僵局的时候，一张毫不起眼的记账凭证让他们一下子找到了突破的灵感：能不能以支票背书的方式，实现“资金空转、土地实转”呢？

具体来讲，首先，由政府土地部门与开发公司签订土地出让合同；其次，由政府、银行、公司在支票上同时背书；再则，进行验资后工商注册登记。

如此一来，各个环节就能走通了。但在操作过程中又碰到比较棘手的问题，当时没有一家银行愿意帮助他们，因为国家文件里没有写“空转”是否可以，所以各家银行都不敢做。后来，是上海投资信托公司帮他们解了燃眉之急。上海投资信托公司听了他们的想法，认为这是一个创举，浦东开发开放就是要解放思想，只要有利于浦东开发开放，他们就支持，同时还为公司提供了 200 万元开办费。

1991 年 6 月 22 日，外高桥保税区开发公司与政府土地部门、上投公司等，大家坐在了一条板凳上，在一张支票上当众背书，签署了《上海市外高桥保税区国有土地使用权成片出让合同》等公证书，成功实现了“资金空转、土地实转”。此事最终成为浦东开发开放的经典之作。

“资金空转、土地实转”的操作方法看似简单，实质上可以说是我国土地使用政策的一场革命，其意义非常深远。

1990 年代初，上海市陆家嘴金融贸易区开发公司、上海市外高桥保税区开发公司、上海市金桥出口加工区开发公司，就是以这种方式，解决了开发建设初期的资金问题。虽然这些开发公司都有几个亿的注册资金，但政府实际上几乎没有现金投入，只有极少量的开办费以满足基本的办公需求。1992 年又以同样的方式成立张江高科技园区开发公司等几家公司。

例如，陆家嘴金融贸易区开发公司前期开发建设工作主要是通过土地

浦东陆家嘴夜景

“实转”来启动区域开发和建设。通过土地二级市场进行土地使用权的有偿出让，把土地资源变成现金，用于土地的滚动开发。到 1997 年，公司通过实施滚动开发，累计批租土地 69 幅，面积 65.21 万平方米，累计吸引投资 51.4 亿美元。区域内累计开工大楼 174 幢，面积 750 万平方米，累计竣工大楼 88 幢。

截至 2001 年“资金空转、土地实转”制度基本结束时，浦东新区共计出让了土地 88.6 平方公里，占同时期土地出让总面积的 80%左右。政府的资本投入达 61 亿元人民币，使开发公司吸纳 200 多亿元的土地合资开发资金，120 多亿元的土地转让收入，吸引 800 多家中外资房地产公司和总量 400 多亿元的房地产开发资金，为整个浦东的开发建设创造了有利条件。开发公司获得土地以后，通过合资、招股和招商，获得土地开发所需的巨额资金，推进基础建设，使大片的旧城区和农村用地变成了城市建设用地，再通过土地有偿转让引进一大批中外项目，从而在国家对开发区不直接投入或很少直接投入建设资金的情况下，滚动产生数十平方公里的繁荣城区，进一步推动了浦东开发开放。

沪上首例银团贷款

浦东开发是一项跨世纪的工程，需要规模巨大的资金。许多项目，尤其是基础建设项目资金的积集，无论是外资还是内资，都有相当难度，用金融界行家的话说：“没有一家银行可以拍胸脯包打天下”，而需要众多银行的参与。即使对一些大型企业的流动资金贷款，也可采用这种方式。因为采用这一方式，除了可以大面积地动员资金外，对金融业自身来说，还有利于分担投资风险。此外，由于有众多的银行参与贷款，可以使投资项目获得来自金融业更多更缜密的效益评估机会，能提高投资的可行性。

纵观国际金融业，银团贷款的方式几乎是各国乃至跨国金融机构的惯例。1990年代初，在国际上，除了世界银行等金融机构外，所有商业贷款几乎都是通过银团方式进行的，一些国外银行即使向借贷方提供出口信贷，也要尽量争取商业银行出资参与。这种方式，构成了国际经济秩序的一个重要组成部分。浦东开发是面向世界的宏伟工程，浦东的金融业走国际化的道路，按国际惯例办事，有利于使浦东尽快与国际经济秩序接轨。而在我国，由于长期形成的由各专业银行各包块的资金分配格局，使人们形成了一种需要资金是“由一家银行包下来省事”的观念，这种观念影响着银团贷款这一国际通行方式的推行。怎么办？必须转变观念。

1980年代末，由于种种原因，东方明珠广播电视塔建设资金筹措外资遇到卡壳，该项目建设也因此延缓。由于该工程投资巨大，期限又长，各家银行都望而却步，既感到自己缺乏贷款能力，又担心企业缺乏还贷能力。当时，早已规划好的东方明珠广播电视塔项目，成为了浦东开发最早的标志性工程。

面对这种情况，东方明珠广播电视塔的业主上海市广播电视局的领导找到人民银行上海市分行和工商银行上海分行，要求帮助解决资金问题。为此，人民银行上海市分行领导召开了会议。工商银行上海分行对这个项目的筹资难题进行了专门的研究，认为这是一项既有社会效益又有经济效益，为上海人民所瞩目的重大工程，关系到浦东开发开放的形象，决定给予积极支持，并提出利用国内银团贷款来替代国际融资，经过一番论证后这一方案被认同了。人民银行上海市分行领导考虑到该项目资金需求量大，单靠工商银行上海分行一家银行有一定的困难，于是借鉴国外做法，提出组织本市各家银行，通过银团贷款的方式来解决该项目资金不足和风险较集中的问题，并由工商银行上海分行负责组织银团贷款。

由于银团贷款在国内一无先例，二无经验，贷款的方案制订和组织工作难度非常大，为此，工商银行上海分行以浦东分行为主体，组织有关专家对银团贷款的运作规程进行攻关。有关同志整天扑在图书馆里，收集、查阅和学习了国外大量的相关资料，在此基础上结合当时国内金融管理和项目管理的有关政策，研究制订了东方明珠建设项目银团贷款的初步方案。随后在市银行行长联席会议上就这个方案进行通气交流，得到了各家银行的响应。工商银行上海分行又组织力量认真进行了项目调研，最后写成了一份各方都认可的、有可操作性的银团贷款协议文本。工商银行上海浦东

广播电视塔银团贷款协议签字仪式

分行最终被推举为银团贷款的主干事行和外汇银团代理行，对项目资金运用和贷款本息归还实行全面管理。

银团贷款的方案确定后，上海市各家银行的参与热情很高。刚成立不久的工商银行上海市浦东分行和建设银行上海市浦东分行，被确定为东方明珠银团贷款的牵头行及分别担任外汇和人民币银团代理行，一共 12 家银行和金融机构参加了此银团贷款。工行浦东分行参与外汇贷款 890 万美元和人民币贷款 6250 万元，建行浦东分行参与外汇贷款 610 万美元和人民币贷款 6250 万元，两家银行是银团贷款最大份额的参加行。上海城市信用联社没有外汇业务，也积极参与了 2000 万元的人民币银团贷款，而且这 2000 万元贷款还由全市 30 多家城市信用社凑齐份额。银团贷款协议签字仪式于 1990 年 12 月 5 日在上海银河宾馆举行，贷款 1000 万美元和 1.5 亿元人民币，借款人系上海广电局下属单位——上海广播电视发展公司。上海浦东发展银行于 1993 年 1 月 9 日开业，赶不上首期贷款，但是，也参与了后期的银团贷款。东方明珠银团贷款项目充分体现了上海金融业改革创新，积极支持浦东开发开放、团结一心的精神。

参加东方明珠广播电视塔银团贷款成员

单　　位	美元份额（单位：万美元）	人民币份额（单位：万元）
中国工商银行上海市浦东分行	890	6250
中国人民建设银行上海市浦东分行	610	6250
中国农业银行上海市浦东分行	420	3000
中国银行上海市浦东分行	420	2500
交通银行上海市浦东分行	300	3000
中信实业银行上海分行	340	2300
上海爱建信托投资公司	260	1000
上海信托投资公司上海市浦东分公司	200	1200
中国投资银行上海浦东分行	160	500
上海市城市信用联社		2000
招商银行上海分行	150	
上海浦东发展银行		1000

东方明珠广播电视塔最初投资概算 5000 万美元。后因规划批准时间已久、物价变动，加之建筑面积扩大、标准提高，1993 年投资总额调整为 6.2 亿元人民币，1994 年再调整为 8.3 亿元，其中银行贷款 3760 万美元和 2.9 亿元人民币。东方明珠电视塔于 1991 年 7 月 30 日举行奠基仪式，1994 年 10 月项目竣工。电视塔建成后 4 年多，银团贷款就提前全部还清。

东方明珠广播电视塔银团贷款成为全国第一个全部由中国银行业参与的本外币银团贷款。这次银团贷款，符合国际银团贷款发展的历史规律，对大型项目和基建融资进行融资，扩大了利用资金渠道，分散了金融风险。对我国银团贷款的发展起到了重要的示范引路作用。

正是它的引路，之后工商银行上海市浦东分行又与建设银行上海市浦东分行牵头了 3.5 亿元的杨浦大桥银团贷款。1992 年以后浦东基础设施建设全面铺开，建设资金短缺日趋严重。工行浦东分行提出利用外资银行银

通过银团贷款方式筹资建设的东方明珠广播电视塔

团贷款来推进浦东杨高路等七条路建设。在浦东新区的支持下，以陆家嘴、金桥、外高桥三家开发区公司为承借单位，由工行浦东分行任牵头银行，16 家外资银行分行组成 1.5 亿美元的三个银团，开启了大规模浦东的主干道建设。之后，浦东新区的银团贷款更呈蓬勃发展之势，内环线浦东段、浦东国际机场、轨道交通 2 号线、上海中心大厦、上海迪斯尼、前滩项目开发等都通过银团贷款方式筹措资金，充分反映出浦东开发开放进程中的金融现代化和国际化，银团贷款更是助力浦东开发开放。■

裕安大厦等省部楼入驻浦东

安徽是全国各地第一个参与浦东开发的省份。1990年4月，中央宣布开发开放浦东，安徽省立即呼应，同年8月就作出了“开发皖江，呼应浦东”的决策，并立即部署在浦东建设安徽辐射基地。

当时国内外对浦东开发开放反应还不怎么强烈，为什么安徽率先响应呢？安徽省委书记卢荣景在一篇“呼应浦东”的文章中作了回答：“国家决定开发、开放浦东，这将进一步增强上海的经济辐射能力。我省处在辐射区内，沿江地区更是首当其冲。如果我们不加快沿江经济开发、开放，创造良好的条件，积极迎接辐射，就可能错过时机，扩大与沿海地区的差距。”这样“800公里皖江就有可能成为‘肠梗阻’，影响整个长江经济走廊的发展”。当时的省长傅锡寿说，裕安工程“将是安徽在浦东的经济活动中心，将成为世界了解安徽的窗口，安徽走向世界的桥梁”。

安徽省提出在浦东新区设立裕安实业总公司，投资建造裕安大厦。安徽省以集资形式筹措1.5亿元在浦东陆家嘴金融贸易区购置6000平方米地块，建造建筑面积大约 4 万平方米、高 32 层的综合大厦。

裕安工程就是“桥梁”。安徽省决策层强调，要建一定要快。1991 年 6 月 10 日，上海有关部门批准裕安大厦立项，安徽省领导决定同年 6 月 24 日举行奠基典礼。相隔时间只有 14 天，这在大楼建设史上也是少有的。

建 32 层现代化的裕安大厦，需要巨额投资，安徽省财政没有钱投入，但又要建。怎么办？1991 年 3 月中旬，安徽省领导率领安徽 39 位地市、行业、大中型企业负责人考察浦东，并在上海商讨如何建大厦。当时的省房地产开发公司领导首先发言：“省房公司全力投入建大厦，不求报酬，只要有饭吃就行。”与会的马钢公司表示将提供钢材，宁国水泥厂说水泥他们包了，扬子集团决定投资参建。最后，形成了有钱出钱、有力出力、有物出物的“一船装”开发建设的办法：大厦的勘察设计、材料、施工全部由安徽省承担，出资的、出物的，待大厦建成折款购买房产，设计、施工也是干后再算账。这一开发模式不仅解决了裕安大厦的资金矛盾，还有了自己的设计、施工队伍，使裕安大厦成为安徽众人投资、众人建造的工程。这是安徽人的“一大创造”。

建设中的裕安大厦

裕安大厦的有些项目，“一船装”难以承担，如大厦的装潢工程要达到国际水平，安徽技术力量缺乏。安徽的开发者采取以装潢工程项目组建中外合资装潢工程公司的办法，既吸收外资，又引进人才、技术和管理，不仅使装潢工程的实施达到标准，而且使安徽的装潢队伍得到了锻炼提高。通过采取这种以项目实行中外合资进行开发，裕安公司办了 6 家中外合资企业。裕安公司在外高桥保税区的基地，也是采取中外合资建成的。

1995 年 6 月，裕安大厦举行落成典礼。裕安大厦是全国参与浦东开发项目中的第一个开工、第一个封顶和第一个竣工的大厦，成为安徽商贸、信息、对外的窗口。

1995 年 6 月 26 日，裕安大厦落成启用

同样，靠着“一船装”的办法，安徽还购置了金桥出口加工区 14 号地块 2.5 万平方米，并做出了规划，建设 4.7 万平方米的小区，容纳 20 家工厂，以此为跳板，将安徽产品打入国际市场。同时在外高桥保税区建造一万多平方米的裕安国际贸易大楼，投资 4000 万元在黄浦江畔开辟拥有一个 2000 吨泊位和两个 1000 吨泊位的港区。

安徽成为全国各地参与浦东开发开放的第一家，被人们称之为“领头雁”。

1991 年 7 月，山东省正式与陆家嘴金融贸易开发公司签订约 7260 平方米地块的 50 年使用权，作为建筑面积约 4.4 万平方米、高 32 层的齐鲁大厦预征用地。齐鲁大厦功能齐全、设施先进、装饰豪华、风格独特，充分展示了齐鲁文化特色和山东改革开放的总体形象。省长李春亭说：“齐鲁大厦将成为山东在沪对外开放的总窗口、桥头堡。”1996 年齐鲁大厦竣工开业。

1991 年 12 月，江苏省与陆家嘴金融贸易开发区签订了约 1.1 万平方米建设用地的转让合同，投资 5 亿元建造江苏大厦，建筑面积约 7.5 万平方米，45 层，高 145 米。江苏省有 60 多家单位筹资兴建，1996 年竣工。江苏省还在外高桥保税区、花木、北蔡开发了一些房地产项目，积极参与浦东开发。

1992 年 7 月，浙江省嘉兴市在浦东新区正式签订了 6.7 亩预约租地，以股份制形式集资 8000 多万元兴建嘉兴大厦的协议，开创了兄弟省地市一级进入浦东陆家嘴金融贸易区盖大楼、办实业的先例。浙江省嘉兴市面对浦东开发开放的态势，迅速确定了“重点立足陆家嘴、分步进入金桥区、精选涉足外高桥”的参与浦东开发的思路。1996 年，24 层的嘉兴大厦竣工交付，大厦整体造型独特、层叠交错，蓝白相间的横条纹状玻璃幕墙层层推进，恰似高高扬起的风帆。

江西、湖北、湖南、四川、吉林、黑龙江、内蒙古等也纷纷派员考察，并成立专门机构，系统研究浦东开发与自身发展的关系，提出要不失时机、果断决策，“借船出海”、走向世界，以振兴本地经济。

邓小平南方谈话后，中央各部委及全国各行业总公司迅速作出部署，纷纷挥师南下进军浦东。

1992 年 4 月 17 日，中国石油化工总公司上海浦东开发办公室、上海石油化工总厂浦东开发办公室同时挂牌成立，揭开了中央各部、各总公司主力大军进军浦东的序幕。至 1995 年 4 月，中石化在外高桥保税区建设的石化对外贸易中心两幢楼已投入使用，开始成为石化对外贸易的“门户与桥梁”；建立以石化制品后加工为主的工业开发基地，占地 300 亩，已有 4

1995 年 6 月，中国人民银行上海市分行东迁浦东，新区管委会向上海分行赠送一头活羊，希望央行上海分行成为上海金融的“领头羊”

个项目开工或投产；建立的上海石化物资交易中心，运转已有两年多，交易额突破 60 亿元，这个中心起到了全国石化企业信息和物资交流的“桥梁”。1999 年 9 月，位于浦东陆家嘴地区，总建筑面积 3 万平方米的中国石化大厦竣工，成为石化辐射全国的中心基地。

1993 年 7 月，由电力工业部投资兴建的中电大厦在浦东陆家嘴奠基，1994 年底建成，创下一项浦东纪录，是浦东新区首幢智能化大楼，成为全国电力系统设在浦东的一扇“窗口”。

1995 年 6 月 28 日，中国人民银行上海市分行东迁至浦东陆家嘴金融贸易区银都大厦。浦东新区管委会主任赵启正、副主任胡炜向央行上海市分行行长毛应梁赠送一头穿着袜子、身上披着写有“金融领头羊”红马夹的小白羊，寓意中国人民银行上海市分行是金融界支持浦东开发开放的“领头羊”。央行上海市分行率先东进，它像只“领头羊”，把国内各大商业银行的上海分行一一领过黄浦江。招商银行、兴业银行、中国民生银行、华夏银行等也纷纷跟进，在浦东建楼开业。

自浦东开发以来，中央各部委和安徽、江苏、浙江、广东、福建等 20 多个省市在浦东投资。浦东的国内投资日益呈现出千万元以上项目构成投资主体、第三产业位居第一、综合投资再显强势、民营经济投资比重日益趋高、自然人投资近半的发展趋势。在浦东投资的国内企业中，不少是国内著名的大集团，如宝钢、中海工业、华油公司、光大证券、同创集团等。特别是中央部属的华源等集团公司，依托浦东，在全国范围内进行跨地域、跨行业的资产重组和联合发展，推动了国有经济的改革。

中央有关部委和兄弟省市为了支持浦东开发开放，主动到浦东建造了一大批“省部楼”。省部楼这一中国独有的新名词，充分反映出浦东对内开放市场、服务全国的辐射力。截至 2007 年底，国内各地投资企业达到 12703 家，注册资本总额达到 2575.52 亿元，中央部委和外省市在浦东建设的几十栋现代化大楼相继投入使用，成为连接内陆地区和世界的重要窗口。

“小政府、大社会”管理模式

李鹏总理代表党中央、国务院于1990年4月18日宣布浦东开发开放后，上海市于同月30日宣布成立上海市浦东开发领导小组，下设上海市人民政府浦东开发办公室作为这个领导小组的办事机构，负责协调浦东地区的开发建设及对外宣传接待事务。浦东开发办下设四处二室，即综合规划处、工程规划处、信息处、政策研究室、投资开发处和办公室。

浦东地区原属南市、黄浦、杨浦三区的浦东部分，上海县的三林乡和整个川沙县原来的隶属关系暂时维持原状，呈“一地六府”的过渡状态。1992年春，随着浦东开发开放的逐步展开，浦东亟须建立一个统一的政府机关以加快浦东开发步伐，市委要求浦东开发办会同市有关委、办、局及三区两县有关人员组成浦东新区行政管理体制方案起草小组，以改革创新精神拟定新区行政管理体制方案。同年5月，市委讨论了经有关部门和有关专家多次论证、修改的浦东新区行政管理机构设置和行政区划调整的方案，上报国务院。同年11月，经国务院批准，将上海市黄浦、南市、杨浦

1993年1月1日，中共上海市浦东新区工作委员会和上海市浦东新区管理委员会成立挂牌。一位浦东小女孩抚摸着新牌子，她的爸爸对她说道：“等你长大后，浦东早已大变样。”

三区和上海县的浦东部分，从原行政区划出，撤销川沙县，设立浦东新区。

1993 年 1 月 1 日，中共上海市浦东新区工作委员会和上海市浦东新区管理委员会挂牌成立。浦东新区管委会是上海市政府的派出机构，副省级。建立党工委、管委会的目的是为了解决当时浦东三个区两个县加一个浦东开发办分治的格局，以精简统一高效为原则，实行大系统综合管理，形成精简的政府机构和精干的人员编制，集中权力，东事东办，新区新办。

两委下设 10 个职能部门，即管委会办公室、组织部（劳动人事局）、纪律检查委员会（监察局）、综合规划土地局（统计局）、经济贸易局、城市建设局（环境保护局）、社会发展局、农村发展局、财政税务局和工商行政管理局，这 10 个职能机构承担了通常由 50 多个局承担的管理职能。这种精简的机构设置使浦东行政人员大幅减少。当时，在这块辖地 522 平方公里，人口 145 万的副省级行政区，政府机关行政编制仅 800 名，与上海市其他区县相比，浦东新区的机构减少三分之二，人员减少三分之一。当时上海市政府有近 100 个委办局，市属的 12 个区中平均每个区的人员编制为 1250 人，浦东新区机构的人员编制额只是浦西区级机构人员编制的 64%。

浦东新区的机构改革不是对传统体制的简单压缩，而是在“小政府、大社会”原则指导下一次真正的大刀阔斧的改革。依据政企分开的原则，不设各类主管局，把相应的职能分别归并到一个大口中。如，只有 93 人的社会发展局的职能就包容了一般城市管理的民政局、教育局、文化局、卫生局、体育局等委办局的全部职能；80 多人的经济贸易局则集经委、外经贸委、科委、商业局、旅游局、物资协作办等六七个部门职能于一身；80 多人的城市建设管理局相当于一般城市管理的园林绿化局、环卫局、环保局、市政局、交通局、建委等职能；100 人的综合规划土地局则拥有一般城市管理的计委、规划局、土地局、房管局、统计局的职能。这样相互关联的条条的归并，不仅大大减少了机构的设置，而且各局具有综合效益的功能，有利于提高决策水平和加强协调功能，通过各局内部的职能疏理和处室协调，简化了办事程序，提高了办事效率，体现出新机构的管理优势。

2000 年 8 月，在浦东开发经历了十年以后，根据浦东新区区域发展和行政管理的实际需要，上海市委、市政府决定撤销浦东新区党工委、管委会，正式成立区委、区政府，建立区人大和区政协，新区政府全面建制，政府机构实行适度调整，区委工作部门设置 11 个，区政府工作部门设置 13 个，即发展计划局、经济贸易局、科学技术局、劳动和社会保障局、社会发展局、农村发展局、建设局、环境保护和市容卫生管理局、财政局、审计局、公安分局、司法局和国家安全局。这种机构设置使浦东与浦西各区政府相比，机构减少三分之二，相当于国际同等规模区域的政府机构设置，行政人员编制仅 1080 名，与上海市其他区县相比，人员减少三分之一，人员编制的比例为全市各区县最低。

2009 年南汇并入浦东新区后，浦东新区相关领导多次强调，在大浦东机构改革方案制定时首先要考虑在适应大区域特点的前提下，守住两条线。

2000 年 8 月，浦东新区区委、人大、政府、政协、纪委举行揭牌仪式

一是水平线，政府尽可能小；二是垂直线，管理层级尽可能扁平。所谓轻型化就是机构设置要体现“小政府”的特点；所谓扁平化，就是要减少政府层级，形成“两级政府、三级管理”。大浦东新一轮区级机构是按照综合统筹、经济服务、社会建设、城建管理、法制监督 5 个不同职能模块设置的。在南汇并入浦东后确定的区级机构调整方案中，浦东新区政府工作部门从 13 个增加到 19 个，虽然有所增加，但仍然少于上海其他区县 26—28 个委办局的配置。

“小政府、大社会”这种行政管理模式，一路走来，走得艰难。幸运的是浦东的实践得到了高层领导的支持，尤其是朱镕基同志。朱镕基同志斩钉截铁地鼓励，“浦东要戴着钢盔顶住”，“市里各个部门来找你，要你设立新的部门，你就是要顶住，不设！”

小政府和大社会是不可分割的统一体的两个方面，在构建“小政府”体制的同时，必须建立、健全庞大的社会化服务机构和发达的社会中介组织，充分发挥“大社会”的自主、自治和自我管理的职能，以承担政府的一些公益性、社会性和事务性的社会职能，为社会提供内容广泛的服务。因此，浦东在组建“小政府”模式的同时，致力于培育与“小政府”管理体制相匹配的“大社会”，大力发展多种非政府组织，以提高社会组织化程度和社会自我管理能力。

在社会组织发展上，浦东秉持积极探索、先行先试理念，开创性进行了近 20 项探索，如率先成立全国第一家社区服务行业协会；率先将“罗山市民会馆”委托社会组织管理运作，开创了中国政府购买社会组织服务的先河；率先成立内地第一家民间社会工作服务机构——上海乐群社工服务社；率先建立内地第一个公益组织孵化器——上海浦东公益组织发展中心（NPI）；率先建立全国第一家旨在扶持公益性社会组织的公益服务园区——浦东公益服务园等。浦东的这些创新性探索产生了广泛的社会影响，如浦东公益服务园入选“2009 年度中国社会政策十大创新项目”，并获第六届“中国地方政府创新奖”。浦东手牵手生命关爱发展中心的“‘守护天使’临

罗山市民会馆的儿童乐园

终心灵陪伴”项目，和浦东非营利组织发展中心的“公益组织孵化器”项目，分获首届“中国社会创新奖”优胜奖和提名奖；浦东社工协会开发制订的《社会工作者国家职业标准》被原国家劳动和社会保障部上升为国家标准；等等。正是这一系列创新举措，为社会组织的发展创造了良好环境和氛围，社会组织从 2002 年的 286 个发展到 2017 年的 2000 余个；浦东社会组织总量占上海市社会组织总量的比例从 2002 年的 5.8% 发展到 2017 年的 14.3%。

浦东新区在培育“大社会”、促进社会组织发展上结出的硕果，推动了浦东开发开放逐步由依靠政策优势向依靠软环境优势的转变，增添了浦东可持续发展的动力。

首次面向全国招考干部

高起点、高标准的浦东开发建设，需要大量人才做保证，尤其是需要大量高级科技人才和高级管理人才。

新区管委会成立伊始，1993 年 1 月 15 日，就在《解放日报》等各媒体刊登了“上海市浦东新区招考机关工作人员启事”，率先进行了面向社会公开招考机关干部的改革尝试。很快，引起了全国各地甚至国外媒体的关注，日本的 NHK 电视台还专门派出了报道组，对这一公开招考官员的全过程作了跟踪采访。

上海市浦东新区招考机关工作人员启事

为了选拔德才兼备的优秀人才进入浦东新区机关工作，参照《国家公务员录用暂行规定》，结合浦东新区实际情况，在浦东新区管委会领导下，上海市人事局指导下，浦东新区首次面向社会公开招考机关工作人员40名。

一、招考的部门、职位、名额

城市建设管理局 副局长1名 副处长1名 科级以下3名
社会事业发展局 副局长1名 副处长1名 科级以下3名
组织部 劳动人事局 副处长1名 科级以下4名
经济贸易局 副处长1名 科级以下4名
综合土地规划局 副处长1名 科级以下4名
工商行政管理局 副处长1名 科级以下4名
农村发展局 副处长1名 科级以下4名
财政税务局 副处长1名 科级以下4名

二、报考对象、条件

本市和外省市有志参加浦东新区建设的在职职工，以及回国留学人员，并具备以下条件：

1. 拥护中国共产党的领导，热爱社会主义；
2. 遵纪守法，品行端正，具有为人民服务的精神；
3. 具有大专以上学历；
4. 报考科级（含科级、下同）以下职位的，须具有两年以上工作经历，报考副局长、副处长的须在科级以上岗位任职满两年以上；
5. 身体健康；
6. 年龄，报考副局长、副处长的在四十五周岁以下（一九四八年一月一日以后出生），报考科级以下职位的在三十八周岁以下（一九五五年一月一日以后出生）；
7. 外省市或留学回国的报考人员，须能自行解决住房的；
8. 边远地区报考者，需持县（团）级以上主管部门同意证明方可报名。

三、报名办法

报名时应携带工作证、身份证（或户口簿）学历证书和近期一寸报名照2张。

四、报名地点和时间

报名地点：上海海运学院（浦东大道 1550 号），邮编200135。

报名时间：一九九三年一月二十八日、二十九日两天，上午九时—下午四时。外省市报考者，一切费用自理也可委托亲友携带有关证件代理报名。信函件报名的，须附上述报名所需证件的复印件，并在一月三十日（以邮戳为准）前寄到上述报名点，经验证，符合条件者，即寄去《报考通知》，报考者凭《报考通知》和报考证件，在二月二十六日至二十七日到报名点换办考试手续（如发现不符条件，则不予办理），领取准考证，参加二月二十八统一笔试，凡无准考证者，不能参加考试，请予谅解。

五、考试内容、时间

凡取得准考证者，均须参加考试（笔试），考试内容为：
公共科目：政治、法律、行政学、公文写作；
专业科目：根据拟任职位要求设定。
笔试时间：二月二十八日
考试地点：按准考证指定地点

六、录取办法

贯彻公开、平等、竞争、择优的原则，经笔试、面试、考核、体检、综合评定，合格录取后，试用期一年，期满合格者正式办理录用手续，并享受浦东新区党政机关工资福利待遇，试用期满不合格者，或本人不愿正式录用的，可自谋出路，或进入人才交流服务机构，凡不符报考要求或违反招考纪律者，一经发现取消报考、录用资格。

七、有关报考具体事宜咨询：

报名咨询电话：8872419 .8855200×3223、3224
报名咨询地址：上海海运学院培训楼（浦东大道1550号）

上海市浦东新区管理委员会

刊载于 1993 年 1 月 15 日《解放日报》第二版的招考启事

1993 年 1 月 28 日上午，一名报考者在仔细查阅浦东新区招考机关工作人员的介绍资料

这次招聘如此引人注目，在于它有着许多不同寻常之处：一是报考者不受地域限制，不具有上海户口的全国各地人士，包括海归者，愿到浦东谋求发展、施展才华的均可报名应考；二是对报考者原来单位的所有制性质和本人行政隶属关系、身份、编制等完全没有限制；三是这次招考的是真正的官员，不仅有科级的，而且有副处长和副局长职务。

启事刊登后，反响强烈。据统计，全国 26 个省、自治区、直辖市有几千人写信、打电话、来人咨询报名，其中 1814 人报名合格。这些人中，上海人占 76.55%，外省市人占 23.45%。他们中有现任厅局长、正副处长等政府官员，有企业厂长、经理、一般干部，也有普通的工人、农村基层干部、职员；有研究生、教授、高级工程师，有博士、硕士、经济师、会计师、技术员，还有海归的留学生。

浦东新区领导要求，这次招考要考得公开、公正、公平，又要考得科学，考得令人信服。整个招考过程透明公开，全过程没有接到任何说情电话、没有打招呼的纸条，也没有收到过任何对招考有质疑的检举信。这次考试进行了精心设计。考试分科、处、局职三个档次，涉及九门学科，既测知识，又测智力潜能。试题由时任中共上海市委常委、副市长，中共浦东新区工作委员会书记、浦东新区管理委员会主任赵启正审定拍板。

经过笔试筛选参加面试，应试者不仅要当场回答统一的试题，还必须回答考官的即兴提问，以考察应试者自己独立思考、临场应变的能力。特别是竞争副局长职位的面试，考官们还设计了情景模拟测试。当时 62 名报考副局长的考生中，10 人进入模拟测试。其测试内容一是在 80 分钟内批阅 10 份文件，接待五位来访者，处理五个电话事务。这些文件及事务都是在实际工作案例中选定的，以此考察考生在处理突发事件和日常棘手问题时的政策水平、处置能力。二是参加模拟的局长工作会议，对本局的重大工作各自发表意见。以此考察考生的宏观思路、开拓意识、口头表达和综合归纳能力。考核小组根据各项具体测试内容分别打分。最后七人进入答辩面试程序。赵启正主任始终参与这场公开招考，并亲自主持了最后一场面试，担任主考官。七名进入副局职竞争的考生作两分钟的自我介绍和 15 分钟的“施政纲领”；然后，回答考官的提问。比如，对城市建设局副局长岗位有道题给出“杨浦大桥主跨 600 米、引桥 2000 多米，问需要用多少吨、

1993 年 4 月 6 日，浦东新区招考副局长面试考场

什么标号的水泥?”面试的七人中最终两人入选。

整个招考工作始终体现出浦东海纳百川、招贤纳才的胸怀和热情，每一步工作都考虑得很细致。如报名阶段，时逢春节，每天都安排人员值班，守候电话以接听报考的咨询电话；又如笔试时为避免报考者因考场不熟悉而耽误时间，不仅在发放准考证时告知详细地址、坐车线路等，还在考试当日提前一小时在考场附近几个车站安排人员进行指引；再如进行面试前，为让考生尽量减少紧张情绪，以最好的心态发挥出自己的水平，工作人员都会与他们进行交流和活跃气氛。

前后三个月，经过知识笔试、心理测试、答辩面试和政治品德考核，最终40人被录用为浦东新区机关干部（试用期一年），其中新区的副局长2名，副处长8名，科以下干部30名。

张友贵是最终被录用的40人之一。在那场招考的15年后，他回忆起在上岗前的学习培训：“我们40名同学来自五湖四海，有内蒙古草原的，有新疆天山边的，还有来自东海之滨的。同学们的身份，也是五花八门，有在单位担任领导干部的，有一般干部、教师、工人甚至是农民的。然而，这时大家似乎都忘记了自己的身份，年长的把小的看作兄弟姐妹，年少的把大的当成大哥大姐，这是因为开发开放浦东的共同目标，宛如一块巨大的磁铁，把我们紧紧地吸在一起，使大家有机会成为浦东开发建设的弄潮儿。”

“同学们心里早已是一团燃烧着的火，大家十分珍惜这每一天的学习，认真听、仔细看，抓住分分秒秒的时间，努力充实自己，提高自己的素质，恨不得在短时间内学会十八般武艺，为浦东开发建设披荆斩棘，冲锋陷阵。”

后来，这40人中有四人成为市管厅局级领导干部，其他留在浦东新区机关的基本为副处级以上干部。他们中绝大部分人在以后的工作中表现出色，为浦东的建设做出了贡献，有三分之二的人得到了提拔使用。

为了打造国际人才高地，2001年8月，浦东在美国招聘人才，238个

2002 年 5 月，浦东在香港招聘人才

需求岗位有应聘者 2500 人。2002 年 5 月，浦东在香港举行大型人才招聘会，约有 100 家企业参加，此次招聘会提供包括公司副总裁、副总经理、会计师、工程师、证券分析师、公关经理在内的 400 余个职位，吸引了众多香港市民。 2003 年 10 月，浦东携 180 多个高层岗位在欧洲招聘国际化高层次人才。2017 年 6 月 16 日，浦东推出了提高海外人才通行和工作便利度的九条措施，并举行海外人才局揭牌暨人才颁证仪式，宣布成立全国首个海外人才局，负责外籍人才来华工作许可、永久居留认定和推荐等，为外籍人士提供一站式服务。浦东新区以“一流的开发需要一流的人才”为号召，采取多种措施，积极构筑人才资源高地。■

『一门式』服务开全国先河

浦东开发是面向世界的开发，需要积极营造一个良好的投资环境，必须在大胆改革传统的招商引资方法、提高办事效率等方面率先垂范，探索新途径。

1994年9月，浦东新区综合规划土地局率先推出了项目投资“一窗式”服务，实行土地批租、规划审批、房产立项等“一窗式”受理、内部会审制度。1996年7月，新区以浦东招商中心为重要载体，向中外投资者推出项目前期“一门式”服务，成为新区招商引资与项目审批服务有机结合的雏形，从此拉开了“一门式”服务的帷幕。1998年4月，浦东新区正式实施招商引资“一门式”服务，实行项目审批“二审终结制”和浦东新区投资项目“一门受理、并联审批、两次办结、一口收费”，浦东在全国开创了集中行政审批服务的先河。

为了加强“一门式”的管理、协调、服务，1998年7月，成立了浦东新区投资项目管理办公室，负责“一门式”的日常运营工作。由当时的新区管委会分管综合经济的副主任兼任主任，副秘书长任党组书记，经贸局

浦东招商中心“一门式”大厅

局长任党组副书记。这种组织构架主要是为了强化“一门式”跨部门综合协调作用。

一门受理、功能集聚。以浦东招商中心为“一门”，统一受理内外资项目的投资，提供投资过程中从咨询到发照及建设阶段的全过程配套服务。由新区经贸、规土、农发、城建、工商、税务等 11 个职能局和海关、消防及市属四大管线等单位的 28 个处、室、站、署、所百余项审批职能，近 200 名工作人员汇聚在招商中心参与“一门式”的大服务。由于职能汇聚、功能延伸大大减少了投资者往返奔波带来的麻烦，办事效率明显提高。与此同时，新区还把“一口式”收费管理工作同步纳入“一门式”服务，经过梳理对新区范围内与投资项目关系密切的 41 项收费项目纳入“一口式”收费范围，较好地解决了“收费过多、缴费多门”的问题。

一方面，“一门式”通过大量接待咨询服务，在项目审批前置性环节，积极与投资者或各有关部门沟通，发挥相关职能部门作用，形成合力。另一方面，“一门式”积极向张江、金桥等重点开发区进行服务功能延伸，为高科技项目提供快速绿色通道，并指导农口系统设立招商服务工作站，做到信息集聚、服务配套，确保招商信息资源不轻易流失。

并联审批、效率提高。由于机构集中，以并联审批为核心形成了新的联合审批机制，促使部门之间工作上的协调性进一步增强，工作效率明显提高，得到了项目单位的充分肯定。如在为上海金茂大厦有限公司办理企业注册的“一门式”服务中，各职能部门的主办人根据并联审批提速要求，通过联合会审，使原本需要用几十天甚至更长时间的前置性审批内容，仅用了三个工作日就盖出了十几个图章，第七天就完成了企业登记手续。该公司老总感慨地说：“如今，路人有困难找巡警，到浦东投资办企业，就找‘一门式’。”

综合协调、强化服务。这有利于各审批部门开展服务竞争，提高办事效率。投资办作为新区投资项目管理的综合协调部门，发挥综合协调作用，会同“一门式”有关部门，主动深入到企业解决疑难杂症。同时，在积极汇总分析各职能部门和单位的项目信息的基础上，主动出击招商引资。例如，在重点引进青岛海尔集团六家子公司落户浦东的工作中，投资办和经贸、工商、财税、协作办等部门充分发挥“一门式”协同作战的优势，两次赴青岛上门做政策宣传和服务工作，又根据该集团的要求，三天办理五家公司的全部注册、开业、经营的前期工作。海尔集团领导在与市外资委和新区领导交谈中，多次称赞浦东“一门式”服务的优质高效。

作为全国改革开放的排头兵，浦东是各大跨国公司纷纷抢滩的地方，楼宇建设如火如荼，政府部门手中的笔快一秒，对企业来讲都是商机、都是机遇。“浦东速度”的呼声日渐高涨。有一家企业负责人这样解释“时间就是金钱”：以一个几千万元的项目为例，晚开工一天，财务成本就好比一辆桑塔纳扔进河里。在这种形势下，2001年至2003年浦东新区政府下决心，以“一门式”服务为阵地，在全国率先连续推动三轮行政审批制度改革，推出了一系列重大改革举措。

2001年第一轮审改，浦东共涉及行政审批事项724项，第一轮就清理了40%，到2003年第三轮审改后仅保留了313项，总体改革率达57%。同时，开展了行政事业收费清理，对全年收费低于50万元的事项，由新区财政承担，对企业缓征、减免相关行政费用，努力为企业减轻负担。企业明显感受到政府行政审批制度改革的成效。

当时，大多数审批部门是单机受理，有的部门甚至还停留在纸质化操作的原始阶段，不利于办事效率的提升。“一门式”率先开始探索电子政务建设，借助信息化手段提高资源整合共享水平。2001年开始，浦东“一门式”仅用了40万元左右，就研制开发了“并联审批”“告知承诺”等信息网络平台，首次实现了新区部门间审批信息的互通共享。

2006年10月，浦东市民中心大楼落成并启用。浦东新区“一门式”平台整体迁入。为了方便市民办事，当时新区领导明确“以进为原则，不

浦东市民中心的“一门式”服务

进为例外”，把与百姓密切相关的事项向基层下沉，将必须要区级层面承担的事项向中心靠拢。379个项目集中到84个前台窗口，对老百姓来说当然方便了不少，如，新区婚姻登记、法律援助、社保、医保、出入境等市民类服务事项首次进驻，实行统一受理。大楼的英文名字为“Public Service Center”（公共服务中心），标志着浦东开始探索区级层面综合性公共服务平台建设。浦东市民中心是政府、市场和社会三位一体互动的窗口及平台。

2009年原南汇区并入浦东新区，经过一年多的整合工作，2010年7月合并设立了浦东新区市民中心（投资促进服务办公室）。在“一门式”平台管理、窗口建设的基本职能的基础上，进一步强化了项目协调推进、投资促进、重点企业服务、行政审批制度改革等经济工作职能，丰富了政社合作、政务公开等社会职能。浦东“一门式”完成了从单一性行政审批服务平台向综合性公共服务平台的转变。

作为一种自下而上的首创，“一门式”显示了蓬勃的生命力。据不完全统计，全国十几家省级服务中心、4000多家县市级行政服务中心在地方经济社会发展中发挥了重要作用。2011年8月，中办、国办联合印发《关于加强政务服务深化政务公开的实施意见》，赋予了“一门式”服务模式的规范性文件支撑。这充分体现了浦东新区奋发有为、攻坚克难的精神和敢创新、敢担当的勇气。■

开展综合配套改革试点

进入 21 世纪以后，我国社会主义市场经济体制经过多年探索取得许多积极成果，但也面临着一些矛盾突出、牵涉面广、敏感性强的难点领域和环节，比如，政府职能如何更好地适应市场经济，经济发展方式如何优化，城乡发展如何更加协调，改革的系统性、复杂性、风险性逐步加大。为推动改革攻坚，国家需要在一些有条件区域先行试点，为全国深化改革积累经验、探索新路。

2005 年 6 月 21 日，国务院批准上海浦东新区开展综合配套改革试点，这标志着浦东开发开放的动力由主要依靠政策优惠和投资拉动转为主要依靠体制创新和扩大开放的根本转变。浦东综合配套改革试点的“三个着力”：一是着力于转变政府职能，构建从事经济调节、市场监管、社会管理和公共服务的责任政府，注重制度环境建设和改造的服务政府，依法行政的法治政府；二是着力于转变经济运行方式，构建符合社会主义市场经济要求、与国际通行做法相衔接的经济运行法规体系和体制环境；三是着力于改变城乡二元经济与社会结构，构建和谐社会。

同年12月28日，上海市政府发言人在新闻发布会上宣布，浦东综合配套改革重点是抓好“五个创新”，即创新政府管理体制、创新市场运行机制、创新经济增长方式、创新城市发展模式、创新社会治理机制。

2006年3月25日，中共上海市委、市政府召开浦东综合配套改革试点推进工作会议，动员部署浦东综合配套改革试点。国家发展和改革委员会（简称国家发改委）主任马凯、上海市市长韩正出席会议并讲话。3月27日，浦东新区召开党政干部大会，传达贯彻上海市浦东综合配套改革试点工作会议精神，动员全区力量，全力推动浦东综合配套改革试点工作，当好改革开放排头兵的排头兵。2007年4月，国家发改委与上海市人民政府联合召开推进浦东综合配套改革试点第二次工作会议。上海市委常委、浦东新区区委书记杜家毫参加会议，并介绍了试点两年来的进展情况。会议指出，浦东综合配套改革以加快转变政府职能、推进金融改革先行先试、推进医疗卫生综合改革三方面为重点。

2007年4月25日，推进浦东综合配套改革试点第二次工作会议召开

在市委、市政府的领导下，浦东新区紧紧抓住综合配套改革试点的历史性机遇，增强为全国深化改革攻坚探路的使命感、责任感，按照“浦东能突破、全市能推广、全国能借鉴”的要求，先后实施了五轮三年行动计划，推动了300多项改革任务，以率先形成相对完善的社会主义市场经济体制为导向，不断推动综合配套改革在重点领域和关键环节取得突破。

为推进政府管理体制改革，浦东创新审批机制。2007年1月1日，张江高科技园区开展内资企业设立“一表制”行政审批。同年2月1日，实施外资企业设立“一表制”审批试点。“一网式”平台受理搭建了政府、企业、公众之间的网上直通车，使园区企业能“不出园区办结所有的事”，将涉及7个部门的各类申请表中共性内容集中在一张表上，填写时间由6、7个小时缩短为最多20分钟，实现了“统一录入、数据共享、表格套打、透明流程”。建立工商、质监、税务三部门联动登记机制，依托信息平台实现“一口受理、一表登记、一次审查、一网流转、一次发证、一口收费”运行模式，减少重复审查内容，并制订《浦东新区企业设立联动登记实施办法》。在全国率先以电子化方式进行行政审批标准化改革，推进“一库两系统（行政审批事项库、行政审批管理系统、行政审批智能导航系统）”建设，全区242项审批事项的基本属性要素录入事项管理库，所有的行政审批项目从设立到运行实现透明管理。

在推进经济和创新体制改革方面，浦东推进科技体制改革创新，设立创业风险投资引导基金。2005年11月，国家发改委等10部委联合出台《创业投资企业管理暂行办法》，提出可以设立政府引导基金。2006年10月，颁布《浦东新区创业风险投资引导基金试点方案》。2008年，新区政府在《浦东新区促进自主创新的若干意见》中将引导基金由10亿元扩大至20亿元。几年中，通过调研200余家创业投资机构，从中遴选出19家国内外知名的创投机构进行合作，引导基金出资11.15亿元，参与设立19个新基金，基金总量超过300亿元，引导向浦东科技企业投资总计51亿元。受投资企业健康发展，其中交技股份已在中小板上市，中微半导体、聚力传媒、

位于浦东市民中心内的 CEPA 绿色通道

万得资讯、凯赛生物等一批科技企业已成为产业细分领域的领头企业。

2007 年 8 月，上海在浦东新区设立“CEPA（注：“内地与香港关于建立更紧密经贸关系的安排”的英文缩写）绿色通道”，进一步促进 CEPA 框架下的投资贸易便利化。上海浦东新区“CEPA 绿色通道”，专门受理 CEPA 及补充协议（一）至（四）项下香港投资者在浦东新区投资设立企业或机构所涉及的政府相关审批事项，功能定位为“统一受理、加快审批、提供咨询指导”，集各部门之合力，简化受理环节、缩短审理时间，提高审批效率，促进 CEPA 项目在受理时间和程序上快捷、高效。

在推动社会管理精细化和乡村振兴方面，浦东在川沙新镇试行“区镇合一”的行政管理模式，探索城乡一体化发展的新路。2006 年 4 月，川沙镇所辖的 7 个社区先后建立社区委员会和社区党工委，分别为华夏社区、城厢社区、城南社区、江镇社区、施湾社区、黄楼社区、六团社区。社区委员会是社区一级新的非行政区的组织层级，由社区代表选举产生。在社区之下再设社区服务平台、社区事务受理平台、社区卫生服务平台、社区文化活动平台、社区城市管理平台，形成“1+4”社区综合管理体制，把行政、社会、市场三方力量协同起来，在社区内形成合作共事的互动平台，成为政府行政力量与居民自治力量之间的桥梁和纽带，充当社区利益的协调者、社区矛盾的化解者和社区服务的组织者。社区委员会力求成为社区居民意见的表达者、冲突的协调者和利益维护者，主要专注于社会事务的管理。其他具体行政性事务的运作，主要由社区事务受理中心等行政派出部门操作。

同时，浦东的综合配套改革试点坚持在法律法规的框架下开展。2007年和2013年，上海市人大分别通过《关于促进和保障浦东新区综合配套改革试点工作的决定》和《关于促进改革创新的决定》，为浦东综合配套改革试点提供了有力的法制保障。

综合配套改革试点实施以来，浦东新区经济总量从2005年的2109亿元增加到2017年的9651亿元，增长了3.58倍，人均GDP近2.7万美元；财政总收入从2005年的495亿元增加到2017年的3938亿元，增长了近7倍；第三产业增加值占GDP比重从2005年的48.9%增加到2017年的74.7%；居民人均可支配收入在2017年已经超过6万元。■

打响市场监管体制改革『第一枪』

市场监管是政府的重要职能。为切实转变政府职能，改革和理顺市场监管体制，上海遵照习近平总书记“积极探索适应开放型经济的政府管理新体制”的重要指示精神，深入贯彻中央关于“重点在食品药品安全、工商质检等领域内推行综合执法，有条件的领域可以推行跨部门综合执法”的要求，在市场监管领域探索改革新路。

2013年9月，上海浦东新区在全国率先试点市场监管体制改革。2013年12月31日，完成工商、质监、食药监三局合并，挂牌成立上海市浦东新区市场监督管理局。后续又并入价格监督检查职能，形成“四合一”综合执法体制。市场监管体系改革，精简了工作机构，使工作重心下移，充实了基层执法力量，形成“大监管”机制。浦东新区市场监管局内设机构从29个减少到18个左右，精简38%；机关精简人员全部充实到执法一线，一线执法人员占比超过87%，做到了精兵简政、夯实基层。

2013 年 12 月 31 日，上海市浦东新区市场监督管理局举行揭牌仪式

2014 年底，试点扩大到 8 个中心城区，并将价格监督检查职能并入，形成“四合一”综合执法体制。2015 年，上海制定出台《关于在本市开展行政执法类公务员分类改革试点工作的指导意见》和《行政执法类公务员队伍能力建设三年行动计划（2016—2018 年）》，进一步完善改革的配套政策，在此后两年中逐步推广到全市各区，建立健全全市 16 个区市场监管局和 233 个市场监管所，制定全国第一部《市场监督管理所通用管理规范》，87% 的基层市场监管所已完成标准化建设，市场监管覆盖全市各街镇、各监管重点区域。同时，国内多个地区、部门到浦东学习调研，改革影响辐射全国。2017 年，在市级层面对原市工商局、质监局、食药监局三家单位的党组织进行改组，组建市市场监管工作党委，充分发挥党委对归口系统的领导核心和政治保证作用，整合“条”的资源，更好地服务“块”的工作，不断增强党组织的凝聚力和战斗力。同时，实施市场监管公务员的统一招录，加强市场监管执法人员的统一培训，提高综合执法能力，探索形成具有市场监管特色的执政为民理念和依法行政、公正监管的共同价值取向。

市场监管体制改革，体现在工作效率上，是办事快了很多。

浦东市场监管体制改革大胆突破，改变政府一家独大、单兵作战、事无巨细、“保姆式”管制的市场监管模式，积极构建主体自律、业界自治、社会监督、政府监管“四位一体”的监管新格局。浦东市场监管局在更多领域积极运用“共管、共治”思维，发挥各方作用，构建规范市场的社会合力。

浦东市场监管局坚持把“放管服”要求贯穿体制改革全过程，注重结合体制改革加快政府职能转变，注重研究重构政府和市场的关系，探索政府职能进一步向有限政府、责任政府转变。

企业的难点就是改革的重点，激发市场活力，需要更加宽松、便利的准入环境。浦东市场监管局不断深化商事制度改革，强化简政放权，先后推出注册资本实缴制改认缴制、市场准入便利化“双十条”措施、证照分离改革、企业名称登记改革、窗口无否决权机制等40余项市场准入创新

浦东市民中心进口非特化妆品备案窗口

举措。

2015年8月、11月，浦东市场监管局在全国分别率先试点企业简易注销登记改革、个体工商户简易注销登记改革，为千余户经营者带来便利，成为完善市场退出机制的有益探索。2017年3月1日起，企业简易注销登记改革在全国范围内全面实行。2016年11月底，浦东市场监管局率先实施企业名称登记改革，企业网上申报名称已超过9万件，比改革前增长106%，社会创业活力不断激发，企业感受度进一步增强。

上海浦东率先在全国开展进口非特殊用途化妆品审批制改备案试点，实现全球化妆品“零时差”上市。上海作为我国化妆品研发、生产、经营和消费最集中的城市之一，进口化妆品贸易额占全国的58%，进口非特殊用途化妆品申报量占全国的50%以上。浦东市场监管局大力推进“放管服”改革，在原国家食药监总局的支持下，形成改革方案。2015年国务院批准同意，自2017年3月1日起至2018年12月21日，凡从上海市浦东新区口岸进口，且境内责任人注册地在上海浦东新区的首次进口非特殊用途

市场监管工作人员进行价格执法检查

化妆品，在浦东新区率先试点由审批管理调整为备案管理。改为备案管理后，非特殊用途化妆品进入中国市场由原先的 3 至 5 个月的审批时间，大幅缩减至 5 个工作日，“高速通道”实现了进口化妆品国内与国外基本同步上市。上海化妆品国际贸易日益活跃，高端消费品产业集聚效应逐渐显现，有力地打响“上海购物”品牌。

市场监管的重头戏还是在事中事后监管。浦东市场监管局注重转变监管方式，强调发挥社会诚信体系的力量、依托现代化技术等手段提升监管效能，不断创新信用监管、智慧监管、协同监管机制方法。

作为浦东新区推进事中事后监管体系建设的重要举措之一，2016 年浦东在全市率先启动事中事后综合监管平台建设，探索“双告知、双反馈、双跟踪”“双随机、双评估、双公示”创新机制，推动实现“跨部门”综合监管和“全生命周期”闭环监管。同年 6 月平台上线试运行，并形成示范模板向全市推广。2016 年 1 月 1 日起，浦东在全市率先实行“双告知”制度，实现了“先照后证”“证照分离”改革后，证照管理的无缝衔接，截至 2017 年上半年已涵盖 15 个审批主管部门的 95 个事项。信用监管是浦东市场监管局创新事中事后监管的核心和重点。继该局率先与网络订餐平台合作、与第三方征信机构合作推进“互联网 + 信用监管”新机制后，又探索与街镇、企业“共建信用”。

浦东市场监管局紧紧围绕“一带一路”、自贸试验区建设、科创中心建设等重大国家战略，探索创新服务机制。如探索推进“一带一路”检验检测认证组织互认机制；支持张江建设“全国信息技术和生物医药知名品牌创建示范区”和药品上市许可人服务平台；推动浦东创建“国家级检验检测认证公共服务平台示范区”；推进市场准入“单一窗口”建设，准入时限缩短 60% 以上，实现“一口受理、八证联办”；首推注册许可“网上预约服务”，登记平均等候时间缩短三分之二。

市场监管体制改革和自贸试验区建设等各项叠加效应，推动了企业发展进入快车道。2014 年至 2016 年三年间，浦东新区共新设各类企业

141430户，与之前三年相比增幅达到213.3%。据上海社科院的调查显示，企业普遍认为，改革让企业投资创业成本更低、效能更高，有利于企业发展；消费者也认为，改革后市场安全监管力度得到加强，诉求处置得到优化。

三年多来，浦东市场监管局先行先试改革创新举措共计97项，其中85%形成了各个层面的制度文件，近40%已在全市乃至全国复制推广。■

率先推进“证照分离”改革试点

“证照分离”改革试点是党中央、国务院交给上海，在浦东新区实施的重大改革任务，是自贸区“放管服”改革的生动实践。主要是针对市场主体开业前需要办理的各类许可证，通过取消审批、审批改备案、实施告知承诺等方式，最大限度地减少审批事项、优化审批流程，破解“先照后证”改革后市场主体办证难、“准入不准营”的问题，有效降低企业创新创业门槛，转变政府职能，优化营商环境，让市场在资源配置中发挥决定性作用，充分激发市场主体活力和社会创造力。

2015 年 12 月，国务院印发了《关于上海市开展“证照分离”改革试点总体方案的批复》，同意上海市浦东新区在全国率先对 116 项审批事项开展“证照分离”改革试点，试点期为自批复之日起 3 年。

上海市领导高度重视“证照分离”改革试点工作，多次召开工作推进会，听取改革推进情况，并成立了以市长杨雄为组长，常务副市长屠光绍和浦东区委书记沈晓明为副组长，改革试点事项涉及的 28 个单位主要负责人为成员的“证照分离”改革试点工作领导小组，领导小组下设办公室。浦东新区作为试点地区，成立了浦东新区推进“证照分离”改革领导小组，区委、区政府主要领导亲自“挂帅”，明确各部门“一把手”作为改革事项推进的第一责任人，制定推进方案，建立改革跟踪反馈机制，有力保障了改革事项的推进落实。

依法改革是“证照分离”改革得以实施成功的重要保障。“证照分离”改革试点伊始，上海就与国务院办公厅沟通，协调国家各部委，暂时调整涉及“证照分离”改革的政策法规，并商请国务院部委支持审批制度改革事宜。2016 年 5 月 5 日，国务院发布了《关于在上海市浦东新区暂时调整有关行政法规和国务院文件规定的行政审批等事项的决定》，规定即日起至 2018 年 12 月 21 日，在上海市浦东新区暂时调整《中华人民共和国药品管理法实施条例》等 11 部行政法规和国务院文件规定的行政审批等事项，支持“证照分离”改革。在地方层面，2015 年 12 月 30 日，上海市人民代表

浦东新区开展“证照分离”改革试点

大会常务委员会发布《关于开展“证照分离”改革试点在浦东新区暂时调整实施本市有关地方性法规规定的决定》，以配合“证照分离”改革试点的推进，保障了整个改革过程在法制框架下有序稳妥进行。

在具体做法上，一是取消行政审批，实行行业自律管理，允许企业直接开展相关经营活动。取消审批并不是取消监管，更不是放弃监管责任。对于取消审批的事项，涉及相关行业管理制度的重构，在根据行业特点的基础上，逐项落实后续监管举措。如取消广告登记，浦东市场监管局制定了《关于加强户外广告事中事后监管的工作方案》，并针对医药保健、食品酒类、美容化妆、教育培训、房产销售、旅游服务和投资理财等商品或服务为重点类别开展整治规范。

二是改为备案，对行政许可事项实行备案管理。对改备案的事项，逐项制定备案管理办法，确定备案的条件、内容、程序、期限，以及需要报送的全部材料目录和备案示范文本，明确对行政相对人从事备案事项的监督检查及相关处理措施、应承担的法律责任等。比如，加工贸易审批改备案，企业完成网上申报后，无须递交申报材料，无须经过窗口受理、审核等流程，直接可以领取证书，可以当场申报当场领取。

三是对暂时不能取消审批，但通过事中事后监管能够纠正不符合审批条件的行为且不会产生严重后果的行政许可事项，实行告知承诺制。逐项制定告知承诺书格式文本和告知承诺办法，明确审批条件、申请材料、办理流程，实现当场办结，并于两个月内上门监管。如电影放映经营许可，企业通过告知承诺方式申领《上海市电影放映经营许可证》，当场领取许可证，大大降低了申办单位的办证时间。

随着改革试点的不断深入，“证照分离”改革试点任务已在浦东新区全面落实，并逐步形成“放管服”改革的浦东样本，改革成效持续显现。至2018年10月，国务院于2015年12月批复的116项审批事项、2018年1月批复的10个领域47项改革试点，以及上海市政府纳入自主改革的35项事项（共计198项）已经全部实施。与此同时，针对部门间信息共享和监管协同问题，建立的“六个双”政府综合监管机制也已在全区 21 个监管部门、108 个行业（领域）全面推广应用。另外，全区 327 项涉企审批事项全部实现“一网通办”和“最多跑一次”，其中“不见面审批”已经达到 53%。实际办理时间（3.3 个工作日）比法定时限（22 个工作日）压缩了 85%。

“证照分离”改革推进过程中，针对每一改革事项，相关行政审批部门都制定了事中事后监管实施方案，彻底从“以批代管”向“事中事后监管”转变。在这一过程中，带来的是政府部门审批模式的变革、审批流程的优化、监管手段的创新。浦东新区在实践中按照“谁审批、谁监管，谁主管、谁监管”的原则，探索形成了以“‘双告知、双反馈、双跟踪’证照衔接机制 +‘双随机、双评估、双公示’监管协同机制”为核心的“六个双”政府综合监管机制，有力推动了登记注册、行政审批、行业主管、综合执法等部门间的信息共享、协同监管和联合奖惩。2015 年 3 月成立的盒马鲜生，其“新零售业态”有卖场、餐饮服务，还有网络下单配送。对于政府部门

位于浦东金桥的盒马鲜生门店

而言，这种综合业态的审批还是第一次。经过和企业的探讨研究，政府率先核发了《食品经营许可证》，把餐饮和食品流通证“两证合一”，还首次把互联网功能业态加入食品许可证，以支持盒马鲜生的混合业态。盒马鲜生成为第一个享受到改革红利的企业。

改革释放了市场活力。2016 年和 2017 年，浦东新区各类纳税主体分别增加 4.9 万户和 5.9 万户，和 2015 年相比分别增长 9%和 29%，企业活力充分激发，办了证、缴了税的活跃企业数量持续增长。行业发展方面，通过取消审批、强化监管，因私出入境中介服务机构呈现爆发式增长，从改革前的 10 家增长到目前的 238 家，且行业运行总体平稳。

改革使企业营商环境得到优化。从名称库选名的企业新设及变更可当场办结，需要核名的企业新设 2 日内可办结；不动产登记实现 5 个自然日内拿证；首次进口非特殊用途化妆品审批改为备案，时间从改革前 3—5 个月减少到 3—5 个工作日，大幅缩短了产品上市周期、降低了企业时间成本。扩大开放方面，2015 年 4 月，外商独资职业技能培训机构开始实行备案管理，但由于在教师资格、场地和资金等方面设置了较高条件，企业难以办证，一直未有外资机构落地；“证照分离”改革对部分准入条件实行告知承诺，全国第一家外商独资职业培训机构（普华永道）2017 年 1 月在上海自贸区落地。

2017 年 9 月 6 日，国务院常务会议决定，在全国其他 10 个自贸试验区和具备条件的国家级自主创新示范区、经济技术开发区、高新技术产业开发区、国家级新区等地区，复制推广浦东新区“证照分离”改革试点经验。2018 年 9 月 12 日，国务院常务会议部署向全国复制推广“证照分离”改革。■

五、

推动转型升级　开拓发展空间

进入 21 世纪后，中国加入世界贸易组织（WTO）、社会主义市场经济体制不断优化和完善、经济结构战略性调整持续推进。上海按照中央要求，加快了推进“四个率先”（率先转变经济发展方式、率先提高自主创新能力、率先推进改革开放、率先构建社会主义和谐社会）、建设“四个中心”（经济、金融、贸易、航运中心）和社会主义现代化国际大都市的步伐。

面对重大机遇，处于改革开放前沿的上海浦东，坚持以开放促改革，着力转变经济发展方式，大力推进产业结构战略调整，努力提高自主创新能力，在新世纪成功实现新跨越、新发展。

2009 年，国务院批复同意原南汇区行政区域并入浦东新区。踏上“二次创业”新征程的“新浦东”，始终坚持将自身发展放在服务服从全国全市的大局中思考谋划，坚持以开放促改革、以改革促发展，敢闯敢试，敢于担当，力争在优化结构、提升功能、提高效益等方面实现新作为，努力创造更为广阔的发展空间和更加美好的发展前景，为上海的转型发展作出更大贡献。

浦东发展

见证APEC会议

1999年8月，上海国际会议中心在黄浦江东岸、东方明珠脚下落成。这座被誉为“建国五十年上海十大经典建筑”之一、拥有当时国内最大无柱型多功能厅并配备最先进设备的会展场所，见证了20世纪最后一次《财富》世界论坛在上海浦东举行。这次论坛的主题——“中国：未来五十年”，预示着面向未来的中国正在成为世界关注的焦点。当世界500强的CEO们云集论坛现场之时，时任国家主席江泽民向来宾们自豪地宣告：我们今天所在的上海浦东陆家嘴地区，六年前还是一片简陋的住宅和厂房，如今已是高楼林立、生机盎然的现代化金融贸易区。2000年，江泽民主席在文莱参加亚太经合组织（APEC）会议时，更是热情邀请各国首脑来年到上海浦东做客。他介绍说：“浦东是上海现代化建设的缩影，是中国改革开放的象征。”

当人类跨过新千年的门槛，上海浦东开发开放也已经走过了十个年头。短短十年间，“落后的浦东”“繁荣的浦西”之间的差距已成为过去。包括南浦大桥、杨浦大桥，世纪大道、杨高路、内环线浦东段等骨干道路，以

2001 年 APEC 会议举办地——黄浦江畔的上海国际会议中心

及地铁 2 号线、浦东国际机场等重大工程均已建成，全区新增道路 1000 千米，新建各类建筑 5000 万平方米，一座现代化新城的雏形已展现在世人面前。改革开放的总设计师邓小平同志当年的预言“浦东开发比深圳晚，但我相信可以后来居上”已然成为现实。

这时的世界和中国都站在了一个全新的发展阶段：全球经济增速减缓，贸易壁垒重新筑起，保护主义悄悄抬头，反全球化的倾向对多边贸易体制提出质疑。APEC 作为亚太地区级别最高、影响最大的区域性经济合作组织之一，如何应对挑战，举世瞩目。

为携手亚太区域内各方达成重建市场信心的目标，中国政府决定选择在上海举办 2001 年 APEC 会议，通过上海向世界展示中国改革开放的巨大成就和国际大都市的风采。2000 年 APEC 筹备工作全面启动，为了让宾客一下飞机就留下美好的第一印象，上海展开了中华人民共和国成立以来规模最大的一次市容整治活动，浦东更是在短短一年多时间里拆除了 32 万平方米的旧房，完成141幢楼房房顶的平改坡工程，市容景观更加亮丽，迎接APEC会议和世界各国领导人的到来。

2001年10月15日至21日，以“新世纪、新挑战：参与·合作·促进共同繁荣”为主题的第九次APEC会议在上海国际会议中心举行，其间举办了包括领导人会议、外交和贸易双部长会议等21场会议和活动，中外宾客达1.3万余人。这是当时中国承办的规模最大、规格最高的多边国际活动。10月21日当天，中国国家主席江泽民同美国总统布什、俄罗斯总统普京、智利总统拉戈斯、澳大利亚总统霍华德、墨西哥总统福克斯、印度尼西亚总统梅加瓦蒂、日本首相小泉纯一郎、加拿大总理克雷蒂安等身着具有浓郁中国风情的中式对襟立领休闲服——唐装，笑容满面地在上海科技馆球形广场合影，传递出东道主坚持亚太大家庭精神和命运共同体意识，顺应和平、发展、合作、共赢的时代潮流，共同致力于亚太繁荣进步，愿为人类福祉作出更大贡献的决心和信心。会议通过《亚太经合组织经济领导人宣言》《上海共识》《数字亚太经合组织战略》等文件，成功讲述了一

2001年上海APEC会议期间外滩浦江两岸大型烟花灯光秀

个令世界振奋的“全球化故事”。当晚的国际会议中心灯火辉煌，招待参加APEC 会议嘉宾的宴会进入高潮时，浦江两岸建筑物上的霓虹灯彩与激光光束齐飞，浦江上空巨大的“APEC”字样分外夺目，令中外来宾流连忘返，赞不绝口。世界重新认识了中国，也重新认识了上海，这也是浦东与世界的一次重要“握手”。

21 世纪首届 APEC 会议成功举办，让上海浦东的辐射力、影响力迅速提升，浦东的会展业首屈一指，立即呈现一路“走红”的态势，并带动了商业和旅游业的新腾飞。2002 年上半年，短短几个月时间内，在浦东召开的各类国际和国内会议就多达 407 次；同期浦东的旅游收入同比增长近三成，游客达 734 万人次；中国还在这一年里成功获得 2010 年上海世博会的主办权。在这之后，上海合作组织六国峰会、2007 年世界特殊奥林匹克运动会、2010 年上海世博会、2013 年全球 CEO 发展大会、2014 年亚信峰会、2014 年和 2016 年全球云计算大会（中国站）、2015 年全球跨媒体创新峰会、第九届全球健康促进大会、2019 年世界人工智能大会等一系列全球盛会相继举办，向世界充分展示上海国际大都市的风貌以及浦东开发开放的重大成就。据统计，浦东开发开放以来，共有来自亚洲、欧洲、非洲、南美洲、北美洲、大洋洲的 160 个国家（地区）和国际组织超过 430 位元首和政要到访浦东；浦东成为中国和上海走向世界的桥头堡。

随着浦东承办展会数量、专业展规模和展出面积不断增大，对展会举办场馆也提出了更高要求。正当国际会议中心成为全球“财富”的聚焦点时，在相隔数公里外的龙阳路，规模更大、设施设备更先进的上海新国际博览中心正在加紧建设中；开业后迅速成为全国最重要的展览中心之一。作为中外合资合营的第一家会展中心，新国际博览中心拥有 20 万平方米的室内展览面积和 10 万平方米的室外展览面积，并拥有 17 个单层无柱式展厅，每年举办 100 余场知名展览会。其中，中国唯一以高新技术装备为交易展示主体的国家级大型工业博览会——上海国际工业博览会（2006 年正式更名为中国国际工业博览会，简称“工博会”）、中国第一个被国际博览

在上海新国际博览中心举办的中国国际工业博览会

联盟（UFI）认可的汽车展览会——上海国际汽车工业展览会（简称“上海车展”）等，均长期落户上海新国际博览中心并连续在此举办，成为展示最新技术产品和先进理念的重要窗口，每年吸引巨大数量的专业和业余观众前往观展。

2010 年上海世博会成功举办后，随着世博场馆后续利用工作渐次展开，世博会主要场馆中位于浦东新区的世博中心被改建成国际会议中心、新闻中心等建筑。至此，由陆家嘴会展产业集聚区、新国际博览中心会展产业集聚区、世博会展产业集聚区构筑的会展业核心功能区域，让浦东不仅成为上海建设国际“会展之都”的重心与中心，同时也成为领航中国、领先亚太、世界一流的国际会展中心城市的重要承载区。■

总部经济的『浦东样本』

2006 年 4 月上海发布的第一张“总部经济地图”，圈定了包括浦东陆家嘴金融贸易区、张江高科技园区等在内的 16 家总部经济基地。一时间，总部经济“潮起申城、花开四处”。实际上，浦东新区从 2000 年开始，就着手研究制订专门政策，尝试大力引进、集聚跨国公司总部和研发中心。2002 年，《浦东新区鼓励跨国公司设立地区总部的暂行规定》在全市率先出台。

总部经济，是指国际化中心城市或中心城市的 CBD 地区通过创造高层次的投资环境，吸引跨国公司和大型企业集团总部入驻，形成企业总部的集群布局。总部经济的主体中，除了中外企业总部外，还包括投资中心、营运中心、跨国采购中心、研发中心、结算中心等。它通过一系列的管理创新、技术创新和体制创新，带动区域经济相关产业迅速发展，进而成为区域经济跨越式发展引擎的经济形态。

幸运的是，就在浦东出台鼓励跨国公司设立地区总部相关规定的第二年（2003 年），迎来了美国通用电气（GE）全球研究开发中心的落户。位

2003年10月，美国通用电气（GE）公司全球研发中心落户上海浦东

于张江高科技园区、总投资6400万美元的GE研发中心是通用电气的第三个全球研发中心（其另外两个研发中心分别是1900年建立的位于美国纽约州的全球研发中心以及印度的约翰·韦尔奇技术中心）。2003年10月23日，通用电气为上海的研发中心举行了隆重的开幕仪式，包括GE公司董事长兼CEO杰夫·伊梅尔特、3名董事会成员以及6位高级副总裁在内的公司高管出席开幕典礼。开幕典礼上，杰夫·伊梅尔特说："GE的未来发展取决于创新的能力，它将保证我们的产品和服务在全球范围内与竞争对手拉开距离。GE在中国的全球研发中心以及我们投入的所有研发力量将进一步推动我们全球业务的增长。"

GE全球研发中心占地面积47000平方米，成立伊始即拥有28个世界一流的实验室和超过500名员工（主要为科学家与工程师），其研究力量主要集中在电力、电子和实时控制、先进制造技术、医疗影像技术、材料技术等领域。该研发中心有三个主要功能：一是产品和技术的研究开发；二是为GE在中国的采购业务提供工程技术支持，与中国的供应商一起，在产品设计、生产流程及产品质量方面共同努力，以达到GE全球市场的要求；三是作为GE总部之外最大的培训发展中心，为公司的员工成长提供业务和领导力培训，为GE的客户提供技术和管理培训。在这之后不到五年的时间，2008 年 8 月 20 日，在原有的 GE 中国研发中心的基础上全面扩建的现代化综合办公园区——GE 中国科技园正式启动。在上海浦东承接国家战略，大力推进自由贸易试验区建设的重大背景下，GE 相继于 2014 年和 2016 年将全球运营亚太中心、航空智能制造创新中心设在浦东。作为一家拥有百余年历史、集多元化贸易和服务的世界级 500 强企业，通用电气与上海浦东的“世纪之缘”，成为浦东总部经济发展的一个生动案例。

浦东这块热土以其得天独厚的地域优势、先行先试的政策优势、综合配套的经济优势和人才优势，如巨大磁场般吸引了全球具有敏锐目光和战略头脑的投资者。“选择浦东，选择成功”也成为跨国公司落户浦东的最好解释。就在 GE（中国）研发中心成立的同年（2003 年）12 月 17 日，“新区第 10000 家外商投资企业颁证仪式”在世纪公园的“海纳百川”会议中心举行。落户浦东的第 10000 家外资企业——德尔福中国科技研发中心获得了由时任上海市副市长，浦东新区区委书记、区长姜斯宪颁发的证书，并于 2004 年 7 月在外高桥保税区正式奠基，成为这家世界 500 强跨国企业在亚太区兴建的第五个全球级研发中心。在德尔福汽车系统副总裁盖伊·哈奇看来，一片新的土地能在 13 年的时间吸引一万家外资企业落户，全世界也没有几个地方能做得到，因此将它称为“浦东与德尔福共同的里程碑”。

通用汽车（GM）全球总部和通用中国总部聚集金桥则是另一段佳话。2008 年 3 月，通用汽车投资 2.5 亿美元，在金桥开建占地 12 万平方米的通用园区，当时规划为通用汽车亚太区总部、中国总部以及前瞻技术科研中心。受全球金融危机影响，美国通用汽车在当时正陷入空前的困境。然而令人惊异的是，设在上海浦东的通用中国，业绩却飞速提升，2009 年全年营业额达到 500 亿元人民币。是年，通用汽车决定将上海浦东的亚太区总部升级为通用汽车国际运营总部，管理通用汽车除北美外所有国家的正常业务运营，覆盖从研发、生产到售后服务的各个环节；除北美通用总部以外，其他 130 个国家的营运业务全部移师浦东。美国前总统乔治·布什在浦东的通用汽车生产线旁曾经风趣地说："如果我再年轻一点，我一定来浦东投资。"

落户在浦东的企业总部，既有外企、跨国公司总部，也有央企总部和民营企业总部。早在浦东开发之初，一批中央企业就响应国家战略，率先入驻浦东。20 世纪 90 年代，先后有 83 家中央企业进驻浦东。进入 21 世纪后，中央企业加快转型升级，纷纷在上海、在浦东设立区域性总部、研发运营中心。截至 2012 年 3 月，在沪央企中，共有 500 多家落户浦东、资产总额突破 4 万亿元。随着中国商飞、宝武集团、中化集团等一批央企总部落户原世博园区所在地，推动"后世博"时代的浦东形成新的总部经济集聚区。民营企业总部依托浦东走向世界、拓展海外市场并成长为"本土跨国公司"的例子也不胜枚举。其中，位列中国民营企业百强的东方希望

原世博园区 B 片区崛起的央企总部楼群

集团，目前已有超过 150 家子公司，并逐步在新加坡、越南、印尼、柬埔寨等国家开展海外布局；欧普照明的产品和服务已遍及全球 50 个国家和地区。

截至 2019 年底，浦东已集聚跨国公司地区总部 332 家，接近全市总量的“半壁江山”。总部经济已成为浦东高质量发展的重要标志——数百个“浦东样本”，折射出浦东已经成为集聚度高、溢出效应好、创新成果丰富的开放创新高地。2019 年 2 月 20 日，第五届浦东总部经济十大经典样本颁奖典礼在上海国际会议中心举行。会上，浦东为第 300 家落户新区的跨国公司地区总部——奇华顿管理咨询（上海）有限公司颁发了证书。从 2015 年至今，浦东总部经济经典样本评选活动已成功举办五届，从“总部企业社会责任”“技术协同创新”“本土跨国公司发展壮大”“配置全球资源”等多个维度，再现了“国际视野和自身特色相结合”的浦东总部经济发展之路。■

在新区揭牌

央行上海总部

长期居住在浦东的市民们一定还对1995年中国人民银行上海分行率先迁来浦东时的场景记忆犹新。如今，这只“领头羊”升级成为国家级的总部机构——中国人民银行上海总部。从“上海分行”到“上海总部”，看似只改了两个字，其实是一次重大改革和历史性飞跃。2005年8月10日，中国人民银行上海总部揭牌仪式在浦江东岸的陆家嘴举行。

为何成立中国人民银行上海总部？上海总部又将给处于变革中的中国金融业带来什么变化？在成立上海总部之前，时任中国人民银行行长周小川指示上海分行和总行有关司局对纽约联邦储备银行（简称“纽联储”）的职能与组织架构进行了认真研究。在借鉴纽联储有益经验的基础上，结合我国国情，总行研究提出了上海总部的组建方案，报中央批准后付诸实施。由此可见，上海总部是经过多方精心研究、科学决策的结果。

中国人民银行上海总部主要以中国人民银行原上海分行为基础进行组建，作为总行的有机组成部分，在总行的领导和授权下开展工作，主要承担部分中央银行业务的具体操作职责，同时履行一定的管理职能。对于正在全力推进国际金融中心建设的上海来说，中国人民银行上海总部的成立和挂牌无疑是一场“及时雨”。这是中央对上海作为国内金融中心地位的进一步肯定。

中国人民银行上海总部的设立与国际金融中心的发展存在着互动关系。央行成立上海总部，是看中上海拥有全国最完备的金融体系和市场。上海已形成外汇市场、证券市场、期货市场、银行间拆借市场、银行间债券市场、黄金市场等具有全国影响力的金融市场。这些市场是金融机构、企业和个人管理资金、进行投资交易的重要场所，也是中央银行开展市场操作、实施金融宏观调控的基本平台。周小川用“应运而生”来形容上海总部的成立，指出这是新形势下进一步完善我国中央银行体制、更好地发挥中央

坐落于浦东陆家嘴地区的中国人民银行上海总部

银行在宏观调控中作用的制度性安排。

新成立的中国人民银行上海总部在承担原上海分行业务的基础上，由总行授权履行部分中央银行业务操作和管理职能。这些新职能可简单概括为“两个平台、一个窗口、一个中心”，即：总行公开市场操作的平台，金融市场运行监测的平台；对外交往的重要窗口；部分金融服务和研究开发业务的中心。原上海分行仅履行属地职能，上海总部则既履行属地职能也履行部分全国性职能，这是上海总部与原上海分行以及人民银行其他分支行之间最显著的区别。相应地，在服务范围上也有重大飞跃。原上海分行主要服务上海及浙江、福建的经济金融业，管理两省一市的人民银行分支机构；而上海总部除此之外，还要服务总行和人民银行其他在沪机构，监测管理有关金融市场。上海总部的设立将使中央银行从金融市场一线获取信息更加便利，从而能够更加及时、有效地进行业务操作和动态微调，提高金融宏观调控效率。

中国人民银行上海总部在金融机构聚集上发挥示范效应最为明显。四大国有商业银行和国家开发银行等大型金融机构在上海浦东相继设立总部或票据中心等功能性机构。其中 2012 年 3 月，中国银行上海人民币交易业务总部成立。该交易业务总部作为中国银行“第二总部”，在人民币债券自营交易、货币市场交易等领域与中国银行总行有同等管理权限，为海内外金融机构搭建起人民币交易的重要平台。2014 年 11 月，中国农业银行上海管理部正式挂牌，积极开展区域金融政策、竞争环境和业务策略研究，推动跨市场、跨部门、跨机构的联合营销，重大项目的开发和新业务领域的拓展，成为农行落实中央关于加快上海国际金融中心建设的重要举措。2016 年 3 月，国家开发银行上海业务总部在上海揭牌成立。该业务总部通过整合研发、资金、船舶融资以及传统信贷业务，支持上海科技创新中心建设和“四个中心”建设，积极为“长江经济带”发展和“一带一路”建设提供媒介服务与一揽子金融服务。此外，2015 年 7 月，金砖国家新开发银行在上海开业运营，成为第一家总部设在上海的国际金融组织。2019 年

5月，随着法国巴黎资产管理公司等10家境外知名资管公司入驻陆家嘴金融城，已经有51家国际知名的管理机构在陆家嘴金融城设立了71家外商独资资产管理公司，其中全球排名前10的资产管理机构已经有9家落户陆家嘴。

与此同时，在金融市场发展与开放方面，上海总部不仅大力支持中国金融期货交易所（简称中金所）在沪成立、建设现代化金融衍生品交易中心，还引入境外机构参与银行间同业拆借、债券、外汇、黄金等市场，推动境外政府及企业在银行间债券市场发行“熊猫债”，配合推动“黄金国际板”“债券通”成功运行，推动金融要素市场的集聚和完善。在人民币国际化方面，不断扩大人民币跨境使用，推动跨境人民币清算网络、支付体系建设，目前上海已成为全球最为重要的人民币投资、交易和结算中心。在服务长三角一体化方面，上海总部于2007年牵头建立了长三角金融合作机制，在信贷、金融市场、金融稳定、金融服务及外汇管理等方面发挥上海金融中心的辐射作用。在支持上海自贸试验区建设方面，上海总部印发了

2009年7月，跨境贸易人民币结算试点启动仪式在沪举行

近 20 个自贸试验区金融改革实施细则，支持上海率先在全国开展跨境人民币业务、国际贸易结算中心外汇管理等试点。这些先行先试举措为全国金融改革积累了重要经验。

2019 年，在市委、市政府印发《关于支持浦东新区改革开放再出发 实现新时代高质量发展的若干意见》后不久，中国人民银行上海总部与浦东新区共同研究制定《关于金融支持浦东新区改革开放再出发 实现新时代高质量发展的指导意见》，紧紧围绕习近平总书记交给上海的三项新的重大任务（增设上海自由贸易试验区新片区、在上海证券交易所设立科创板并试点注册制、实施长江三角洲区域一体化发展国家战略），从支持开放举措率先落地、降低企业融资成本、支持建设具有国际竞争力的产业新高地、支持发展总部经济、优化金融发展环境以及防范和化解金融风险等五个方面提出指导意见。在改革开放再出发的新时代，中国人民银行上海总部这只“领头羊”正继续引领着上海浦东集聚全球金融机构、努力融入全球定价体系，也推动着上海金融业改革发展迈出强有力的步伐，为提升国家综合竞争力添砖加瓦。

风云际会的『陆家嘴论坛』

进入21世纪后，全球经济金融环境发生着深刻而复杂的变化：一方面，经济全球化持续发展，为世界各国提供了难得的发展机遇；但另一方面，全球经济金融发展不平衡问题依然突出。2008年，次贷危机从美国华尔街迅速蔓延至全球。在这样风云际会的特殊时点上，选择陆家嘴作为国际金融论坛举办地，等于是向全世界宣布：陆家嘴意欲打造国际级金融品牌，成为上海国际金融中心建设的新平 台。

陆家嘴是目前中国唯一以“金融贸易”命名的国家级开发区。陆家嘴金融城是中外金融机构以及证券期货等全国性金融市场聚集地，是上海国际金融中心的核心功能区。核心功能区金融业的发展规模和水平，将直接影响到上海国际金融中心建设的进程。2007年5月，浦东新区在制订金融核心功能区发展五年规划时就意识到，与纽约、伦敦、法兰克福、东京、香港、新加坡等国际金融中心相比，浦东金融核心功能区的发展仍然处于初级阶段，金融法制建设、金融信息环境、金融人才培育、金融发展的推进机制还需要改进和完善。在中国金融市场规模迅速扩大和中国经济金融

金融机构和要素市场集聚的陆家嘴金融贸易区

对世界的影响日益增强的背景下，一个金融中心一定要有它的标志、要有它的品牌，这样才能进一步彰显上海国际金融中心的影响力。举办“陆家嘴论坛”这样一个金融领域的专业性论坛，目的就是要加强中国与世界金融体系的双向融合，深化中国金融改革，促进上海国际金融中心建设，提升中国在国际金融市场的地位。

然而，这个响当当的名字的确定却“一波三折”——据时任上海市委常委、常务副市长屠光绍回忆说，当时取名叫“陆家嘴论坛”时，很多人持不同意见，认为“陆家嘴”三个字外国人发音不是很顺，甚至建议叫“黄浦江论坛”或“浦东论坛”。但后来坚持叫“陆家嘴论坛”，叫多了大家自然就接受了。

2008年5月9日至10日，以“世界格局中的中国金融”为主题的首届陆家嘴论坛成功举行。来自国内外的专家学者和银行家们围绕着陆家嘴金融区的建设展开讨论。在次贷危机蔓延全球的背景下，这次论坛的举办将各国政府领导人、金融界领袖和知名专家学者的目光吸引到了中国上海，吸引到了浦东陆家嘴，希望为共同探讨全球经济金融发展大事搭建平台，促进与深化金融领域的全球对话与合作。在首届陆家嘴论坛上，时任中共中央政治局委员、国务院副总理王岐山在主题演讲中指出，当今的中国金融业更具活力、更加开放，正在成为世界金融格局中的新生力量；但是，探索中国特色的金融发展道路仍是一项长期、复杂、艰巨的任务，需要有克服困难的勇气、智慧和坚韧不拔的决心，扎扎实实做好各项金融工作。他强调：在各方面共同努力下，建设上海国际金融中心这一宏伟蓝图终将逐步变为现实。

在这之后，陆家嘴论坛每年举办一次，围绕全球金融发展进程的重大形势以及中国经济金融改革、上海金融中心建设进程，每次确定一个主题，如“全球化时代的金融发展与经济增长”“后危机时代的经济结构调整与金融变革”“新时期的金融体系及其宏观管理”“金融治理改革与实体经济发展”“新常态下的金融改革与扩大开放”“全球经济增长的挑战与金融变革”“全球视野下的金融改革与稳健发展”……透过陆家嘴论坛十余年间主

2008 年 5 月，首届陆家嘴论坛举行

题的变化，既能透视全球金融发展形势，也揭示和见证了上海浦东在建设国际金融中心承载区进程中的成长和进步。2009 年，浦东金融业实现增加值仅 708 亿元，占新区生产总值的 17.7%，拥有各类金融机构仅 603 家；到 2017 年，浦东金融业实现增加值达 2699 亿元，接近 2009 年的 4 倍，占新区生产总值的 28%，拥有各类金融机构超过 1 万家，接近 2009 年的 17 倍。“陆家嘴论坛”见证了浦东金融业的历史性跨越。如今，“陆家嘴论坛”这一由中国人民银行、国家金融监管部门和上海市人民政府共同主办的金融领域专业性论坛，更是成为了上海的一张靓丽名片。

2019 年 6 月 13 日至 14 日，第十一届陆家嘴论坛举行。这次论坛的主题是“加快国际金融中心建设，推动经济高质量发展”。中共中央政治局委员、国务院副总理刘鹤出席开幕式并发表主旨演讲；中共中央政治局委员、上海市委书记李强出席开幕式并致辞。本届论坛规模超过 400 人，设有八场全体大会，议题涵盖了当前经济、金融领域的热点问题，包括“加快国际金融中心建设，推动经济高质量发展”“支持民营企业与中小微企业发展——普惠金融主战场”“城市、科技与金融”等；“浦江夜话”的主题则

“2015 陆家嘴论坛”以“新常态下的金融改革与扩大开放”为主题

是：“全面提升资源配置能力——上海国际金融中心的核心竞争力”。在演讲嘉宾名单中，能看到那些金融界“大咖”们熟悉的名字——金砖国家新开发银行行长卡马特，匈牙利国民银行行长马托奇，英国伦敦金融城副市长拉塞尔，中国金融学会会长、中国人民银行前行长周小川，2018 年诺贝尔经济学奖获得者、纽约大学经济学教授保罗·罗默，等等。

“2019 陆家嘴论坛”的特殊意义，更在于它见证了一个重要历史性时刻——上海证券交易所科创板开板。这是中共中央总书记、国家主席、中央军委主席习近平在首届中国国际进口博览会开幕式上的主旨演讲中，交给上海三项新的重要任务之一。作为全面深化资本市场改革的重要突破口，在上海证交所设立科创板并试点注册制承担着重要使命，就是要进一步畅通科技、资本和实体经济的循环机制，支持有发展潜力、市场认可度高的科创企业发展壮大，加速科技成果向现实生产力转化，在引领经济发展向创新驱动转型中彰显上海作为国际金融中心和具有全球影响力的科技创新中心的功能作用。除科创板“落槌”外，中国银保监会、证监会、外管局、央行等还相继公布了一揽子重磅举措，中银金融科技公司等多家大型金融机构在沪“落子”，不断释放出中国金融改革开放的强大信号——无论全球金融形势如何风云变幻，通过“陆家嘴论坛”这个平台，中国、上海和浦东持续向外界传递着“信心”和“开放”这两个“关键词”。

新征程

新浦东的“二次创业”

如果把时间调回到 20 世纪 90 年代浦东开发开放以前，黄浦江东岸的这片区域还没有一个统一的行政区划。1992 年成立的浦东新区，由当时的川沙县全部，杨浦区、黄浦区、南市区的浦东部分和上海县的三林乡组成，标志着“浦东”作为一个特定行政区域，从此进入一个崭新的历史发展时期。2003 年，浦东改革与发展研究院曾经提出过一项“大浦东”概念，其范围“从上海市北翼的宝山区开始，经浦东新区—南汇—奉贤至杭州湾的金山区的沿海地带”，只不过当时论述的“大浦东”并不是行政区划，而只是一个经济区域概念。

2009 年 4 月 14 日，国务院下发《关于推进上海加快发展现代服务业和先进制造业 建设国际金融中心和国际航运中心的意见》(国发〔2009〕19 号)，明确提出上海国际金融中心和国际航运中心建设的总体目标，即：到 2020 年，将上海基本建成与我国经济实力和人民币国际地位相适应的国际金融中心、具有全球航运资源配置能力的国际航运中心。与此同时，《意

浦东新区政区演变图

（1993–2009年）

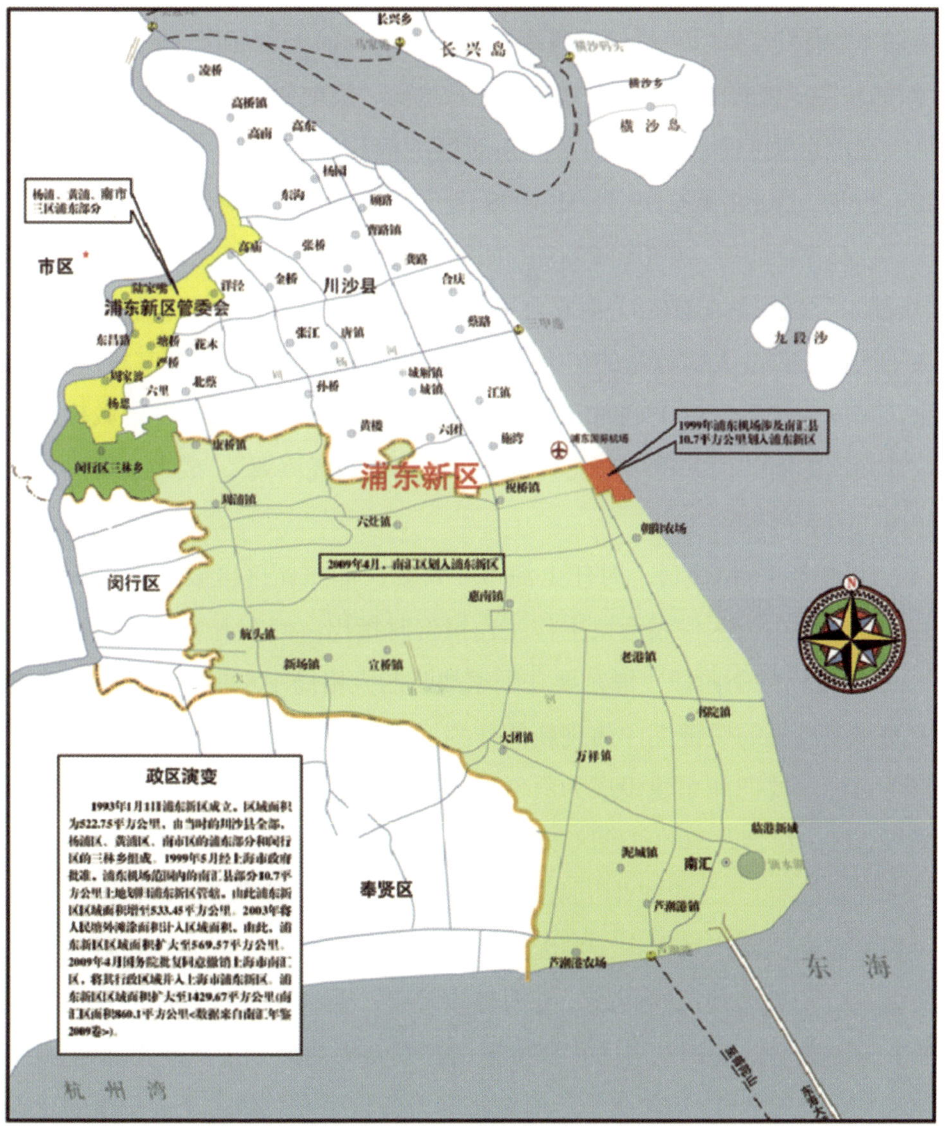

政区演变

1993年1月1日浦东新区成立。区域面积为522.75平方公里，由当时的川沙县全部、杨浦区、黄浦区、南市区的浦东部分和闵行区的三林乡组成。1999年5月经上海市政府批准，浦东机场范围内的南汇县部分10.7平方公里土地划归浦东新区管辖。由此浦东新区区域面积增至533.45平方公里。2003年将人民塘外滩涂面积计入区域面积。由此，浦东新区区域面积扩大至569.57平方公里。2009年4月国务院批复同意撤销上海市南汇区，将其行政区域并入上海市浦东新区。浦东新区区域面积扩大至1429.67平方公里(南汇区面积860.1平方公里<数据来自南汇年鉴2009卷>)。

见》还为上海加快发展现代服务业和先进制造业，努力推进上海率先实现产业结构优化和升级，率先实现经济发展方式的转变明确了方向。就在同月 24 日，国务院下发《关于同意上海市调整部分行政区划的批复》（国函〔2009〕52 号），指出“同意撤销上海市南汇区，将其行政区域并入上海市浦东新区”。前后两份“重量级”文件的发文时间仅相隔 10 天，凸显出“新浦东”承载着国家战略整体功能提升这份“沉甸甸”的责任和使命。

南汇区划归浦东新区前，浦东新区的面积为 532.75 平方公里、人口 194.29 万，2008 年 GDP 为 3150.99 亿元；南汇区的面积为 677.66 平方公里、人口 74.31 万，2008 年 GDP 为 548.03 亿元；南汇划归浦东新区后的“新浦东”面积达 1210.41 平方公里、人口 268.6 万。成立“新浦东”不仅在于区域面积及人口数量的扩大——它不仅拥有着陆家嘴、外高桥、金桥、张江等国家级开发区，同时又增加了洋山保税港区、上海临港新城等正在快速发展的新的国家重要产业集聚区，可谓“如虎添翼”，成为上海浦东再次腾飞的难得机遇。

2009 年 7 月 22 日，时任上海市委常委、浦东新区区委书记徐麟在中共上海市浦东新区代表会议上作工作报告时指出，浦东开发开放已经进入“二次创业”的新阶段，浦东要在国家战略的大格局中承担新的使命，要在上海转型发展的关键期中体现新的作为，必须确立新的更高的战略定位和奋斗目标，要把浦东建设成为科学发展的示范区、上海“四个中心”建设的核心区、综合改革的试验区以及开放和谐的生态区。

从那以后，“二次创业”成为了浦东在两区合并背景下的新课题——通过努力破除阻碍市场发挥资源配置决定性作用的瓶颈，努力破除阻碍土地资源高效和集约利用的瓶颈，努力破除阻碍产业结构调整和优化升级的瓶颈、努力破除阻碍调动各方积极性形成开发合力的瓶颈，从而实现到 2020 年浦东开发开放 30 周年之际，浦东新区力争将生产总值占上海全市的比重从目前的四分之一以上提高到三分之一以上的目标。

2010 年 4 月，在浦东开发开放 20 周年纪念日前夕，“新浦东”立足两区合并后的大格局，着眼在全区范围优化生产力布局，适时提出了“7+1”的新构想。具体而言，“7”是指上海综合保税区（包括外高桥保税区、洋山保税港区和浦东机场综合保税区）、上海临港产业区、陆家嘴金融贸易区、张江高科技园区、金桥出口加工区（含金桥与南汇工业园区、空港工业园区）、临港主城区、国际旅游度假区（以迪士尼主题乐园项目为核心，包括三甲港海滨旅游度假区和临港滨海旅游度假区等）7 大板块；加“1”，就是后世博板块（含世博园区浦东部分、后滩和原环球地块）。“7+1”的生产力布局，是两区合并后，在“大浦东”格局下资源整合共享、要素优化配置的需要，突出了功能导向、产业结构调整及核心功能区的建设。在产业能级上，包括现代服务业、先进制造业，符合产业升级的要求；在发展动力上，包括科技驱动、创新驱动，符合率先转变方式的要求；在功能上，更加突出区域核心竞争力。“7+1”的生产力布局，回答的是浦东如何更好承载国家战略的重大问题；“7+1”板块的生产力布局将成为未来浦东主要增长极。

上汽临港基地瞄准国际一流，推进产业升级。图为该基地内的车身机器人

在这之后，经过一段时间的实践，浦东又提出“4+3+1”重点区域的布局——“4”是指陆家嘴、外高桥、金桥、张江等先发效应地区，重点是促转型、强功能；“3”是指南汇新城地区、国际旅游度假区、世博地区 3 个新拓展区域，重点是出形象、出功能；“1”是指祝桥地区，区域面积 154.6 平方公里，拥有着中国商用飞机总装基地和浦东国际机场。

无论是从“7+1”还是从“4+3+1”来看，几乎都包含了上海建设经济、金融、贸易、航运中心的“主战场”以及推进自主创新、打造科技高地的“主阵地”。这就预示着两区合并后的新浦东，必将成为上海承载国家战略目标建设的核心区；同时，这也预示着这片 1200 多平方公里的土地将成为制度创新、管理创新的先行先试平台，成为效率最高、活力最大的一片改革发展试验田。

实践证明，南汇区划归浦东新区这一重大决策的深远意义，不仅仅在于区界之扩。在宏观经济环境和经济转型双重压力下，“新浦东”的经济仍继续保持快速增长，并不断实现新突破。数据显示，2009 年浦东新区地区生产总值为 4001 亿元。到 2012 年，这一数字攀升至近 6000 亿元，保持了年均 10% 以上的增幅，其中第三产业增加值占地区生产总值的比重达到 60%。到了 2018 年，浦东新区地区生产总值首破万亿元大关，这一数字已接近全市生产总值的三分之一；同时规模以上工业总产值超过 1 万亿元、外贸进出口总额超过 2 万亿元。

“新浦东”成立后，行政管理体制改革顺利实施，经济发展保持良好势头，综合配套改革亮点频现，世博配套服务周密严谨，国家战略资源的“整合聚焦”效应、核心竞争力的“调整优化”效应、改革开放的“创新攻坚”效应、城乡二元结构的“加速破解”效应、行政区划调整的“先行先试”效应得到了充分彰显，可以说是交出了一份优秀的“答卷”。■

『区港联动』绘就『黄金岸线』

2003 年 12 月，在全国各地纷纷建起保税区之时，国务院特批上海外高桥保税物流园区为全国第一家保税物流园区；它位于距离外高桥保税区 3 公里、毗邻外高桥港区的区域。次年 4 月，园区通过海关总署联合验收小组验收，被赋予了国际中转、国际采购、国际配送、国际转口的四大功能；2006 年底，园区基本建成。它以管理创新、功能创新、技术创新为动力，以优化营运环境为目标，构筑起航运、港口、物流园区联动发展的新框架。

2005 年 12 月，当人们把目光聚焦在上海建设国际航运中心的核心工程——洋山深水港开港之时，洋山保税港区也同时正式启用。它是我国第一个保税港区，也是实行港口和保税区、出口加工区、保税物流园区功能合一运作模式的创新区，依托洋山集装箱深水枢纽港区的独特区位优势，积极开拓国际采购、配送、转口贸易和出口加工等功能。2008 年 7 月，时任中共中央政治局常委、国务院总理温家宝在视察洋山深水港时，要求上海“着力打造航运服务资源集聚中心”。洋山港被国务院赋予了探索建设国

全国首家实施“区港联动”试点的物流园区——外高桥保税物流园区

际航运发展综合试验区的重要使命。

2009年7月，就在南汇区划归浦东新区成立“新浦东”之后数月间，上海浦东机场综合保税区也经国务院批准成立，并于2010年4月顺利通过了国家十部委联合验收组的正式验收、9月正式启动。浦东机场综合保税区叠加了保税区、出口加工区和保税物流园区三种特殊监管区域的所有功能政策，有利于充分发挥浦东国际机场亚太航空复合枢纽港优势，逐步形成空运亚太分拨中心、融资租赁、快件转运中心、高端消费品保税展销等临空功能服务产业链。

至此，在“新浦东”这片1200多平方公里的土地上，已经同时拥有综合保税区、保税港区、保税区、保税物流园区、出口加工区等五类重要的海关特殊监管区，成为全国海关特殊监管区域类型最丰富、功能最完善的区域，要素禀赋优势独一无二。如果从北向南俯瞰上海的东部岸线，从外高桥港，到浦东航空枢纽港，再到洋山深水港，一条长100多公里、纵深10到20公里的沿海现代产业带正在形成。在这条世界罕见的黄金岸线上，

2010 年 9 月，上海浦东机场综合保税区正式启动

集聚了在世界上名列前茅的集装箱港和航空港，囊括了外高桥保税区、洋山保税港区、浦东机场综合保税区等经济贸易区域和对外开放窗口。如果把这三个点连成弧线并向内形成扇面，人们很容易发现它正是以上海这个中国的经济、金融、贸易、航运中心作为依托，同时又向着长三角地区乃至更广阔的腹地辐射，得天独厚优势必然带来经济发展的巨大潜力。“三港三区”联动发展势在必行。2009 年 11 月，融外高桥保税区（含外高桥保税物流园区）、浦东机场综合保税区、洋山保税港区于一体的上海综合保税区正式成立，标志着“三港三区”联动发展、统一管理，由设想转入实质启动。标志着由“三港三区”共同描绘出的黄金岸线上，将加快形成功能创新、政策叠加和联动发展的宏大格局。

上海综合保税区自成立伊始，“三港三区”联动效应就发挥了它的力量。以洋山港保税区为例，仅 2010 年上半年，这片区域引来的物流业投资就高达 18 亿元；新增 69 家企业入驻，超过 2009 年的总和；口岸的进出口额较

洋山进口食品贸易展示中心

2009 年同期也增长了 50% 以上。2010 年 3 月，上海综合保税区推出的首个功能性拓展项目——洋山保税港区进口保税汽车展厅揭牌，集保税展示、交易、分拨、提货功能于一体，实现展示、贸易和物流的联动发展。此后数年间，洋山保税港区进口食品贸易展厅、进口轻奢品牌集合展厅等服务平台也相继投入运营。2010 年，在上海综合保税区还开展了国际贸易结算中心外汇管理试点，允许企业通过设立专用账户，以合同或商业单据作为外汇支付凭证。从当年年底开始，上海海关正式颁布实施《上海浦东机场综合保税区监管实施方案》，逐步在机场综保区推出“区港联动、一次备案、集中报关、联网核销”的监管模式，实现“园区监管信息化、区港联动直通化、口岸通关无纸化、物流监控智能化”。与此同时，在“黄金岸线”北端的外高桥，以“营运中心”为主要抓手的产业发展逐步融合贸易、金融、物流，并逐渐推出“上海外高桥保税区国际贸易商计划”，能级不断提升。

与此同时，在上海综保区内诞生出了多个“国内首例”，“先行先试”优势效应明显，为上海“四个中心”建设起到了重要推动作用。2010 年 3 月，上海集拼仓储物流有限公司在洋山保税港区启动了水水中转集拼的业务运作。同年，在上海综合保税区内启动首批单机单船融资项目公司试点，打破了长期被境外机构垄断飞机、船舶等高端航运金融服务市场的局面。2012 年 3 月，中国洋山港“保税船舶登记”启动；7 月，上海海事局对船名为“冠海朝阳”的船舶进行“中国洋山港”登记试点，标志着中国洋山港“保税船舶登记”制度取得新突破。同年，还在洋山港启动国际中转集拼业务、启运港退税试点等，进一步提升了上海国际航运中心的能级。通过洋山保税港区、外高桥保税区、浦东机场综合保税区“三港三区”的联动，推动上海综合保税区亚太采购配送中心、总部经济、专业化贸易平台、租赁产业特别功能区和空运亚太分拨中心等功能集聚形成，也让国际贸易中心和国际航运中心这两大国家战略的一系列重大实践在上海浦东的这条“黄金岸线”上交融、汇聚。自 2010 年起，上海集装箱吞吐量连续九年排名世界第一；到 2018 年更是突破 4200 万标准箱，其中浦东的贡献率超过 90%；2018 年口岸货物进出口总额 1.29 万亿美元，跃居世界城市首位；货邮和航空旅客吞吐量分别位居世界第三、第四。良好的集聚效应，吸引了波罗的海国际航运公会（BIMCO）将 2016 年、2019 年的两次全球会员大会安排在上海浦东举行，并在浦东设立 SmartCon 亚洲发展与支持中心，这在 BIMCO 百年历史上都是没有先例的。

2013 年 3 月，中共中央政治局常委、国务院总理李克强在江苏、上海调研期间，鼓励支持上海积极探索，在现有综合保税区基础上，研究如何试点先行，在 28 平方公里内，建立一个自由贸易试验区，进一步扩大开放，推动完善开放型经济体制机制。2013 年 9 月 29 日，中国（上海）自由贸易试验区在浦东新区挂牌成立，覆盖范围包括上海市外高桥保税区、外高桥保税物流园区、洋山保税港区和上海浦东机场综合保税区 4 个海关特殊监管区域，总面积为 28.78 平方公里，恰好涵盖了上海综合保税区的全部范围。若以东海之滨、江海交汇处的这条“黄金岸线”观之，从保税区、保税物流园区、保税港区、综合保税区，再到自贸试验区，“区港联动”走出了一条不断深化改革、扩大开放的转型升级之路。

临港地区的产业发展新动能

在上海版图的东南端，长江口和杭州湾交汇处，曾经是一片“潮涨为海、潮落为泽”的茫茫滩涂。2002 年国务院批准洋山深水港区一期工程可行性研究报告和开工报告后，2003 年，上海市委、市政府站在上海发展全局高度作出了“开发临港”的重大决策，通过实施“港为城用，城以港兴”的临港发展战略，打造以现代装备制造业为核心的产业基地，建设一座现代化综合性滨海新城。

2007 年 8 月，时任上海市委书记习近平来到当时的南汇区调研，在上海电气临港重型装备制造基地、滴水湖和物流园区察看了规划模型、上海电气重装专用码头、曲轴生产车间，并听取了临港新城和重型装备制造基地建设情况汇报。习近平指出，随着上海国际航运中心加快建设，洋山深水港、临港新城等一批重大项目的加速推进，南汇已经成为上海海洋经济发展的前沿阵地；要把握机遇，服务大局，全力以赴推进临港新城建设；要乘势而为，努力建设上海装备制造业高地，坚持高起点、高质量地推进重装备产业区开发建设。

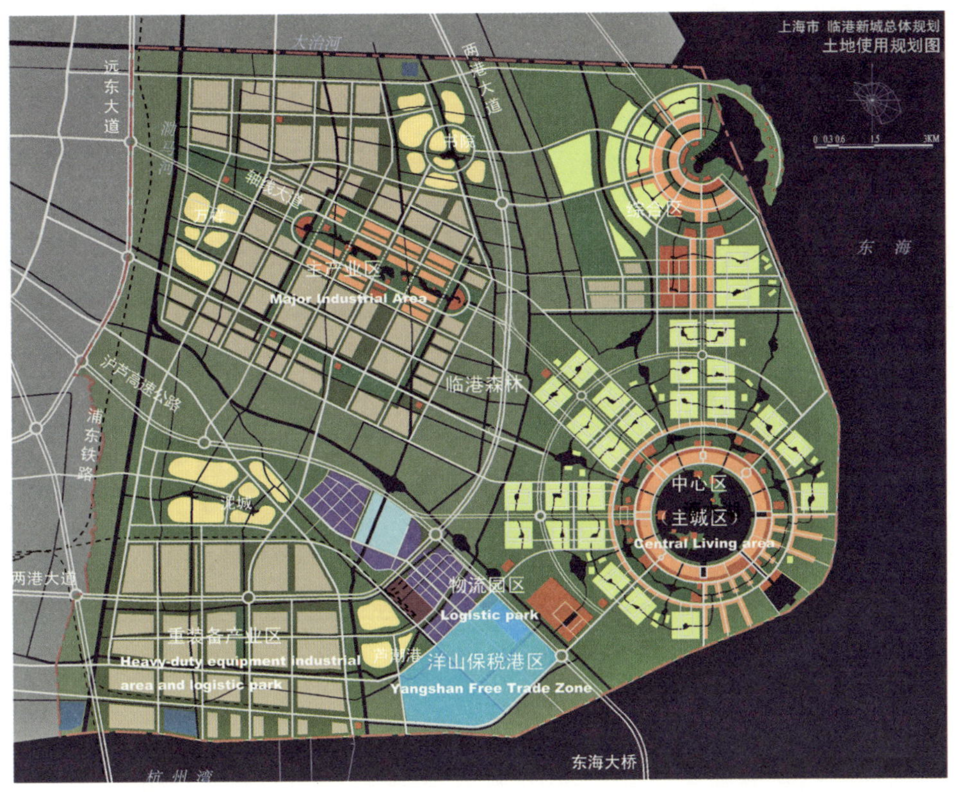

临港新城土地使用规划图

2009年南汇并入浦东新区后，临港地区被纳入浦东“7+1”生产力布局的重要组成部分，临港进入了由基础设施开发建设向功能性开发建设转换的新阶段。2010年，临港产业区获得国家工信部“国家新型工业化产业示范基地”（装备产业、航空产业）两块授牌。到2012年，临港地区已初步形成新能源装备、汽车整车及零部件、船舶关键件、海洋工程设备、民用航空配套和战略性新兴产业的格局；中船集团、中国商飞发动机、上海电气、上汽集团、卡特彼勒、敦豪国际（DHL）、徐工机械、三一重工等一大批国内外著名产业集团和物流企业入驻。同时，随着上海海事大学、上海海洋大学、上海中学东校、中国航海博物馆等一批功能性标志性项目陆续竣工并投入使用，以滴水湖为中心的“一湖三环”城市核心功能布局也基本建成。

2010 年 7 月，我国自主研发的 3.6 MW 大型海上风力发电机组在上海电气临港重装备基地下线

2012 年初，时任上海市委书记俞正声在调研临港时指出，临港地区是上海未来发展的重点，我们要看清形势、抓住机遇，加快速度开发，加大力度推进，使临港的开发建设成为提振发展信心的亮点。2012 年 9 月 12 日，市委印发《关于在临港地区建立特别机制和实行特殊政策的意见》(即“双特”政策)，指出临港地区改革的重要目的是实现“两聚一强化”，即“集聚高端制造业、集聚创新创业人才、强化产城融合”。从具体内容看，包括“8 项特别机制”和“24 项特殊政策”——“8 项特别机制”包括了“统一管理、就地结办”“收入留用、市区扶持”“规划滚动修编、加强产城联动”等内容；“24 项特殊政策”则包括加大财政、土地、产业集聚、人才吸引和集聚、服务配套等政策支持力度；体现出“临港事临港办，临港钱临港用”鲜明特点。此后不久，由上海临港产业区管委会和南汇新城管委会合并而成的临港地区开发建设管理委员会成立；临港“双特”30 条配套政策对外公布；《上海市临港地区管理办法》也于次年正式施行。

“双特”政策不仅吸引了包括 C919 大型客机关键部件装配线 ARITEX 项目、瑞丰高端 LED 光源研制项目、蒂森克虏伯曼隆绿色电梯总成及研制项目等一大批项目加快落户临港，更是打开了临港未来发展空间。在 2013 年 7 月举行的浦东新区区委三届四次全会明确要求陆家嘴、外高桥、金桥、张江四大开发公司“挥师南下，决战临港”。而在此时，金桥集团已经率先参与临港建设，完成临港综合区规划布局、空间结构等规划；外高桥集团与临港在开发、贸易方面早有联动；张江集团、陆家嘴集团也在积极筹划同临港的对接和发展。2014 年 3 月，中国（上海）自由贸易试验区管委会总部也迁至位于临港的办公新址——港城大厦。随着临港地区产业功能集聚的不断深化，同年 12 月，临港揭牌成立“上海国际服务贸易总部示范基地”，成为“自贸平台、临港服务、亚太总部”模式的一项探索。

2014 年 5 月，中共中央总书记、国家主席、中央军委主席习近平在上海考察时强调，上海要努力在推进科技创新、实施创新驱动发展战略方面走在全国前头、走在世界前列，加快向具有全球影响力的科技创新中心进军。2015 年 5 月，在市委、市政府印发的《关于加快建设具有全球影响力的科技创新中心的意见》中，临港被列为科技创新集聚的重点区域之一。2016 年 6 月，时任上海市委书记韩正来临港视察时，要求瞄准国际水平，

位于浦东临港地区的滴水湖

不断提升国际竞争力，成为上海科创中心建设的主体承载区。在这重大形势下，临港着眼于上海科创中心建设全局，肩负起发展智能制造等高端产业和建设高品质新城的“双重使命”。

早在2015年国务院出台《中国制造2025》后的数月内，临港即研究出台了《推动建设国际智能制造中心——上海建设具有全球影响力科技创新中心临港行动方案（2015—2020）》和10条配套政策，提出24条行动措施，重点在平台建设、系统集成、技术攻关等方面加强谋划布局，力争在2025年建成国际智能制造中心。临港产业布局也相应调整为“2+3+4”产业体系。其中，“2”是指大力培育人工智能和机器人两大先导产业，抢占智能制造技术全球制高点，提升临港地区产业国际竞争力；“3”是加快发展高端智能装备、海洋装备、智能汽车三大支柱产业，确保顺利实现临港地区制造业总产值目标；“4”是积极探索软件及信息服务、集成电路及专用装备、航空航天、节能环保四大新兴产业，并形成一批有特色、有潜力、优化全市产业链配套的领域。这一系列重大举措，为面向未来的临港进一步发挥集聚效应、孕育和释放新动能打下了坚实基础。

国产大型客机翱翔蓝天

航空业有句形象的比喻，称大飞机是“制造业的皇冠”。这一方面是指该项目周期长、难度大、投入高；另一方面则是指该项目产业辐射面广，对周边区域的产业经济拉动效应明显。作为上海承担的又一个重大国家工程，大飞机项目的推进直接受益于南汇区并入浦东新区——一个以民用航空大飞机研发为主的产业集群正在浦东形成。

为改变我国干线飞机完全依靠进口的局面，进入 21 世纪以后，在研制支线客机的同时，党中央、国务院决定启动大型飞机研制重大科技专项，以提高我国的自主创新能力，增强国家核心竞争力。2007 年，国务院原则批准大飞机项目落户上海。2008 年，中国商用飞机有限责任公司（简称中国商飞）在上海成立，时任中共中央政治局委员、国务院副总理张德江，时任中共中央政治局委员、上海市委书记俞正声共同为公司成立揭幕；原中国航空工业第一集团公司上海飞机设计研究所整建制进入中国商飞，作为中国商飞研发中心。2009 年 1 月 6 日，中国商飞公司发布首个单通道常规布局150座级大型客机机型代号“COMAC919”，简称“C919”。国产大型客机走上了一条“中国设计、系统集成、全球招标，逐步提升国产化”的发展道路，形成了以上海为龙头，陕西、四川、江西、辽宁、江苏等22个省市、200多家企业、近20万人参与的民用飞机产业链，提升了我国航空产业配套能级。

2009年12月，中国商用飞机有限责任公司总装制造中心浦东基地开工奠基。这片位于浦东祝桥地区，占地约267万平方米、总建筑面积约115万平方米，国内最大、最先进的民用飞机总装制造基地，与中国商飞在上海的另一基地——大场基地共同构成了中国商飞总装制造中心，标志着中国商飞总装制造能力建设和大型客机研制保障条件建设迈出重要一步。2012年2月，中国商飞公司总部新大楼奠基，成为世博园区首家奠基的中央企业总部基地。至此，中国商飞公司在上海地区“一个总部、三个中心”的战略新布局基本形成。

2014年5月，中共中央总书记、国家主席、中央军委主席习近平来到

2014年8月，C919大型客机首架机中机身和中央翼交付中国商飞总装制造基地

中国商用飞机有限责任公司设计研发中心考察。在听取商飞公司整体情况介绍后，习近平总书记进入航电实验室和综合试验大厅，察看飞机航电系统，登上 C919 大型客机铁鸟综合试验台了解飞机多系统验证能力，登上 C919 大型客机展示样机了解机舱布局，观看总装制造车间实时视频图像和多款飞机模型，同研发中心的科技人员亲切交流。习近平总书记对商飞公司成立六年来取得的成绩特别是在科研方面取得的突破表示肯定。他指出，大型客机研发和生产制造能力是一个国家航空水平的重要标志，也是一个国家整体实力的重要标志。制造大飞机承载着几代中国人的航空梦。我们的事业刚刚起步，前面的路还很长，但时间紧迫，容不得半点懈怠，要一以贯之、锲而不舍抓下去，用前进的目标激励自己，用比较的差距鞭策自

2015 年 9 月，C919 大型客机首架机总装下线

己，力争早日让我们自主研制的大型客机在蓝天上自由翱翔。

2014年9月，C919大型客机首架机开始结构总装。同年11月底，C919首架机实现机身合龙。2015年9月，C919首架机在中国商飞公司新建成的总装制造中心浦东基地总装下线。这不仅标志着C919首架机的机体大部段对接和机载系统安装工作正式完成，已达到可进行地面试验的状态，更标志着C919大型客机项目工程发展阶段研制取得了阶段性成果，为下一步首飞奠定了坚实基础。习近平总书记再次作出重要指示，勉励大家继续弘扬航空报国精神，坚持安全第一、质量第一，脚踏实地、精益求精，扎实做好首飞前的准备工作，为进一步提升我国装备制造能力、使自己的大飞机早日翱翔蓝天再作新贡献。

2017年3月20日，来自中航工业、中国商飞、中国航发、北航、西工大、南航、哈工大等单位的63名院士和专家组成的评审委员会一致同意通过国产大型客机C919首飞技术评审。4月18日，C919大型客机完成首飞前最后一项评审任务——首飞放飞评审会顺利举行。同时，C919在上海浦东国际机场第四跑道进行的高速滑行测试也进展顺利。2017年5月5日14时，由中国自行研制、具有完全自主知识产权的喷气式大型客机C919，在浦东国际机场第四跑道一跃而起，直上云霄；79分钟后，蓝白绿相间的飞机稳稳降落，首飞取得圆满成功。中共中央、国务院发来贺信。C919成功首飞，标志着萦绕中华民族百年的“大飞机梦”终于取得历史突破，意味着中国的飞机制造真正走出一条自主研制的大发展之路。

2017年5月22日，中国商飞与俄罗斯联合航空制造集团的合资企业——中俄国际商用飞机有限责任公司（CRAIC）在上海成立，新一代远程宽体飞机项目（CR929）的联合研制工作也开始启动。同年9月28日，C919大型客机101架机（即首架机）再次从浦东国际机场起飞，进行了历时近三个小时的第二次试飞。11月10日，101架机顺利完成首次城际飞行，从上海浦东成功转场至西安阎良。同年12月，第二架C919大型客机在上海浦东国际机场完成首次飞行，拉开了C919客机全面试验试飞的新征程。

2017年5月，中国自行研制的大型客机C919首飞成功

2018年6月22日，C919大型客机同时在上海和西安两地开展试飞。同年7月12日，C919大型客机102架机从上海浦东机场起飞，平稳降落在山东东营胜利机场，顺利完成首次空中远距离转场飞行。12月28日，103架机完成首飞。2019年8月、10月，104架机、105架机也分别完成首飞；同年年底，106架机也完成首飞。同时，我国民用飞机向市场化、产业化、国际化快速推进的进程也全面展开，目前C919的全球订单数量已经超过1000架。

作为当今世界上技术含量最高的项目，大型客机项目涉及机械、电子、材料等诸多领域的关键技术，产业带动和集聚效应明显。在中国商飞的带动下，一批高端研发创新资源进一步向浦东的东部沿海地带汇聚。其中，祝桥空港工业区形成以航空维修、航空制造为主的产业发展格局，仓储物流区吸引了中外运等物流企业落户。随着2019年12月大飞机创新谷和祝桥航空产业园“一谷一园”正式揭牌，上海临空经济发展的重要载体已逐渐形成。“制造业的皇冠”有效带动了浦东的产业升级、结构优化，并为浦东新一轮经济转型发展插上了腾飞的翅膀。

寻梦之旅

上海迪士尼开启

20 世纪 80 年代中期，中央电视台首次播出 104 集的美国迪士尼动画片《米老鼠和唐老鸭》。这部动画片带来的欢乐在几代人中传递，热度持续多年。1990 年，时任上海市市长朱镕基在美国加利福尼亚州的洛杉矶阿纳海姆参观迪士尼乐园时，向时任迪士尼总裁福兰克 · 韦尔斯提出，希望迪士尼全球版图上可以出现“上海”的名字。迪士尼与上海浦东的“寻梦之缘”拉开序章。

从另一视角看，1990 年代是上海迪士尼项目艰难谈判的开始。90 年代后期迪士尼构思在亚洲兴建全球第五个乐园时，最终被引入中国香港。尽管如此，由于看好中国广阔市场和发展潜力，迪士尼进入内地市场的步伐也在加快。1998 年 10 月，时任迪士尼公司首席执行官迈克尔 · 艾斯纳到访中国，已经担任国务院总理的朱镕基会见了他。艾斯纳将他的得力干将——后来担任迪士尼总裁的罗伯特 · 艾格派到中国，作为主题乐园项目谈判的负责人，加快推进上海迪士尼乐园的谈判、筹备和建设等工作。

2002 年夏天，迪士尼与上海市人民政府签署了在上海建立迪士尼乐园

2011 年 4 月，上海迪士尼开工建设

的无约束力意向书，这等于是再一次对外宣布，拟在中国上海建立全球第六座迪士尼乐园。2008 年，上海市人民政府和迪士尼启动正式谈判，经过双方不断磋商，最终在 2009 年 11 月，上海市人民政府新闻办公室授权宣布：上海迪士尼项目申请报告已获国家有关部门核准。月内，国家发改委在其官方网站发布《上海迪士尼乐园项目通过核准》，明确："2009 年 10 月，经报请国务院同意，我委正式批复核准上海迪士尼乐园项目。该项目由中方公司和美方公司共同投资建设。项目建设地址位于上海市浦东新区川沙新镇，占地 116 公顷。项目建设内容包括游乐区、后勤配套区、公共事业区和一个停车场。"至此，上海迪士尼项目这场长达 19 年的马拉松式的谈判，终于宣告成功。2010 年 11 月 5 日，上海迪士尼项目正式签约。上海申迪（集团）有限公司、华特·迪士尼公司双方所属子公司在上海正式签署合作协议，标志着昔日谈判桌上的双方，终于达成一致。这也是美国迪士尼公司第一次在海外和实体公司合作。

2011 年 4 月 8 日，投资约 245 亿元人民币的上海迪士尼正式开工建设；迪士尼度假区道路、轨道交通、中心湖与围场河等项目配套基础设施建设也全面启动。上海迪士尼的建造过程贯穿了“高起点规划、高品质开发、实现功能高度融合”的要求，是“迪士尼全球标准与本地最佳实践”相结合的创新实践过程，是第一个在互联网时代全过程采用数字化技术进行设计、建造、管理的顶级旅游目的地项目。在景观设计上，则突出“原汁原味迪士尼、别具一格中国风”，乐园的很多细节都体现了有创意的中国元素。比如，主题城堡的塔尖上开出牡丹和白玉兰、用大型马赛克壁画描绘中国十二生肖的“十二朋友园”等，都含蓄地表达了本土特色。2016 年 4 月，轨交 11 号线迪士尼站实现载客试运营，这条通向上海迪士尼的轨道交

2016 年 6 月，上海迪士尼盛大开园

通投入使用。

2016年6月16日，上海迪士尼盛大开园。开园当日，中国国家主席习近平、美国总统奥巴马均发来贺信。习近平指出，希望上海迪士尼的开幕能够进一步促进中美文化交流，并且拉近两国的关系；奥巴马表示，上海迪士尼体现了中西文化的融合，希望迪士尼的开幕是中美互利共赢的举动。11时40分左右，在蒙蒙细雨中，乐园大门缓缓打开，演职人员盛装列队，热情欢迎首批游客入园。经过长达20多年的艰辛历程，上海和浦东终于迎来“寻梦之旅”开启的那一刻；中国也成为除美国本土外唯一一个拥有两座迪士尼乐园的国家。

上海迪士尼最突出的特点，是根据中国游客需求设计建设了一大批首创性的游乐项目。它拥有全球迪士尼乐园中最高、最大、最具互动性的标

从空中俯瞰上海国际旅游度假区

志性建筑——“奇幻童话城堡”；首个采用花园设计的主题园区——“奇想花园”；首个以海盗为主题的园区——“宝藏湾”；最惊险刺激的游乐项目之一——“创极速光轮”；首个以迪士尼经典影片《幻想曲》的音乐和童话角色设计而成的“幻想曲旋转木马”，以及为中国游客特别设计、融合原创设计理念和多项全新游乐设施的“明日世界”；等等。在迪士尼乐园的外围，上海国际旅游度假区还打造了迪士尼小镇、星愿公园、欢欣露天音乐剧场、生态园、香草园以及奕欧来上海购物村等假日休闲功能性配套项目，在为游客提供高品质体验环境的同时，与主题乐园形成互相补充、互相支撑、互相融合、互动提升、无缝衔接的格局。

2017 年 5 月，上海迪士尼客流量突破 1000 万大关——此时距离开园还不到 1 年，上海迪士尼在全国主题公园和全世界迪士尼乐园中都创造了最快纪录。2018 年 4 月，乐园首个主要扩建项目、同时也是第七个主题园区——“迪士尼・皮克斯玩具总动员”开幕。2019 年 1 月，上海迪士尼度假区宣布第二个主要扩建项目启动，以动画电影《疯狂动物城》中的角色和故事为灵感，打造全新的主题园区。

伴随着“寻梦之旅”渐次展开、持续深入，上海迪士尼获得了来自各方的赞誉和肯定。2016 年 11 月，由国际游乐园及景点协会（IAAPA）主办、在美国奥兰多举行 2016 年景点博览会上，上海迪士尼乐园在国内外众多主题乐园中摘得唯一“杰出主题乐园成就奖”。2017 年 11 月，凭借园区杰出的工程质量、精湛的规划设计、卓越的施工技术，上海迪士尼度假区荣膺全国建筑行业工程质量的至高荣誉——“2016—2017 年度中国建设工程鲁班奖”。此后，连续两年被世界主题娱乐协会（TEA）和 AECOM 列为全球十大主题乐园之一，成为中国乃至亚洲主题乐园行业的标杆。

与此同时，上海迪士尼的成功运营，加速了本土文化、旅游、创意设计等服务业以及工程建设等行业的跨越式发展。通过上海迪士尼由点及面、逐步释放着溢出带动效应，在其周边及更广阔区域，正逐步集聚文、旅、体等众多要素，区域空间得到极大拓展，功能形态也由原来单一的“生产型”向“生产 + 生活 + 生态型”转变。随着中部迪士尼板块的崛起以及西部世博板块功能日趋完善、南部临港板块加速发展，区域功能的联动升级为上海浦东的“创新驱动、转型发展”提供了更为强有力的引擎。从这个意义上说，上海迪士尼已经成为引领浦东新区再次树立改革开放新标杆、进一步增强国际竞争力的动力之源。■

现代化城区　高品质生活

“浦东开发开放的画卷翻到现在，不只是土地开发、项目开发、经济开发，而是争取社会的全面进步。”浦东开发开放，不能是单独地发展经济，也不只是建造出钢筋水泥森林的城市，而要在总体规划、招商引资、功能区开发、基础设施建设的同时，促使各项社会事业和精神文明建设全面进步，进一步提升数百万工作、生活在浦东的市民群众的获得感和满意度。

开发开放 30 年来，浦东坚持以党的建设为统领，统筹推进物质文明、政治文明、精神文明、社会文明、生态文明建设，在推动城区经济取得跨越式发展的同时，公共文化、居住环境、城区面貌、教育、医疗等方面均取得了长足进步，切实改善民生、增进群众福祉。

特别是近十年来，浦东以成功承办 2010 年上海世博会为契机，加快创建宜居宜业高品质城区，全力提升城市精细化管理水平，营造兼具活力与魅力的新浦东，以现代化城区新面貌，充分展示出具有世界影响力的社会主义现代化国际大都市新形象。

[CHAO`YONG`DONG`FANG]

浦江两岸 闪耀上海世博会

“万国博览会在上海浦东举行”——这是清末民初著名的小说家陆士谔在其1910年的一部小说《新中国》中的预言。更令人惊奇的是，小说中描绘的一系列细节——为迎接万国博览会的成功举办，上海新建了浦东大桥、越江隧道、地下电车（地铁）、新上海舞台、金融中心……的绚丽蓝图，随着100年后上海世博会在浦江两岸的成功举办，已然成为现实。

“上海如有一份幸运，世界将添一片异彩。”2002年12月3日，当地时间15时40分，在摩纳哥格林马迪会议宫内，经过国际展览局第132次大会上紧张激烈的四轮投票后，国际展览局主席吉尔斯·诺盖斯郑重宣布：中国上海在第四轮投票中赢得54票，以88%的得票率胜出，成为2010年世博会的主办城市。

2010年4月30日晚，以“城市，让生活更美好”为主题的2010年上海世界博览会开幕式在位于上海浦东的世博文化中心举行。当日20时29分，时任国家主席胡锦涛宣布：中国2010年上海世界博览会开幕。当天，

2002 年 12 月，上海获得 2010 年世界博览会举办权

共有 20 位外国国家元首及政府首脑共同出席上海世博会开幕式并见证这一盛况。2010 上海世博会是继北京奥运会后我国举办的又一国际盛会，也是第一次在发展中国家举办的注册类世界博览会。

上海世博会从 5 月 1 日开幕，到 10 月 31 日落下帷幕，在 184 天里共有来自 246 个国家、地区和国际组织参展，逾 7308 万人次的海内外游客参观，单日最大客流达到 103.28 万人，成为一届规模空前的人类盛会。世界各国人士通过展示、论坛、表演等形式，一起探讨城市未来发展前景，共同谱写了一曲人类文明和谐共生的激情乐章，生动诠释了“理解、沟通、欢聚、合作”的世博理念。时任国务院总理温家宝出席闭幕式并宣布上海世博会闭幕。2010 年上海世博会取得的巨大成功，是中国的成功，同时也是世博会事业的成功。

上海世界博览会园区位于南浦大桥和卢浦大桥区域，并沿着黄浦江两岸进行布局。园区规划用地 5.28 平方公里，其中浦东部分面积 3.93 平方公里，占比接近四分之三，不仅囊括了“一轴四馆”（即：世博轴、中国国家馆、世博主题馆、世博中心、世博文化中心）核心区域，还承载了大部分的外国国家馆、国际组织馆、各大主题馆以及公共活动中心、演艺中心等重要场所。浦东不负众望，同全市上下一起，在历时八年的筹备举办工作中，向全国、向全世界奉献了一场“成功、精彩、难忘”的世博会：

——在工程及配套建设方面，除按期完成浦东片区的世博场馆及园区内道路建设任务外，连接浦东、浦西园区的西藏南路隧道、打浦路隧道复线于世博筹备期间如期通车，从徐汇南部直通世博前滩地区的龙耀路隧道也按时建成。轨道交通 7 号线于 2009 年通车后，与 8 号线交汇于耀华路，成为“世博地铁第一站”；轨道交通 13 号线为世博会开辟的专用线也投入运营。世博的筹备举办，让浦江两岸以更加紧密的方式联结在了一起，也让世博园区及周边道路面貌焕然一新。

——在世博动迁方面，浦东新区万余户沿线居民“舍小家为世博”，积极配合园区建设，一度出现“千人排队签约、单月签约逾 3000 户、单日签

世博园建设者

约逾1000户”的景象，约占上海世博动迁总量60%的动迁工作如期完成，创造了上海城市动迁史上新的佳绩。同时，以三林世博家园为代表的动迁安置基地建设大力推进，绿化、商业、交通、教育、道路等配套设施日趋完善，“城市，让生活更美好”这一世博会主题在世博动迁中也得到诠释。

——在安全保卫方面，浦东新区紧紧依靠数以万计的公安及辅警，十多万平安志愿者、民兵应急分队，以及38个街镇、1123个居村的力量，构筑了专群结合、多方联防的严密网络，形成了全方位、多层次、立体式的防控系统，顺利完成各项安保任务。同时加大交通执勤力度，日均出动交通警力1600人次、交通协管员2000人次，在世博周边道路上不间断地开展疏导，确保园区及周边运行有序。

——在环境市容方面，出动44.97万人次的保洁和道路养护力量，清运垃圾35万多吨。全区每天有数万名市容环卫工作者以最高标准、最严要求和最大努力，充分利用传统与现代化手段对城市的每个角落进行监督，建立24小时巡查制度，保证不让垃圾落地，不让环境受污染，确保市容环境整洁水平始终处在最佳状态。

——在安全生产方面，严控食品安全，形成从种植养殖、生产加工、经营销售到餐饮消费的全程监管链，保障园区用餐安全；深入开展电梯、起重机械、游乐设施、气瓶等专项检查，确保园区周边秩序和安全生产平稳可控。

——在医疗救护方面，浦东新区共有4家医院在园区内开通世博医疗救治绿色通道，设立了10个医疗服务点救助各类病人数万人次，未发生重大创伤和死亡病例。

——在志愿者服务方面，浦东新区17万志愿者，人数为全市之最，他们活跃在31个外建站点、130个内建站点、300多个交通路口、32个地铁站台、2000多个公交站点、7000多个封闭小区和村民小组之中，累计志愿服务时间超过5亿小时。广大志愿者们用坚强、乐观、奉献的志愿精神，给中外游客留下了深刻的印象，也为上海和浦东塑造了新的“精神名片”。

世博园区（浦东片区）

历史的机遇，让浦东人民得以近距离观摩“家门口的世博会”；而世博会的筹备举办，更是推动城区品质全面迈上了新的台阶。世博会成功举办后，昔日的世博园区也翻开了崭新的“后世博”蓝图。其中，“世博轴”成为商业中心，世博中心专门服务于国内外会议，世博文化公园中心以文化演艺活动为主，世博主题馆则定位为会展业等。目前，原世博 B 片区的央企总部集聚区已建成；中国国家馆改建为中华艺术宫重新向公众开放；沙特馆、意大利馆、法国馆等成功转型，分别打造月亮船、意大利中心、民生现代美术馆等精品旅游文化产品；世博轴成为集零售、餐饮、娱乐、休闲、文化、创意、展示于一体的超大规模商业综合体；世博公园、后滩公园和白莲泾公园每年吸引游客超过 50 万人次，定期举办“简单生活节”“草莓音乐节”“爵士音乐节”等品牌活动，已成为开放式旅游休闲及户外文化活动中心；将近 2 平方公里的世博文化公园也在建设中。因 2010 年上海世博会而被世界瞩目的世博地区，正向着国际知名企业总部集聚区、商务与绿色生态融合的世界级工作社区、具有国际影响力的低碳社区持续迈进。

新区的公共文化新坐标

2010 年 10 月 22 日，经过四个月试运行，坐落于浦东文化公园内、绿树掩映之间的浦东图书馆正式对外开放。这让年满 20 岁的浦东，又增添了一张簇新挺括的“文化名片”。

浦东图书馆占地面积约 3 万平方米，总建筑面积逾 6 万平方米，分为地上六层，地下两层，藏书容量约 200 万册，阅览座位约 3000 个，每天可接待读者 6000 人次。从外形上看，它是一座酷似“大书架”的六层建筑，典雅现代、格调明亮。如果走进它的内部，图书馆的借阅区以大台阶、坡道、书架壁组成一座“书山”，连贯的高敞空间便于读者识别方位和寻找书籍；中庭是两间“空中花园”和两座横跨南北大楼的“栈桥”，读者可以在其间自由漫行；六层整体悬吊犹如“浮云”，整个大阅览空间宽敞明亮，富有动感。浦东图书馆整个设计传达出的是“知识殿堂人人自由”的理念，除办公场所和设备机房外，读者行走自由，充分感受到“在书香文海中自由翱翔”。同时运用无线射频识别（RFID）技术，每一本入库图书都装有智能芯片，等于有了“GPS 导航”功能，读者只需在服务台电脑上输入书名，很快就能锁定书籍

2010年新落成的浦东图书馆

的具体位置——这让浦东图书馆增添了“E时代”的智能化个性。

市民免证进馆、阅览室全开放、内设隔音玻璃房……令这座新建的浦东图书馆营造出“第二起居室”的氛围，同城市咖啡馆和公共绿地一样，成为市民周末常去的休闲之处。同时，图书馆举办的一系列延伸活动，包括文化讲坛、专题讲座、学术研讨会、人文艺术展览、移动阅读展示与读者体验活动等，更是为市民免费奉上一道道丰富的文化大餐，拓展和深化了公共图书馆的品质内涵，充分体现了“以人为本、文化立馆，把浦东图书馆办成读者和馆员的精神家园”的核心办馆理念。与此同时，浦东图书馆还把文化服务延伸至馆外，通过建立百余个“延伸服务点”及专门设立“延伸书库”，或通过“阳光阅读吧”及“农家书屋”等形式，把图书馆办到了商务楼宇和阡陌田头，推动图书馆从重书走向重人、从重藏走向重用、从重技术走向重人文、从单一走向复合的转型发展。

自2010年正式对外开放以来，浦东图书馆受到了读者的普遍欢迎并获得社会各方的广泛关注，成为浦东市民首选的公共文化集聚地，平均每天都有万余人次到馆，读者人次与外借册次都位列全国公共图书馆前列。2013 年，浦东图书馆被中国图书馆学会命名为“全民阅读示范基地”，这是中国图书馆界阅读推广的最高奖项。当年 11 月 7 日至 9 日，以“书香中国——阅读引领未来”为主题的 2013 年中国图书馆学会年会 · 中国图书馆展览会在浦东召开，汇聚了 3000 多位中外业界嘉宾，共论“阅读的未来”。这是我国图书馆界层次最高、规模最大的行业盛会。

浦东图书馆这座兼具信息与知识咨询、社会教育、情报研究、文化交流、休闲娱乐等多功能于一体的现代化公共文化服务机构，还为提升地区文化软实力和国际化城区生活品质发挥了重要作用。近年来，陆家嘴融书房、张江科学城书房、临港大隐湖畔书局等“高颜值”新型阅读空间在浦东涌现，共同营造出浓郁的“书香浦东”氛围。

浦东图书馆是浦东公共文化设施建设的典型案例，也是浦东公共文化建设的一个缩影。伴随着浦东的迅速崛起，新区的公共文化建设也经历了

位于浦东新区的上海东方艺术中心

一个快速提升的过程。继东方明珠、上海科技馆、源深体育中心之后，东方艺术中心、浦东图书馆、东方体育中心等地标性文化设施相继建成；随着世博园区的功能转型，世博文化中心、中华艺术宫等重量级文化设施也相继落户浦东。其中，被赋予“海上皇冠”“玉兰桥”和“月亮湾”美名的东方体育中心，在2011年7月成功举办了第14届国际泳联世界锦标赛，此后还成功举办了“中国杯世界花样滑冰大奖赛”“国际滑联短道速滑世界杯”“国际滑联短道速滑世界锦标赛”等重大赛事活动，为上海建设全球著名体育城市书写下浓墨重彩的篇章。

在大力推进文化设施建设的同时，浦东还高度重视文化“软实力”建设。2011年的金秋十月，以“脉动江东”为主题的首届浦东文化艺术节拉开了序幕。这是浦东开发开放20多年来首次举办全区范围的文化艺术节，通过实施17个凸显浦东文化特色的重点项目、上演上百场群众文化活动，吸引了350多支群众文化团队走上舞台、百万人次群众参与其中，充分诠

2011年7月，第14届国际泳联世界锦标赛在东方体育中心开幕

释了“大众的节日，艺术的盛宴”的艺术节宗旨，赢得各方好评。其间举行的“脉动江东”浦东历史文化主题展吸引总数超过 10 万人次、日均超过 4000 人次的观众前来参观；“广场舞会”上演千人共舞的壮观场景；“滨江音乐汇”以浦江夜色为大幕，连续举办了 3 场高质量的露天音乐会……这些都创造了浦东文化史上的新纪录。此后，浦东文化艺术节每年举办，至 2019 年已连续成功举办九届，活动规模和参与度持续扩大，通过搭建高雅艺术和群文活动“同台亮相”的大舞台，着力打造成为展示浦东艺术佳作、荟萃全市艺术精品、丰富群众文化生活的文化艺术交流盛会。

此外，浦东还先后举办过上海国际音乐烟花节、环球嘉年华、陆家嘴金融文化节、张江科技文化节等一系列彰显国际风范的品牌文化活动；电视剧《大江大河》《大浦东》，纪录片《浦东传奇》、大型原创交响音乐《浦东交响》等一批以浦东为主题的作品也持续推出；三林龙狮文化、新场古镇文化、唐镇“台球之乡”文化等结合传统与现代、具有浓郁地方特色的文化品牌也得到了传承和培育。自 2017 年创办以来已连续举办四届的浦东新区公共文化产品服务采购大会，则推动了浦东文化产品和服务的供需对接，打造公共文化供给侧改革的创新样本。

2016 年 10 月，在中国图书馆年会开幕式上，浦东新区被授予“国家公共文化服务体系示范区”称号。这是国家文化部、财政部于“十二五”期间，在全国范围内开展的一项重大文化惠民项目。以此为新起点，在“文化东进”重大进程中，上海图书馆东馆、上海博物馆东馆、上海大歌剧院三座地标性的市级重大文化设施相继落户浦东并加快建设；浦东美术馆、浦东群众艺术馆和浦东青少年文化中心也将实现再造，共同构成“3+3”的文化新布局。2019 年，上海浦东足球场、久事国际马术中心也相继开工，开启打造国际一流赛事之都的新篇章。正如上海市委常委、浦东新区区委书记翁祖亮所指出，文化高山不是孤峰，一定要变成山脉、变成群岭。地处传统与现代、多元文化交汇处的浦东，正以其丰富的公共文化建设实践，坚持不懈地为建设社会主义文化强国、为推动中国文化走向世界添砖加瓦。■

宜居宜业的『浦东范例』

2013年春，“2012年中国人居环境奖”评选结果揭晓。上海市浦东新区碧云国际社区建设管理项目获得“2012年中国人居环境范例奖”。由此，位于金桥出口加工区西侧的碧云国际社区也成为全国第一个获得该奖项的社区。自浦东开发开放以来，“宜居”一直是其迈向国际化、现代化进程中追求的目标，也是生活和工作在这片土地上的市民群众及国内外友人的共同期盼。

金桥碧云国际社区的“碧云”二字取意宋代文学家范仲淹《苏幕遮·怀旧》一词中“碧云天，黄叶地，秋色连波，波上寒烟翠”之意境。在规划之初，碧云国际社区就按照“外向型、多功能、现代化”国际社区的功能定位，围绕“规划先行、品质争优、服务至上”的发展要求，率先参照国际标准和惯例，努力建设具有多样性和活力、关注人类健康和环境、有利于保护资源、人性化的家园。建设过程中坚持配套设施先行，以国际社区居住为“一轴”，以配套文化、教育、医疗和商业休闲为“两翼”，形成低密度、高绿化、生态化的开放性的生活环境。建筑风格推行多元化，

强调“人与自然和谐”的碧云别墅

涵盖了美、英、法等各国特色，充分满足中外家庭的多样化需求。文化教育类的配套设施包括中欧国际工商学院、德威英国国际学校、平和双语学校等；医疗保健配套设施包括上海首家涉外国际医院——华山医院浦东分院、浦东妇幼保健院等；而商业休闲配套设施则包括碧云商业休闲街、红枫路商业一条街等。

社区采用统一招商定位、统一后期管理的租赁模式，推行“以租为主”的管理模式，满足不同居民的居住诉求和消费特点。室内的高档家具和生活用品，甚至包括窗帘也是通过租赁方式提供，为客户“拎包入住”实现便利。而且整个社区充分对外开放，达到国际一级赛事标准的足球场、橄榄球场以及部分小区都没有明显的围墙，突出人居环境的开放性、参与性和包容性。除了“绿树成荫，鸟语花香”的生态环境及齐全完备的配套设施外，碧云国际社区还通过举办“中外家庭闹元宵”“碧云音乐季”“8 公里国际长跑赛”等活动，为中外居民搭建“大舞台”，有机地融合、丰富各类人群的文化生活，形成碧云国际社区特有的文化氛围。近年来，在“镇管社区”模式下，浦东新区金桥镇着眼于构建“社会生活共同体”，探索建立了“碧云社区服务与管理工作联席会”，引导社区居民将大小公共事务经过“议事会”的讨论、监督和评议，进一步实现民主管理，提高了居民对社区的满意度、认同度和归属感。同时，通过运用智能信息终端，及时传递公共服务信息和居民需求，简化了办事流程，增加了便利性。

自 1993 年获批建设起，经过 20 多年发展，碧云国际社区已经成为金桥开发区地标式国际社区，也成为众多欧美人士及其家庭在上海创业发展的首选居住地。到 2016 年，该社区已有来自世界 60 多个国家和地区的 1000 余户外籍人士家庭入住，外籍人士家庭比例占 90% 左右；全球 500 强企业中，已有 26 家跨国公司亚太区总裁和高级执行官级别的外籍人士入住社区，“小联合国”之美誉名副其实。碧云社区与金桥国家级经济技术开

金桥国际长跑赛

发区紧密相连，成为产业区的配套补充，也使金桥地区成为了“产城融合”的典范。

在浦东，碧云社区同联洋、森兰等国际社区，为从世界各地来到浦东参与开发建设的各方人士找到了“家”的感觉。虽说国际化社区只是现代居住方式的表现形态之一，但以此为视角反映出的是浦东全区上下为打造宜居宜业的高品质城区所付出的不懈努力。

宜居宜业的高品质城区，离不开城区管理体制机制的不断优化。浦东作为一个特大型的新城区，“大区、大镇、大街道”的特点十分突出。除了要适应国际化带来的新要求外，特别要关注随着城市化进程的加速，大量新社区、新家园不断涌现的新趋势。辖区内三林、川沙、张江、周浦、航头、曹路、康桥、惠南等镇域范围内，都存在短期内因人口大量导入而形成“加速城市化”的局面。通过实施以“两委一中心”（即社区党委、社区委员会和社区中心）为组织架构的“镇管社区”模式，进一步理顺大居社区的社会管理机制，健全和完善社区共治机制，逐渐消除服务半径大、居民人口多、管理力量少的瓶颈问题，更有效地解决居民的多元化诉求。

宜居宜业的高品质城区，离不开“家门口”服务体系的建设完善。自2017年5月以来，浦东坚持“办公空间趋零化、服务空间最大化、服务项目标准化、服务标识统一化”理念，在村层面建设“家门口”服务中心，做实“四站一室”（即党建服务站、市民事项受理服务站、文化服务站、联勤联动站和卫生室）功能载体，在居民区层面优化“家门口”服务站，推动各类服务资源下沉到村居，更好为社区居民提供精准化、精细化服务。至2018年底，浦东36个街镇全面建成1285个“家门口”服务站或服务中心。在此基础上，从配置教育、卫生、养老、文化、体育社会事业5个领域21小项设施入手，逐步统筹商业、公园绿地、交通设施3个领域设施布局，并配置特色公共服务设施（X），形成“5+3+X”的基本公共服务体系，率先推动“15分钟社区生活圈”理念落地。

宜居宜业的高品质城区，离不开体现大都市风貌的美丽乡村作为重要

“家门口”服务站

“底色”。自 2006 年起，浦东率先开展以村庄改造为主要内容的新农村建设，并在两区合并后制定了村庄改造五年（2010—2014 年）行动计划，对道路、桥梁、河道、村宅、污水治理、供水水网、绿化、公建配套八个方面实施系统改造，并在基本农田区域内实现全覆盖。“路宽、桥安、水清、岸洁、宅净”——改造成效惠及 200 多个行政村的 20 万户农户。2018 年起，浦东在 300 多个村中积极推进“美丽庭院”建设，通过庭院内外全面实现“五清”（清垃圾、清杂物、清残垣断壁、清庭院、清村沟宅河），结合农村污水处理、中小河道治理、垃圾分类处置、农林水联动高标准农田建设等专项工作推进，全力打造美丽家园、绿色田园、幸福乐园。到 2019 年，全区“美丽庭院”建设基本完成，村容村貌、生活环境等有了明显提升，为城区的品质生活增添了优质环境容量。同年 7 月，中共中央政治局委员、上海市委书记李强在浦东新区周浦镇界浜村调研乡村振兴工作时，对“美丽庭院”建设成效给予了肯定。

东岸滨江之『城市客厅』

2017年12月31日，随着徐汇滨江4.5公里龙水南路—徐浦大桥段、浦东滨江7公里川杨河—塘桥段的建成，黄浦江两岸从杨浦大桥至徐浦大桥45公里岸线公共空间贯通，在2018年新年到来之际向市民群众开放。其中在浦江东侧，与母亲河蜿蜒相伴22公里的浦东滨江，也在此时全方位地呈现出它的动人风采。

一直以来，黄浦江浦东一侧的岸线并没有一个完整、连贯的统一命名。由北向南看，民生路码头、陆家嘴地区、东昌路绿地、白莲泾、世博地区、后滩、前滩、三林……不仅名称各异，岸线空间呈现的方式也各不相同。同一江之隔的浦西岸线一样，作为曾经的上海工业岸线，浦江东岸的码头、工厂密布，形式单调、断点较多、公交不便、配套不足等是共同面临的问题。作为上海全球城市战略的重要支撑空间，滨江不仅从生态、历史、市民生活等多元化角度反映着城市的面貌，更要在空间品质提升上取得长足进展。然而，要在整体上转变为公共开放空间无疑是一项艰巨繁复的任务。2015年，随着黄浦江两岸地区公共空间建设三年行动计划正式实施，黄浦

黄浦江东岸的亲水平台

江东岸滨江公共空间贯通工程也全面启动。

为打造“百年大计，世纪精品”的高水平浦东滨江岸线，新区会同有关开发单位，面向全世界的顶级设计机构开展征集，吸引了来自美国、法国、荷兰、澳大利亚等国的多家知名设计公司参与。在 21 家国际一流设计公司中，最终共有 5 家入围，其中由法国 TER 设计公司推出的“上海新活力水际线”获得优胜奖。在此基础上，由上海市城市规划设计院先在汇集各家所长的基础上形成若干平行方案，再多次召开专家咨询会，反复研讨，实施统筹，同时坚持“开门办规划”，面向全体市民征求意见，确保这张浦江东岸滨江的蓝图能汇聚全世界的优秀设计理念，力争打造成为面向国际、富有特色的世界级滨水区。

2016 年 12 月，《浦东新区黄浦江沿岸单元（杨浦大桥至徐浦大桥）控详规划局部调整（暨浦东新区黄浦江滨江开放贯通规划）》获得上海市人民政府批复，并成为市政府批复的第一个区级层面的滨江开放贯通规划。根据上述规划，未来浦江东岸从杨浦大桥至徐浦大桥之间长达 22 公里的滨江岸线上，将会贯穿漫步、慢跑、骑行三条亲水线路，通过 3 种通道的交织，形成“纵向错落有致、横向蓝绿成网”格局，为人们带来多样的慢行体验；分设文化长廊、多彩画卷、艺术生活、创意博览、生态休闲五大主题区，为滨水区平添人文魅力；按照慢行系统贯通的要求，形成连续顺畅的慢行通道网络，既可满足市民游憩需要，又能为市民提供高品质的休闲健身空间。

在规划的实施推进过程中，最困难的事项无疑是打通堵点、连接断点。工程实施前，在浦东滨江 22 公里岸线上共排摸出大大小小共 29 处堵点或断点。要疏通这些“堵点”，意味着至少要拆掉 8 万平方米的建筑，腾地 27 万平方米。历经千辛万苦，如今这些堵点大都变成了大片绿地，看似“不可能完成的任务”完成了。要连接这些“断点”，意味着要消除中小河道及水网等阻隔，为此建设了 12 座“云桥”，每一座云桥都包含着设计师的精心构思，成为黄浦江东岸的重要景观标志。本着发扬“工匠精神”的理念，在浦东滨江岸线上实施的这项工程积极创新建设模式，摒弃了以往大拆大

民生路码头八万吨筒仓“变身”滨水公共空间，并成为“2017 上海城市空间艺术季”主展场

建的方式，走“拆、改、增、修、补”的精细化路线，“绿色发展、创新发展”的理念和“还江于民、还景于民”的愿景在建设过程中得到了充分体现。

2017 年 5 月，按照“成熟一段、开放一段”的原则，岸线最长、开发主体多、工程量最大的浦东率先建成 9.8 公里长的“三条道”（跑步道、漫步道、骑行道），并配合绿地一起开放。这一年 7 月上旬，时任中共中央政治局委员、上海市委书记韩正骑车沿途察看，还走上开放式的人行长廊，察看滨江绿地建设情况，听取公共空间断点打通工作汇报，并提出下一步工作要“把高品质贯通开放放在重要位置，在实现贯通的基础上，逐步提升公共空间的品质、文化内涵和功能”等要求。是年 9 月底，浦东滨江开放岸线达 14.1 公里；并在之后分步骤有序实现了到年底 22 公里的全线贯通的艰巨任务。

如今，从浦东滨江的“起点”——杨浦大桥脚下向西南方向出发，首先经过的是一条集生态、休闲、运动等功能于一体的“文化长廊”。曾经是亚洲最大容量散粮筒仓的民生路码头，后来成为“2017 上海城市空间艺术季”主展场。上海船厂绿地坐拥月亮湾等地标性景观点，通过防汛墙改造和岸线设计，形成绵延数公里的绿色长廊，与虹口北外滩隔江相望。小陆家嘴地区汇聚了东方明珠广播电视塔、上海国际会议中心等标志性建筑，在它的南侧，曾经的海鸥剧场化作一块毗邻滨江大道的绿地，提供了一片观赏对岸外滩建筑群的绝佳平台；如同“阳台”般呈现的东昌滨江绿地则是市民沿江休憩、锻炼的绝佳去处。再往南，由旧煤仓改建而成、造型现代的当代美术馆——艺仓美术馆坐落于江边。从依托原白莲泾码头长达 1.5 公里的滨江岸线而建的白莲泾公园向西南方向眺望，可以看到中华艺术宫、梅赛德斯-奔驰文化中心和世博中心等世博园建筑群。后滩公园、新华滨江绿地，为滨江沿岸增添了文化气息。从前滩休闲公园、鳗鲡嘴滨江绿地一直延伸到 22 公里最南端的徐浦大桥广场，则着力面向市民打造集运动、休闲、文化于一体的活动空间……充满自然活力、人文诗意、城市魅力的浦

市民群众在滨江步道上漫步休闲

东滨江，不断满足各类人群的文化、休闲、绿色等需求。

“蓝绿五线谱，东岸上河图；都市共舞台，市民大客厅”。自2018年夏天起，22公里浦东滨江岸线上，陆续建起22座“望江驿”小木屋，每公里1座。“望江驿”配有卫生间、储物柜、桌椅板凳、雨伞、充电宝以及医疗急救服务设备等，为前来滨江旅游休闲和骑车、健步的人们提供诸多方便。它们的功能不仅仅是大众服务的休息驿站——按照“城市是人民的城市，人民城市为人民”理念，浦东将为每一座“望江驿”量身定制设计方案，并将22座“望江驿”串连成一条进博会热门产品体验带。在“望江驿”的点缀下，浦江东岸将被进一步打造成为有温度、有品质、有文化内涵的城市“会客厅”。■

上海纽约大学选址陆家嘴

成立于 1831 年的纽约大学，是一所世界顶尖私立研究型大学，系 25 所新常春藤名校之一，坐落于美国纽约市曼哈顿区。2006 年，纽约大学与华东师范大学签订协议，在华东师大设立纽约大学上海中心，探索在开设的部分课程中实现学分互认。2011 年，双方的合作在上海浦东这片热土上结出了重要成果——上海纽约大学。

作为《国家中长期教育改革和发展规划纲要（2010—2020 年）》颁布后教育部批准的第一个独立设置的中外合作高等办学机构，上海纽约大学是国家教育体制改革试点项目之一。时任中共中央政治局委员、国务委员刘延东指出，要努力把上海纽约大学办成高等教育国际合作示范改革的试验田、高水平的世界一流大学。时任教育部部长袁贵仁希望上海纽约大学不仅成为中外合作办学的典范，更要成为中国高教改革的典范。

2011 年 1 月，教育部下发《关于批准华东师范大学与美国纽约大学合作筹备设立上海纽约大学的函》，上海纽约大学正式获批筹建。在教育部和

2011 年 3 月，上海纽约大学在浦东奠基

上海市的共同推动下，上海纽约大学筹建工作秉承“以学生发展为本，建设世界一流大学”的理念，积极探索和创新各项工作机制，为正式成立上海纽约大学创造了条件。2011 年 3 月 28 日，上海纽约大学在浦东陆家嘴金融贸易区奠基。2012 年 9 月，教育部下发《关于批准设立上海纽约大学的函》，正式批准华东师范大学与美国纽约大学合作设立上海纽约大学。同年 10 月 15 日，中国第一所具有独立法人资格的中美合作大学——上海纽约大学在浦东陆家嘴揭牌成立。时任上海市委副书记、市长韩正为上海纽约大学揭牌。揭牌仪式上，由中美双方理事组成的上海纽约大学理事会宣布了上海纽约大学领导班子成员：由华东师范大学原校长俞立中任上海纽约大学校长，由康奈尔大学原校长、北京大学国际法学院创始院长杰弗里·雷蒙任上海纽约大学常务副校长。上海纽约大学成立后，充分依托华东师范大学和纽约大学的优质资源，合作搭建联合研究平台，吸引高水平人才加盟，为上海纽约大学提供师资和科研支撑，致力于建设一所世界级、多元

2013 年 8 月，上海纽约大学首批新生报到

文化交融、文理学科兼容的研究型大学。

2013 年 8 月 11 日，在俞立中和杰弗里·雷蒙两位校领导的共同迎候下，上海纽约大学迎来了来自 34 个国家的首届 295 名本科生报到注册，并于次日举行入学仪式。首批开放的专业包括金融、国际商业、经济学等，都是纽约大学实力最强的专业。就读期间，学生得以充分体验“博”与“专”相结合的定制式课程体系、世界一流的师资队伍以及高度国际化的教学环境，并有机会赴纽约大学全球体系中的其他校园或学习中心进行一到三个学期的海外学习。

一年后，上海纽约大学浦东校区浦东教学楼投入使用。它坐落于浦东陆家嘴鳞次栉比的大型商务楼宇之间，既凸显了上海和浦东以改革创新的勇气锤炼出高质量教育、高水平大学的信心和决心，也秉承了纽约大学一以贯之的“城市即大学，大学即城市”（in and of the city）理念，进而以人才领域的创新合作为纽带，促进了两座国际化大都市、两个国际金融区的沟通和联动。在这片“黄金宝地”上，上海纽约大学建起一栋“没有围墙”的特殊校园，使用面积达6.5万平方米，其中包括有51个授课教室，生物、物理、化学、计算机科学、电子工程及多媒体等13个教学实验室，以及馆藏丰富并能在线登录纽约大学的图书馆，此外还设有独立自习室，等等。2014年正式启用后，这座校园同已经入驻浦东的上海第二工业大学、上海中医药大学、上海杉达学院、中欧国际工商学院、上海金融学院、上海海关学院以及清华上海微电子研发中心、北大浦东微电子研究院、复旦大学软件学院等高校、院所一道，在浦江东岸共同构成了高等教育的一道亮丽多彩的风景线；并同位于东南方向数十公里的临港大学城遥相呼应。

2017年5月，学校首届200多名毕业生同时获得了美国纽约大学学位证书、上海纽约大学学位证书及毕业证书，其中中国毕业生就业率与雇主满意度均达到100%。此后两年，第二、第三届本科生顺利毕业。这所沪上“最年轻”的高校已顺利迈出成长“第一步”。2019年5月，建筑面积约为11.4万平方米的上海纽约大学新校区，在被喻为“第二个陆家嘴”的浦东前滩地区开工。

推动教育国际化进程，培养具有国际视野的人才，一直以来是浦东教育工作者的共识和追求。上海纽约大学的建立和运营，无疑是全球化进程中促进不同文化交流和教育合作的成功案例。而从基础教育阶段来看，以“优质均衡、开放融合、特色创新”为定位的浦东教育，也体现了出色的国际化水准。近年来，上海惠灵顿外籍人员子女学校、上海哈罗外籍人员子女学校等相继落户浦东，辖区内基础教育学段的国际学校数量超过20所，开设国际部的公办学校以及能接受随班就读外籍学生的学校数量逐年增加，基本能满足不同外籍人士子女的多样化就学需求，也彰显出浦东打造人才高地、面向世界“筑巢引凤”的魅力和吸引力。浦东不仅在区层面设置了教育国际交流中心等相关机构，还在海外建立校长教师研修基地，选派优秀校长和教师前往研修。以华东师大二附中、上海市进才中学、上海市实验学校等为代表的区内中小学校，也在积极为教师和学生提供跨文化交流平台，借鉴国际先进教育理念，助力校本课程，并稳步推进国际课程试点工作，共同提升基础教育对外开放水平。

在推进教育国际化的同时，浦东也充分认清辖区内聚集了“全市五分之一基础教育学段学校和四分之一基础教育学段学生”的区情实际，以及随着人口导入高峰的到来，浦东基础教育体量快速增加的现状。为将体量上的“教育大区”，建设成市民群众心目中质量过硬的“教育强区”，浦东克服了基数大、需求增、各区域发展不平衡的难题，推动办学规模逐年持续扩大，整体质量也稳步提升。经过多年探索，浦东基础教育摸索出包括集团办学、办学联合体、城郊结对、委托管理、与高校合作办学等推进教育均衡优质发展举措，促进中小学与高校之间、学校与高水平专业办学机构的联合，推动优质资源扩容和辐射，惠及数百所中小学、幼儿园及数十万名学生。浦东探索实施的基础教育阶段委托管理等制度创新实践，为国家在制定中长期教育改革和发展规划过程中提供了重要参考。2019 年 7 月，上海市教委与浦东新区人民政府达成战略合作协议，浦东新区成为首个上海区域教育综合改革创新示范区。根据协议，浦东新区将全方位开展现代化区域创新试验，积极探索、先行先试，继续为上海深化教育综合改革、加快推进教育现代化提供可复制可推广的经验，打造上海教育改革创新发展新标杆。

质子重离子医院落户新区

2015 年 5 月 8 日，在位于浦东周康地区的上海国际医学园区内，举行了一场简单的仪式，迎来的却是全市医疗卫生系统的一位“重量级”新成员。历经“十年磨一剑”，由上海申康医院发展中心建设、依托复旦大学附属肿瘤医院开展临床运营的上海市质子重离子医院正式开业，一所“集医学精英人才、创尖端医疗技术、愈患者身心疾苦”的国际化粒子诊疗中心在上海浦东落户。

质子放疗技术、重离子放疗技术均为目前世界上最尖端、最先进的肿瘤放疗技术，以治疗癌症效果好、毒副作用小而被誉为“杀癌利剑”。相比于外科治疗、化学治疗、放射治疗等肿瘤治疗手段，质子和重离子放射治疗在放射物理学和放射生物学特性上都具备优势，不仅能显著增加对肿瘤的杀灭效应，还能减少放射对正常组织的毒副作用；较之常规放射治疗两个月左右的疗程，质子放射的疗程可缩短为一个月，重离子放射甚至可以缩短至一至两周。因此，利用质子或重离子组成的粒子射线作为治疗媒介，是目前治疗恶性肿瘤时间较短、预后较好、能尽可能保持患者生活质量的治疗方式。

成立于2015年5月的上海市质子重离子医院

上海自20世纪90年代开始筹备，并于2003年7月正式启动项目前期调研与论证，申请设备配置许可。2005年4月，国家卫生部组织全国专家论证，批复同意配置质子重离子设备，上海项目是国家唯一批准的配置许可。然而，由于引进质子重离子系统设备对投资成本和技术要求相当高，社会资本普遍认为回报周期长，不愿投资。2007年起，筹备工作组召开了近30次专家论证会，上门听取专家意见，并实地考察了7个国家17所质子、重离子中心和科研机构，形成各类调研论证报告16份、近10万字。研究显示：质子放疗相对成熟，设备价格相对较低；重离子放疗的能量更高，生物学效应更为显著，照射精度更准，疗程更短，疗效更好。

上海市委、市政府高度重视，立足国家战略，缜密调研、科学决策，决定采取设备引进的“技术路线”，也就是质子、重离子设备都引进。在此之前，全球范围内的质子重离子一体机一共仅有4台，其中德国2台，日本、意大利各1台。2009年2月，上海召开专家咨询论证会，邀请高能物理领域的中科院院士、加速器和临床放疗专家各抒己见、充分讨论。在缜密调研和反复论证的基础上，与会专家达成一致意见，认为质子重离子项目是目前国际上肿瘤放疗最先进的高端技术，代表了肿瘤放疗技术的发展方向；选择引进质子重离子系统设备，对进一步提升上海市医疗技术水平、造福肿瘤病人和实现建设亚洲医疗中心城市的目标具有重要意义。在国家、市卫生部门的指导和浦东新区的大力支持下，上海质子重离子医院于2009年正式开工建设，并于2012年1月顺利完成基建工程、2014年5月完成系统设备安装调试和检测。中国第一家、全球第三家质子重离子医疗机构在上海浦东建立起来了。

2014年6月14日至9月28日，医院团队按照“严格制定临床试验方案、严格选择适应症、严格筛选具体病例”的“三严”要求开展了质子重离子治疗临床试验，目的是验证系统设备治疗恶性肿瘤的安全性和有效性。接受临床试验的共有来自全国各地的35例患者，其中年龄最小者36岁，最大者80岁，76岁以上者共有8例；其中22例患者接受了重离子射线治疗、13例患者接受了质子射线治疗，全部成功完成。首例临床试验患者首次治疗当日，时任中共中央政治局委员、上海市委书记韩正亲临现场调研。最

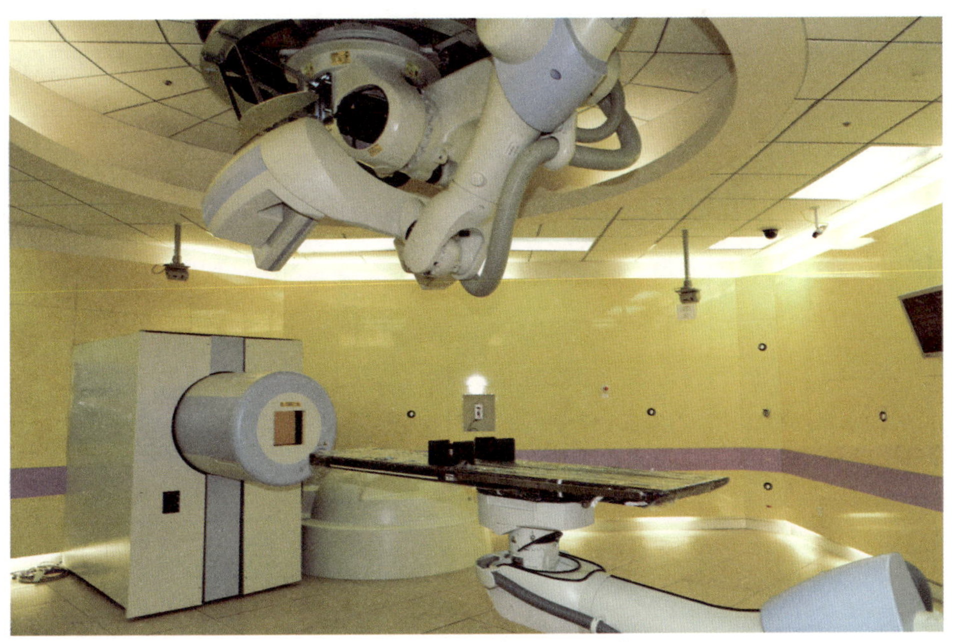

质子重离子医院的治疗室

后，全部35例志愿患者都成功完成临床试验治疗，实现了“实施一例、成功一例”的要求。到2015年4月，全部35例临床试验患者结束治疗后满六个月，医院团队再次对其进行随访和观察，从安全性和近期（半年）疗效方面，质子重离子放疗系统设备治疗结果令人满意；2017年10月，三年随访报告显示，绝大部分患者已无任何不良反应，肿瘤病灶完全消失或部分退缩，肿瘤指标如前列腺癌PSA均降至正常；三年生存率达97.1%，肿瘤局控率达94.3%，质子重离子系统在安全性和临床疗效上都取得了极佳效果。

临床试验获得成功、质子重离子医院顺利开业，标志着我国站上了肿瘤放疗领域世界“制高点”。按照市领导提出“医院成功运行关键是团队”的要求，上海质子重离子医院在推进治疗的同时，重点开展质子重离子技术临床应用示范、转化研究、人才孵化等工作。面向全球组建核心技术团队，坚持高起点吸纳尖端人才，先后引进了多名富有丰富放射治疗经验的高级医师，并同步加快培养本土化人才，与复旦大学附属肿瘤医院共享专业人才资源，共同组建具有国际水准的核心医疗团队，还选派放疗医师、

质子重离子医院宽敞的医院大厅

物理师和剂量师到德、美、日等国家培训和学习，提升医院整体临床水平。为确保质子重离子技术安全、有效的临床应用，医院还引进了数名国际顶尖、具备多年粒子放射物理经验的专家，并委托复旦大学定向培养了多批复合型的放射物理医学工程硕士，协同放射治疗医师稳步推进粒子治疗技术的应用发展。医院除拥有国内首套、全球第三套质子重离子系统设备外，还配备有国际领先的直线加速器、PET-CT、MRI 等大型诊断治疗设备，在提供尖端质子重离子治疗的同时，可结合其他放化疗等肿瘤治疗手段，为广大患者提供优质的肿瘤治疗和早期肿瘤筛查服务。

2017 年 9 月，经安全、质量、服务、管理和运营等维度的评审，医院以 99.3 分的高分通过了国际医疗机构评审联合委员会（JCI）评审，成为目前全球范围内唯一一家通过 JCI 认证的质子重离子中心。截至 2019 年 5 月，上海市质子重离子医院共收治患者 1945 例，年治疗量平均增长率达 34%，覆盖 40 余种肿瘤病种，其中 1871 例患者已完成治疗出院，临床试验患者五年生存率达 97.1%。这标志着开业刚满四年的上海市质子重离子医院，已接近运营十年以上的国际质子重离子治疗机构水平——质子重离子治疗被发达国家长期垄断的“技术话语权”，如今在上海浦东有了“中国强音”。2020 年 1 月，复旦大学与上海申康医院发展中心签署协议，双方合作共建上海市质子重离子医院（上海市质子重离子临床技术研发中心），医院挂牌成为复旦大学附属质子重离子医院。根据协议，复旦大学在医、教、研各方面对上海市质子重离子医院进行强有力支持；医院继续围绕肿瘤疾病诊治、科学研究等方面下功夫，不断创造质子重离子治疗“上海标准”“上海经验”，打造国际一流质子重离子治疗和研发中心。

上海市质子重离子医院落户浦东具有双重意义——推动改革开放前沿的浦东在肿瘤医疗技术水平领域居于世界领先位置，助力上海健全和完善多层次的医疗服务体系；同时，质子重离子医院同周边的上海国际医学中心等优质医疗机构一道，共同构筑起以上海国际医学园区为坐标的医疗新高地，呈现出浦东作为宜居宜业高品质城区无可替代的重要价值。

“城市大脑”的浦东模式

2018年11月6日，中共中央总书记、国家主席、中央军委主席习近平在上海考察期间，来到浦东新区城市运行综合管理中心。管理中心的指挥大厅中央，无缝中央大屏占据了一整面墙，屏幕上实时显示着浦东全境的动态地图：实有人口数量、交通拥堵指数、生活垃圾处置……各项城市运行数据每隔数秒自动刷新一次，便于工作人员实时掌握这片1210平方公里的土地上发生的动态情况。在这片巨大屏幕前，习近平总书记听取了“城市大脑”运行工作汇报，通过大屏幕了解上海城市精细化管理和国际贸易单一窗口运营情况，还视频连线洋山港四期自动化码头，听取码头建设和运营情况介绍。

习近平总书记强调，城市治理是国家治理体系和治理能力现代化的重要内容；一流城市要有一流治理，要注重在科学化、精细化、智能化上下功夫；既要善于运用现代科技手段实现智能化，又要通过绣花般的细心、耐心、巧心提高精细化水平，绣出城市的品质品牌；上海要继续探索，走出一条中国特色超大城市管理新路子，不断提高城市管理水平。

浦东新区城市运行综合管理中心大屏幕上实时显示动态信息

2019 年 11 月初在沪考察期间，习近平总书记围绕提高城市治理现代化水平指出，要抓一些“牛鼻子”工作，抓好“政务服务一网通办”“城市运行一网统管”，坚持从群众需求和城市治理突出问题出发，把分散式信息系统整合起来，做到实战中管用、基层干部爱用、群众感到受用。

超大城市治理是世界级难题之一，而在快速城市化进程中遇到的一系列“大城市病”，更需要高效和科学的管理系统来维持城市有序运行。习近平总书记的殷殷嘱托，体现出对城市管理工作的高度重视和期许，这也正是浦东着力健全和完善“城市大脑”，加强城市运行综合管理中心建设，为人民群众创造更有序、更安全、更干净的生产、生活环境之奋斗目标。

2006 年，浦东新区通过运用“万米单元网格管理法”和“城市事（部）件管理法”，启动实施城市网格化综合管理，“三级平台”（区平台、功能区域平台、街镇平台）、“四级派单”（即街镇派遣为一级派单，功能区域平台派遣为二级派单、区平台派遣为三级派单，区监察委派遣为四级派单）管理体系粗具雏形。然而，多年实践表明，主要依靠网格员巡查或市民热线收集的信息发现问题、上报后再下派处置，存在处置速度慢、协同效率低、群众满意度不高等问题。此后，浦东以推进“大联动”“大联勤”工作为抓手，将信息化手段纳入城市网格化管理体系，相继建成街镇层面的城市综合管理指挥中心，形成适合不同区域特点的网格化管理模式，提升精细管理、快速处理、综合服务的能力。自 2013 年起，抓住创建首批国家智慧城市试点、建设“智慧浦东”的重大机遇，建立起覆盖全区的城市监测网点，并探索将物联网、云计算等新兴技术纳入城市管理网络，为进一步增强城市管理体系的数字化、网络化、移动化、互动化水平打下扎实基础。2017 年，浦东认真贯彻习近平总书记在参加全国“两会”上海代表团审议时提出关于“走出一条符合超大城市特点和规律的社会治理新路子”“强化智能化管理，提高城市管理标准，更多运用互联网、大数据等信息技术手段，提高城市科学化、精细化、智能化管理水平”等重要指示精神，率先开展探索，推动原有的网格化综合管理向城市智能化治理升级。

2017 年 4 月，浦东新区城市运行综合管理中心成立。建设过程中，按照市委、市政府明确的城市精细化管理“三全四化”（即：全覆盖、全过程、全天候，法治化、社会化、智能化、标准化）工作要求，综合管理中心在实践中持续“升级”，采用“万物互联、云端思考、数据管理”的理念，打造浦东新区“城市大脑”，以物联为“针”、以数联为“线”，运用“互联网 +”、大数据、云计算、人工智能等智联“针法”，构建由“线上一朵云 + 线下四中心”组成的“城市大脑”。“城市大脑”与全区 36 个街镇、1316 个村居委构成一个紧密连接的“神经系统”，建立起“1+36+1316”的城市运行综合管理体系（即 1 个区级层面中心 +36 个街镇层面分中心 +1316 个村居工作站），同时将 25 家委办局、19 个直属企业、7 个开发区管委会纳入管理体系，集成共享城市管理领域主要职能部门信息。

“城市大脑”及其“神经系统”整合了 109 个单位 341 个系统、归集使用数据 11.8 PB，部署物联感知设备近 4 万个、与公安共享视频 8000 多路，与遍布全区的 311.8 万个物联感知设备实现了数据共享，实时监测浦东城市运行体征指标，主动发现城市管理问题。有的指向城市运行体征，包括

110报警数、机场客流等；有的是城市管理体征，包含物联感知告警、河道污染、噪音扰民等情况；还有一些是市民诉求感知体征，展现市民投诉量和处理状况。同时，“城市大脑”还围绕城市设施、运维、环境、交通、安全（应急）、执法六个领域，开发了常态、应急、专项三类数十个智能管理场景。通过数据分析和场景应用，能够做到自动识别各种问题，判断出问题的症结所在，实现日常城市管理问题的智能发现、自动推送、快速处置、闭环管理。

同时，区域内的公安干警、城管执法人员、网格监督员、居村委干部等依托联勤联动站等工作载体，针对职权交叉、职责模糊、重点疑难问题，实施联勤联动、共商共治，做到“一线发现、一线处置、一线解决”；配备视频集群通信系统设备，既能实时传输视频，又能通过群组共同解决问题。通过纵向到底、横向到边、全覆盖无盲区的管理，强化全领域协同的指挥联动体系，构筑起7天×24小时、1210平方公里全时空、全地域监测的

2017年8月，张江镇城市运行综合管理第五联勤联动站召开试运行启动会

动态运行体系，进一步增强了对群众需求和城市管理问题的感知能力、对城市运行趋势和问题演化的研判能力、对城市各类事件和疑难问题的处置能力，推动浦东的治理体系和治理能力现代化水平上了一个新台阶。

2019 年，浦东“城市大脑”进一步围绕城市治理重点领域、聚焦城市治理突出问题，不断深化应用场景。其中，通过为各住宅小区消防车道安装了地磁感应，实现了占道智能报警，有效地打通了各小区的“生命通道”，加强了公共空间安全保障。智慧养老方面也取得了新突破，同年，全区 105 家养老院安装了电弧智能化报警系统，通过智能报警技术手段共排除养老院火灾隐患 25 起，切实让老人们充分感受到科技应用带来的智能和安全。

城市治理智能化水平的提升，不仅意味着网格化城市管理向城市运行综合管理的转变，更是对“以人民为中心”的发展理念的全面践行。从这个意义上说，“城市大脑”建设的“浦东模式”，充分体现了上海浦东改革开放再出发的精神状态和不懈追求。随着“城市大脑”的迭代更新，类似噪音扰民、公交线路优化、汽修摊位管理、渣土车运行、“群租”管理、防台防汛等数十个新的智能城市管理专业化模块相继推出，“像绣花一样管理城市”，将变得更加可行。■

临港经验
“海绵城市”之

在建设生态文明进程中，“海绵城市”作为新一代城市雨洪管理的重要举措，得到了中央高度重视。2013年12月，习近平总书记在中央城镇化工作会议上提出，要建设自然积存、自然渗透、自然净化的海绵城市。2019年11月，习近平总书记在上海考察期间，特意走进杨浦滨江的雨水花园考察城市环境综合治理和海绵城市建设等情况。2015年国务院办公厅印发的《关于推进海绵城市建设的指导意见》提出，到2020年，城市建成区20%以上的面积达到目标要求；到2030年，城市建成区80%以上的面积达到目标要求。

“海绵城市”是通过加强城市规划建设管理，充分发挥建筑、道路和绿地、水系等生态系统对雨水的吸纳、渗透和缓释作用，有效控制雨水径流，使得城市能够像海绵一样，在适应环境变化和应对自然灾害等方面具有良好的“弹性”。上海具有地下水位高、土地利用率高、不透水面积比例高和土壤入渗率低的“三高一低”特点，推进海绵城市建设是建设绿色、生态、可持续发展的国际化大都市的重要举措。

浦东临港地区以“海绵城市”理念建构城市公共空间

近十多年来，随着临港开发进程的持续推进，上汽集团、上海电气、三一重工等知名企业先后在此建立厂房并正式投产；上海海洋大学、上海海事大学等高校整体迁入临港，上海中学、市六医院等知名学校和医院分别在临港建立了分校、分院，昔日这片地处上海东南角的安静土地，区位优势日益凸显，展现出了勃勃生机，同时也对提升居住生活品质提出了新的更高要求。2016 年，上海市入选第二批全国海绵城市建设试点城市，试点区域为浦东临港地区，建设项目覆盖临港主城区、临港森林一期、临港国际物流园区和芦潮港社区功能板块，面积约 79 平方公里。

试点区划分为七个不同示范分区，分别是湖泊水体生态保护净化示范区、商务街区海绵工程建设示范区、生态廊道雨水滞蓄净化示范区、已建城区海绵工程建设示范区、新建城区海绵工程建设示范区、围垦区生态保护与修复利用示范区、老城区积水改造及河道综合治理示范区。这标志着正努力在产城融合上实现“双翼齐飞”的临港又多了一重身份——上海首个国家级海绵城市建设试点地区，也是全国目前30个试点城市中最大面积的海绵城市。与此同时，浦东新区的川沙六灶和张家浜楔形绿地等区域也启动了海绵城市建设。

在市委、市政府领导和部署下，临港管委会作为临港试点区海绵城市建设主体，按照“规划一张图、建设一盘棋、管理一张网”的总体要求，全力推进各项工作。鉴于海绵城市建设的系统性、复杂性和创新性，管委会邀请上海市政工程设计研究总院、上海岩土工程勘察设计研究院等单位作为临港试点区海绵城市建设技术咨询单位，并组建专家委员会，为临港海绵城市建设提供专业技术指导。聚焦“五年一遇降雨不积水、百年一遇降雨不内涝、水体不黑臭、热岛有缓解”的总体建设目标，编制《上海临港试点区海绵城市专项规划》，明确海绵城市各项建设要求与规划管控指标，综合考虑试点区生态资源要素分布、用地生态敏感性、内涝风险及地形标高，形成“一核（滴水湖水生态敏感核心）、两环（临港森林通廊外围生态环带和二环带城市公园）、六楔（以橙黄绿青蓝紫6条河及楔形绿地形成雨水滞蓄净化缓冲带）、多片（各功能片区）”的海绵城市自然生态空间格局；印发《临港地区海绵城市建设三年行动计划》，建设项目总数超过100个，投资约76亿元，类型涵盖公园与绿化、建筑与小区、道路与广场、河道水系、生态保护与修复五大类，利用“渗、滞、蓄、净、用、排”等工程措施，解决区域河湖水环境提升、滴水湖水质保障、区域防汛安全提升、积水易涝区清除、土壤盐碱化限制等现实问题。

经过三年多的不懈努力，临港已构建了一套完整的海绵城市规划建设管控制度，建成了包括河湖水系等“蓝绿大海绵”和道路、小区等“中小海绵”在内的完整海绵城市体系，实现了水系统的实时监测和智慧调度。截至2019年9月，临港试点区计划新建和改建的36公里海绵型道路中，有21公里建成并投入使用，其中人行道和非机动车道采用透水铺装，使雨水得以迅速渗入地表，减少排入雨水管网的雨水量；雨水花园、调蓄模块等设施发挥源头蓄存作用，部分雨水在这些设施中滞留，可避免全部雨水涌入雨水管道造成排水不畅，同时雨水还能在这些设施中得到净化，减轻强降雨造成的河水浑浊；植草沟、旱溪等设施则增加了雨水排放的通道，将道路雨水引入道路外人工湿地、水体，可避免雨水长期滞留在道路内。2019 年 8 月，超强台风“利奇马”携强降雨影响本市，临港试点区依靠海绵型道路与市政总院技术支持，实现了水系统的实时监测和智慧调度，很好地做到了源头减排和过程控制。完成总面积 200 公顷的 26 个已建住宅小区的海绵化改造，通过各类海绵设施的共同作用使得小区能够像海绵一样吸水、蓄水、净水，就地对雨水进行消纳和净化，不仅解决了小区内局部地区易积水的问题，而且能够减少降雨高峰时段向小区外雨水管道排放的水量，有效减轻下游排水压力。

由上海海事大学、上海海洋大学、上海电力大学、上海电机学院、上海建桥学院五所高校组成的临港大学城区域结合校园内部分积水问题及景观提升需求，实施海绵化提升工程，从源头对雨水进行削减和净化，在解决积水问题的同时，减少了雨水径流入河的污染。这是由上海高校师生主持和参与的有关海绵研究运用于实践的一次成功案例。

此外，新改建公园绿地 500 多公顷，新开河道 40 多公里，新增调蓄湖面 51 公顷，既可在平时发挥水质净化作用，改善生态环境，又可为试点区提供大规模的调蓄容量，提高应对暴雨等突发情况的能力。如，滴水湖景观带采用透水铺装、人工湿地、生态护岸、土壤改良等技术措施，将临港地区最核心的公共空间打造成为承载临港户外生活“湖滨客厅”，生态滨水湿地以及碎石路面为游客提供了一条舒适的慢跑游览路径，也为滴水湖的美丽风景再添一缕色彩；临港家园服务站和绿化休闲广场在改造中实施“透水铺装”“盖板排水沟”“雨水花园”等多项景观提升工艺措施，让原来的“口袋公园”旧貌换新颜，从原本的“无人问津”转变为广受好评的休闲场所，广大居民群众在家门口就能享受人与自然和谐相处、共生共荣的

景观提升后的“口袋公园”为临港地区增添亮色

舒适和惬意，切身感受到“海绵城市”建设为生活品质带来的提高。

“海绵城市”建设为临港地区提供更加优越的城市生态和人居环境，为上海解决城市水系统管理探索了新模式，也为全国构建科学合理的城镇化布局积累了新经验、树立了新标杆。完善城市功能、强化基础支撑、优化发展环境，推动多元要素协调均衡发展——浦东临港地区正向着功能多元、产城融合、生态宜居、开放活跃的最佳城市实践区迈进。

从『联合支部』到『金领驿站』

20 世纪 90 年代浦东开发开放后，按照邓小平同志提出的“起点高，关键是思想起点要高”的要求，浦东新区党工委、管委会明确提出要做到两个“一流”，即“一流的党建工作新局面”和“全国一流、世界驰名的社会主义现代化的新区”，确立了浦东开发开放的重要指导思想为“以一流党建促一流开发”。党的十八大以来，作为国家战略的重要承载地，浦东坚持以习近平新时代中国特色社会主义思想为指导，将“以一流党建促一流开发”发展为“一流党建促一流业绩”，以党的建设引领和推动新时代浦东的创新发展。

20 世纪 90 年代末，随着浦东开发建设进入快车道，人口大量导入，楼宇经济、园区经济蓬勃发展，非公经济组织和社会组织大量涌现，流动党员不断增加，党建工作覆盖的“空白点”和“盲区”开始出现。如何通过党建创新，更好地在浦东这片中国改革开放的前沿阵地上实现党的组织覆盖和工作覆盖，切实将党建工作的重心逐步转到整合区域化资源、加强党员群众凝聚上来，成为浦东亟须解决的难点问题。

1999 年 6 月 14 日，全国第一个跨地域、跨行业、跨所有制的楼宇联合党支部在浦东新区陆家嘴金融贸易区的嘉兴大厦成立了。建成于 1996 年的 24 层的商务楼嘉兴大厦，入驻企业的产权形式多元，企业门类多样，且属地、规模不一。浦东新区潍坊社区党工委牵头筹建联合党支部时，在大厦内的 74 家企业、1000 多名员工中只有 8 名党员，并且分散在 7 家不同的企业。“经济发展到哪里，党组织就要建到哪里。”联合党支部的成立，率先实现了党建工作在楼宇内的有效覆盖，让楼内党员不出大厦就能参加党的活动，使党员重新找到了“娘家”。“支部建在楼上”这项由属地党组织牵头，在商务楼宇当中建立党组织、设立党员服务点的举措，成为对党的组织建设与制度建设新的创造。通过多年的实践探索，“楼宇党建”工作受到越来越多“两新”组织和党员的理解、认同和参与。

在此基础上，浦东依托楼宇、市场、产业链、商业街等载体，积极创新楼宇党建工作模式，让楼宇党建工作辐射更广的区域，党组织的渗透力、影响力和感召力不断增强。其中，陆家嘴金融贸易区逐步建立起综合党委、

1999 年 6 月，浦东新区潍坊社区党工委在嘉兴大厦建立全国第一个楼宇联合党支部

片区党总支、基层党支部、部门党小组的四级组织网络架构，紧密联系广大党员，实现有效管理。这也为楼宇党建工作进一步向着突出服务功能的创新升级创造了条件。

2014 年 8 月，陆家嘴金融贸易区综合党委通过沟通和协调，借用区内企业的活动场地，成立了第一个“金领驿站”。“金领驿站”更好地融合了原有“职工之家”“党员活动室”以及企业党工团等，设置包含党群需求服务、合法权益维护、核心价值引领、员工成长成才及休闲交流联谊的功能平台，联合金融贸易区内众多知名企业，举办教育、学习、讲座、健身、沙龙、联谊等系列活动，让金融城的年轻白领不仅过上组织生活，还解决了吃饭难、出行难、看病难、社交难等问题，楼宇党建工作“交流、服务、凝聚、引领”的功能在“金领驿站”中得到日益凸显。随着 2016 年 6 月底，位于中国第一、世界第二高楼——上海中心大厦内的“金领驿站”正式挂牌，陆家嘴“金领驿站”已发展到 20 家，到 2018 年底又迅速发展到 40 家，构成了陆家嘴楼宇党建工作的一道最亮丽的风景线。陆家嘴地区通过整合企业的场地资源、人才优势和社会的志愿者力量，建立了 10 个片区党建服务中心和 30 个楼宇党建服务站，覆盖了 284 个基层党组织、9100 余名党员，把加强组织全覆盖和工作全覆盖作为楼宇党建的基础，构建区域化的组织架构，加强组织引领——“支部建在楼上”，在高楼林立的陆家嘴打造出一片充满活力的新阵地。

2018 年 11 月 6 日，习近平总书记在上海考察时，来到上海中心大厦详细了解党建工作开展情况。在党建服务中心的空中花园研讨交流区，3 家企业党支部正在联合开展“我与金融城共成长”主题党日活动。习近平总书记来到他们中间，同他们亲切交谈。他充分肯定了上海从陆家嘴金融城产业集聚、企业汇聚、人才广聚的实际出发，创新党建工作思路和模式，为楼宇内各种所有制企业的基层党组织和党员提供学习指导、管理服务、活动平台的做法，指出党建工作的难点在基层，亮点也在基层，随着经济成分和就业方式越来越多样化，在新经济组织、新社会组织就业的党员越

上海中心大厦部分党员在“金领驿站”集中收看党的十九大开幕式

来越多，要做好其中的党员教育管理工作，引导他们积极发挥作用；强调基层党建既要发扬优良传统，又要与时俱进，不断适应新形势，拓宽基层党建的领域，做到党员工作生活在哪里、党组织就覆盖到哪里，让党员无论在哪里都能找到组织找到家；并希望上海在加强基层党建工作上继续探索、走在前头。

习近平总书记鼓舞人心的话语，激励着浦东进一步以楼宇党建为基础不断加强探索创新，走出一条具有浦东特色的城市党建新路。近年来，浦东不断加强“支部+”模式“布点”、探索行业党建“连线”、依托区域化党建“成片”，持续推进“两新”组织党建工作创新。在金桥开发区，“吴慧芳工作法”正发挥先进典型的辐射作用，创新开发区党群联动新成果，在开发区党群工作中得到了有效运用并逐步向体系化、科学化发展。在世博地区，正着力打造包括区域内各开发主体、入驻央企、民企在内的党建大联盟，将各类辖区资源纳入党建联建大平台，以区域化党建推动建立公共治理新架构。在张江园区，根据“产业相关、地域相邻、资产相连”原则，

在中国（上海）自由贸易试验区保税区党建服务中心设立的党员政治生活馆

园区党组织划分为9片，建立片区党组织，并形成了支部建在产业链上、建在项目上、建在生产流水线上、建在科研创新团队里等新型的组织模式，成为张江加快形成国家自主创新示范区进程中的坚强战斗堡垒。在外高桥保税区，针对外资企业和小微企业多、企业员工流动性大、党员组织归属跨单位、党组织活动阵地匮乏等情况，在中国（上海）自贸试验区保税区党建服务中心创造性地设立了党员政治生活馆。党员政治生活馆在实践中推出“预约制、自助式、主题化”定制服务，提供誓词教育、历史教育、警示教育、素质教育、主题教育等内容，形成“全情景式的党员政治生活微社区”，切实将党建工作建在了自贸区内最有活力的脉搏上。

从开发区到自贸试验区，从“支部建在楼上”到“金领驿站”，从楼宇集中的中心城区、产业集聚的功能区、高档现代的国际化社区到城乡新社区，浦东打造了一个又一个特色鲜明的党建品牌，保证了“浦东开发建设到哪里，党的工作就开展到哪里”，让党的旗帜在这片中国改革开放前沿阵地上高高飘扬。

自贸试验区　开放新标杆

上海市东部、长江三角洲东缘，从 2013 年 9 月 29 日上海自贸试验区正式成立之初的 28.78 平方公里，到之后扩展为 7 个片区的 120.72 平方公里，在上海浦东这 120.72 平方公里的范围内，我国多项全面深化改革和扩大开放的重大政策在此先行先试。上海自贸区先后诞生的 100 多项制度创新成果，成为我国投资贸易便利化、金融开放创新、事中事后监管、服务国家战略的样板。

2019 年 8 月 6 日，上海自贸试验区临港新片区正式设立。这不是简单的面积扩大，而是根本的制度创新，是功能的拓展和发展的突破，更是深化改革开放的再升级。

我国设立自贸区以来，从上海自贸区单块“试验田”到遍及全国 18 块自贸区集群，我国对外开放的格局正在不断拓展、深化。

[CHAO`YONG`DONG`FANG]

首个自由贸易区成立

2013 年 9 月 29 日，中国大陆境内第一个自由贸易区——中国（上海）自由贸易试验区挂牌仪式在上海浦东外高桥举行。

自由贸易试验区是指在贸易和投资等方面比世贸组织有关规定更加优惠的贸易安排，在主权国家或地区的关境以外，划出特定的区域，准许外国商品豁免关税自由进出。实质上是采取自由港政策的关税隔离区。狭义仅指提供区内加工出口所需原料等货物的进口豁免关税的地区，类似出口加工区。广义还包括自由港和转口贸易区。

党的十八届三中全会通过的《关于全面深化改革若干重大问题的决定》明确，建立中国（上海）自由贸易试验区是党中央在新形势下推进改革开放的重大举措，要切实建设好、管理好，为全面深化改革和扩大开放探索新路径、积累新经验。

成立之初的上海自贸试验区涵盖外高桥保税区、外高桥保税物流园区、洋山保税港区和浦东机场综合保税区 4 个海关特殊监管区，总面积 28.78 平方公里。以开放倒逼改革、以制度创新倒逼深化改革的“国家试验”由

2013年9月29日，中国（上海）自由贸易试验区挂牌

此展开。

2014年5月，中共中央总书记、国家主席、中央军委主席习近平在上海视察时指出："上海自由贸易试验区是块大试验田，要播下良种，精心耕作，精心管护，期待有好收成，并且把培育良种的经验推广开来。"2015年4月，上海自贸试验区范围扩展到陆家嘴金融片区、金桥开发片区和张江高科技片区，总面积达120.72平方公里。建设上海自由贸易试验区是党中央、国务院推进我国新一轮改革开放作出的重大决策。上海积极争取、主动承担这一国家重大创新与战略任务，坚持把建设中国（上海）自贸试验区作为当好全国改革开放排头兵的突破口，制度创新的试验田，坚持解放思想、先行先试，坚持不搞政策洼地，大胆闯、大胆试、自主改，把制度创新作为核心任务，把企业作为重要主体，形成了一大批在全国可复制、可推广的制度成果，发挥了自贸试验区改革政策的复制、推广和溢出效应。

率先探索建立投资准入前国民待遇和负面清单管理模式，全面实施外商投资和境外投资备案管理制度。为进一步对接国际通行规则，自贸试验区制定实施负面清单，以单一文件的方式，逐项列明股比、经营范围、投资者资质等限制措施。同时，对外资并购、战略投资等提出明确要求，提高准入政策透明度和可预期性。对负面清单以外的领域，取消外商投资项目和外商投资企业设立及变更审批，实施备案管理，从对企业管理为主扩展到对投资者的管理，强化对投资者及投资行为的管理。外资企业备案的办理时间已由原来的 8 个工作日减少为 1 个工作日，申报材料由 10 份减少到 3 份，极大地方便了投资者。加强金融开放和制度创新，出台《进一步推进中国（上海）自由贸易试验区金融开放创新试点 加快上海国际金融中心建设方案》，与之前国家金融管理部门发布的金融支持上海自贸试验区建设的 51 条政策意见和实施细则，共同构成了以自由贸易账户为基础，以人民币跨境使用、投融资汇兑便利化、利率市场化、外汇管理改革为主要内容的金融制度创新框架体系。建设面向国际的金融资产交易平台，证

2018 年 3 月 26 日，“中国版”原油期货在上海浦东起航

券“沪港通”实施，开创了风险可控的跨境证券投资新模式；推出“上海金”人民币集中定价机制，增强了我国在国际黄金市场上的定价话语权；中国原油期货在上海期货交易所上市交易，国际原油定价体系迎来“中国声音”。

深化对标国际高水平投资贸易规则制度创新，试点建设国际贸易“单一窗口”，实现电子信息的实时推送和共享，创新“一线放开、二线安全高效管住、区内流转自由”监管制度，促进贸易程序便利化。按照“一个平台、一次提交、结果反馈、数据共享”的模式，以电子口岸平台为依托，构建了货物进出口、运输工具、贸易许可与资质、支付结算等9大功能板块，实现口岸通关的申报、查验、支付、放行、提离、运抵等各业务环节全覆盖。通过“单一窗口”，企业申报数据项在船舶申报环节缩减65%，在货物申报环节缩减24%。国际贸易“单一窗口”较好地适应了我国贸易货物品类复杂、方式多样的实际情况，大幅度提高了企业办事和政府监管的效率，也为全国国际贸易“单一窗口”建设提供了运行机制统一认证以及数据标准等方面的经验。

深化行政管理体制改革，减少行政审批事项，推进政府管理由注重事前审批转为注重事中、事后监管，为自贸区在全国的推广积累了宝贵的经验。贯彻落实《国务院关于上海市开展“证照分离”改革试点总体方案的批复》，深化市场准入制度改革，选择116项审批事项在浦东新区开展“证照分离”改革试点，进一步清理和取消一批行政许可事项。由规范市场主体资格向规范市场主体行为转变，以综合监管为基础，以专业监管为支撑，建立部门协同监管机制，运用信息化监管手段，统筹多元化监管力量，实施过程监督和规范管理，做到放得更活、管得更好、服务更优，形成透明高效的准入后全过程监管体系。

至2018年，上海自贸试验区的改革创新理念和100多项制度创新成果在全国复制推广。外商投资备案管理、企业准入“单一窗口”等投资领域改革措施在全国复制推广。先进区后报关、批次进出集中申报等贸易便

2013 年 10 月，众多企业代表来到自贸区综合服务大厅办理业务

利化改革措施，已在全国范围、长江流域范围、海关特殊监管区域等分阶段有序推广实施。跨境融资、利率市场化等金融制度创新改革成果分领域、分层次在全国复制推广。上海自贸试验区的主动开放、自主改革，探索新形势下推动全面深化改革和扩大开放的新路径，为全国自贸试验区建设提供了可借鉴的经验和模式。

上海自贸试验区的制度创新进一步激发了市场创新活力和经济发展动力。投资管理创新激发了社会投资热情，自挂牌至 2018 年底，自贸试验区累计新设立企业 5.9 万户，五年来新设企业数是前 20 年同一区域企业数的 1.6 倍。新设外资企业 1.1 万户，占比从自贸试验区挂牌初期的 5%上升到 20%左右。累计实到外资 263 亿美元。贸易便利化改革效应持续显现。在自贸试验区的带动下，浦东新区外贸进出口五年来持续保持增长，2018 年浦东新区完成进出口总值 2.06 万亿元，同比增长 5.2%，占上海全市比重为 60.5%。自贸试验区有力推动了浦东转型发展。2018 年浦东新区地区生产总值增长 8.0%，财政总收入增长 8.3%。上海自贸试验区以 1/10 的面积创造了浦东 3/4 的生产总值、70%左右的外贸进出口总额；以 1/50 的面积创造了上海市四分之一的生产总值、40%左右的外贸进出口总额，反映出制度创新而非优惠政策是驱动经济长远发展的持续动力。

从沿海到内陆，从北到南，自贸试验区建设已经从“一枝独秀”扩展至全国，形成“1+3+7+1+6”的开放新态势，并与“一带一路”建设、自贸协定谈判等区域合作相互配合，助推全面开放新格局。■

走向全国的『负面清单』

2013年9月上海自贸试验区挂牌成立当日，“全国首份”外商投资准入“负面清单”——《中国（上海）自由贸易试验区外商投资准入特别管理措施（负面清单）（2013年）》也同步发布，包括制造业、批发和零售业、租赁和商务服务业、科学研究和技术服务业、房地产业等18个行业门类，涉及89个大类、419个中类和1069个小类，共有190条外商准入特别管理措施。“非禁即入”新模式开始进入公众视野。

“负面清单”产生于《关贸总协定（GATT）》乌拉圭回合关于《服务贸易总协定》的谈判过程中。所谓“负面清单管理模式”是指建立“以准入后监督为主、准入前负面清单方式许可管理为辅”的投资准入管理体制，即政府将不允许外国投资者投资的相关产业列入“负面清单”，在此名单之外，政府不应进行太过严格的监管。

“负面清单”是政府管理由“事前审批”向“事中事后监管”转变的一种直接体现，是国家治理体系和治理能力现代化水平的重要标志。它的完

2013 年 9 月，全国首份“负面清单”发布

整提法是“外资准入前国民待遇 + 负面清单管理制度”。负面清单的长短仅仅代表了产业领域的开放水平，而准入前国民待遇及与其配套的备案管理等事中事后监管制度代表了制度领域的开放水平。

世界上许多国家采用了“准入前国民待遇 + 负面清单”的外资管理模式，许多区域性贸易安排也采取了这种外资管理模式。

2013 年前，我国外资管理模式一直采取的是“准入后国民待遇 + 正面清单”，对外商直接投资进行审批，通过外商投资产业指导目录对外商投资产业进行引导和管理，外商投资项目分为鼓励类、允许类、限制类和禁止类。党的十八届三中全会后，我国以开放促进改革，放宽外商投资准入，推进服务领域的投资自由化，将外商投资项目由核准制改为备案制，将外商投资企业合同章程审批改为备案管理，积极构建更加开放、公平非歧视的政策体系。

作为世界贸易大国，中国融入国际经济规则体系的程度正在逐渐加深。联合国贸易和发展会议 2014 年 1 月发布的《全球投资趋势监测报告》显示，2013 年流入中国的外国直接投资达 1270 亿美元，稳居世界第二，与美国的差距进一步缩小到 320 亿美元。商务部的统计数据显示，仅 2013 年全年新设立外商投资企业就达 22773 家。可以说，负面清单制度是中国外商投资管理体制和政府管理经济方式的一次根本性变革。

党的十八届三中全会指出，建立中国（上海）自由贸易试验区是党中央在新形势下推进改革开放的重大举措，要切实建设好、管理好，为全面深化改革和扩大开放探索新途径、积累新经验。在推进现有试点基础上，选择若干具备条件地方发展自由贸易园（港）区。中央从战略层面指出上海自贸区由试点走向推广，同时设计了推广路径。

上海自贸区“负面清单”实施成效显著。据统计，至 2015 年 12 月，外商投资已有 283 个项目落地，外商投资项目由核准制改为备案制以后，投资热情极大迸发，新设外商投资企业数同比增长 10 倍。例如，国务院发布的上海自贸区总体方案中，要求扩大航运服务业开放，其中就包括“允许设立外商独资国际船舶管理企业”。截至 2015 年 12 月初，已有 12 家外资船舶管理公司落户上海自贸区，其中包括全球最大的船管公司英国威仕集团成立的全资子公司——上海卫狮船舶管理有限公司。

上海自贸区成立一周年前夕，国务院总理李克强到自贸区调研。上海自贸区用三张桌子的桌面向总理展示了负面清单管理的探索：绿色桌面堆满改革前限制措施的 186 份文件，蓝色桌面摆着被调整的 151 份文件，橙色桌面上是目前留存的 35 份文件。在这三张桌子的旁边，则是醒目的“法无授权不可为，法无禁止皆可为，法定职责必须为”三句话。对此，李克强总理指着空出大半的橙色桌面说，要继续压缩负面清单，给市场“让”出更大空间。

负面清单一直在瘦身。2014 版负面清单中，特别管理措施由原先的

企业代表在上海自贸试验区查阅相关政策信息

190 条调整为 139 条，减少 51 条，调整率达 26.8%，其中实质性取消了 14 条管理措施，放宽了 19 条管理措施，进一步开放的比率为 17.4%。上海自贸区的“负面清单”，吸引了全国多地前来学习效仿，用于本地的外商投资准入。2015 年 4 月，国务院办公厅正式发布《自由贸易试验区外商投资准入特别管理措施（负面清单）》。新版“负面清单”比 2014 版减少了 17 条，比 2013 版减少了 68 条。在新版清单列出的 15 类 122 项特别管理措施中，共包含限制性措施 85 条，禁止性措施 37 条。其已经不再是上海自贸区的“独家产品”，而是统一适用于上海、广东、天津、福建的 4 个自贸试验区。

中国语境下“负面清单”的独特之处，就在于其不止用于外商投资，而是成为管理模式，属于在引入国外管理理念的基础上进行的自主创新。

这种创新就体现于，在外商投资负面清单之外，中国还另有一份市场准入负面清单。根据国务院 2015 年 10 月发布的《关于实行市场准入负面清单制度的意见》（以下简称《意见》），市场准入负面清单制度，是指国务院以清单方式明确列出在中华人民共和国境内禁止和限制投资经营的行业、领域、业务等，各级政府依法采取相应管理措施的一系列制度安排。市场准入负面清单以外的行业、领域、业务等，各类市场主体皆可依法平等进入。“负面清单”厘清了政府和市场作用的行为边界，对于法治政府建设具有重要意义，它明确政府能做什么，做到“法无授权不可为”；明确企业不该干什么，做到“法无禁止皆可为”。

根据《意见》，2015 年 12 月 1 日，市场准入负面清单制度改革试点工作正式启动，试点地区包括上海、广东、天津、福建四个自贸试验区所在的省市，试点工作为期两年，于 2017 年 12 月 31 日结束试点。两年试点成效显著。数据显示，上述四个自贸区 2016 年实际吸收外资 879.6 亿元人民币，同比增长 81.3%；上海自贸区外商投资负面清单由 2013 年 190 条减少到 2017 年的 95 条。在总结经验、完善制度设计后，2018 年起实行全国统一的市场准入“负面清单”制度。■

“互联网+”的电商服务港

2013年9月，《中国（上海）自由贸易试验区总体方案》中明确提出，“要加快培育跨境电子商务服务功能，试点建立与之相适应的海关监管、检验检疫、退税、跨境支付、物流等支撑系统”。上海自贸区的区位优势与“一线彻底放开”的政策优势立即吸引了电商企业的集聚。2013年11月，以东方网电子商务有限公司为代表的“跨境通”电商和以支付宝、财付通、快钱等第三方支付机构为代表的跨境支付企业迅速进驻上海自贸区。为了突破我国现行的管理体制、政策及法规环境制约，2013年10月，作为上海唯一的国家跨境贸易电子交易试点——“跨境通”电子商务平台完成功能测试，成为首批入驻自贸区的项目之一，并通过海关总署的验收上线运行。在该平台上线的商品主要包括服装、服饰、婴幼儿用品、3C电子产品、化妆品、箱包六大类热门商品。其价格与国内专柜价相比，普遍至少便宜30%。

2015年春节前，天天果园作为首家在跨境通平台正式上线的生鲜电商

跨境通网站

企业，开启了全国范围内水果报税模式跨境电商的第一单——将澳大利亚塔斯马尼亚樱桃引进中国。

“这些对新鲜度要求非常高并且成本比较贵的水果，通过跨境电商平台非常合适。不仅能进一步保证新鲜度，也能让它的价格更亲民。”天天果园联合创始人赵国璋介绍道，通常这种樱桃的市场售价为600元一箱，现在享受免税优惠，光这一项就可以节省20%左右的费用；而且它们以三天的最快速度运送到了消费者餐桌，大大缩减了商品的损耗，使得最终售价只有350元一箱，降幅非常明显。

从码头到餐桌，最快只要6小时。上海消费者获得喜爱的海外水果有了最快的速度、最廉的价格、最好的质量。这就是自贸区带给老百姓的巨大实惠。除了时间短之外，由于销售环节的精简，使得跨境电商的销售价格比目前的市场价便宜近30%。

“天天果园还可以直接从上海自贸区内发货，行邮税税额在50元以内的货物还可以免税。”赵国璋表示，这也成就了进口水果的“又快又便宜”。

同时，进口水果在指定口岸运营后，企业享受到了自贸区检验检疫制度创新、通关便利、保税展示等优势，大幅简化了进口物流环节，节约了运输费用，降低了贸易成本。据悉，每个集装箱货物平均为企业节省费用500元，降低物流成本30%以上。

随着上海自贸区跨境生鲜电商开始正式运行，越来越多的商品通过自贸区的平台以更便宜的价格、更快的配送速度销售到千家万户。

为了促进上海自贸区电子商务进一步发展，上海外联发商务咨询有限公司（UDC）与上海助跑网络科技有限公司（助跑网络）合作搭建上海自贸试验区跨境电商服务港（以下简称“电商服务港”），旨在满足中外企业跨境贸易需求，为自贸区内企业提供海内外对接与服务平台，以电商平台为载体连接国内外市场资源，助推自贸试验区跨境电商行业不断蓬勃发展。

电商服务港以推动自贸区电子商务发展为基础，以助跑网络运营的全球电商网为载体，通过整合全球电商平台及服务商，依托口岸区位、客户资源及保税政策等优势，为入驻电商服务港的客户提供标准、专业、一站式精准服务，内容包括开业服务方案设计、平台选择指导、大数据参考与

“无界”体验式服务

页面设计、物流方案、运营指导、推广引流等在内的全产业链服务。经过一年多的筹建，目前，电商服务港保税仓已实现产品入境备案、仓配发货功能，并引入京东等重要项目。

京东推出全球首家“无界零售”线下全品类体验店——京东汇。京东汇项目是电商服务港引入的重要项目。京东汇项目选址于外高桥森兰商都，依托上海自贸区“店仓一体”的独特优势，汇集京东全球购的优质商品，整合文化旅游、金融等跨界服务，打造集场景消费体验、商品互动体验、交易服务体验、无人科技体验、线上线下融合体验于一体的“摸得到的京东”。

京东汇项目在传统“前店后库”的模式基础上，在跨境商品体验中运用“前仓前店”创新模式打造“所见即所得”的全新“无界零售”体验模式。在这里，消费者不但能近距离体验来自全球最新的优质产品，还能告别以往保税展示商品“只能看不能买”的尴尬情形，以线上线下同步的价

位于外高桥森兰商都的京东汇

格将心仪的商品购入囊中，而“前仓”与“后库”会根据体验店的销售情况进行及时调拨。作为京东线下体验旗舰项目，京东的无人机、无人车、无人店、无人仓也都在其中出现，保税仓京东机器人、RFID、人脸识别、图像识别等技术应用其中，消费者也会体验到“无人超市”等新科技带来的全新购物体验。京东汇项目已于2018年8月在浦东外高桥试运营。“前仓”与“后仓”、线上与线下联动结合是京东汇项目独具特色的优势，是跨境电商保税仓储模式的创新突破。该项目以线上与线下的完美融合创造“有限空间无限商品”的全渠道无界生态，还可通过“前仓前店”的线下分拨模式了解消费者对进口商品的青睐趋势，作为国外商品进入中国市场的“风向标”与“温度计”。不仅如此，京东汇项目的正式落地带动外高桥周边地带的商业圈发展，塑造自贸区跨境电商新名片。

电商服务港是一个升级版的综合服务平台，能为入驻客户提供标准、专业、精准的一站式服务。电商服务港的特点有二：一是依托上海“五个中心”发展定位和自贸试验区开放的金融环境，依托上海外高桥港口岸区位、保税政策、客户资源、便捷通关的优势；二是突破传统“前店后库”的模式，采用“前仓前店”模式，所见即所得，有京东全球首家“无界零售”线下全品类体验店，积极尝试无人机、无人车等新技术。

电商服务港对于发展跨境电商，促进对外贸易，落实我国贸易强国战略，意义重大。今后，通过建立保税仓库、海外仓和国际分拨中心，跨境电商可以进一步拓展进出口业务。同时，可以拓展业务内容，如跨境结算、跨境支付、国际税收、新国际物流等，还可以发展与货物贸易相关的服务贸易，如服务外包、信息服务和技术贸易等，发展潜力巨大。■

服务“一带一路”的国别商品中心

鲜花、美酒、建筑、画作，上海自贸区内的国别（地区）商品中心，不仅展示着异域风情，还借助着自贸区的各项政策，发挥着“引进来、走出去”的平台作用。

2017 年 3 月，国务院印发《全面深化中国（上海）自由贸易试验区改革开放方案》，提出上海自贸区要创新合作发展模式，成为服务国家“一带一路”建设、推动市场主体走出去的桥头堡。为落实这一要求，浦东新区重点推进 5 项工作，包括设立“一带一路”技术贸易措施企业服务中心、深化境外投资服务平台建设、加快建设“一带一路”国别（地区）进口商品中心、增强“一带一路”金融服务功能、加强“一带一路”人才交流合作等。

利用上海自贸区的先发优势支持商业创新是浦东新区政府打响上海购物品牌的重要举措。浦东新区打造的“一带一路”国别（地区）商品中心，是由外高桥集团公司下属营运中心公司在外高桥保税区建立国别（地区）商品中心，并在此基础上，借助中国进口商品博览会进一步拓展功能。

中国（上海）自贸区国别中心网站

2014年5月30日，上海自贸区内首个建成的国别（地区）商品中心——澳大利亚商品中心率先开馆。该中心利用“展销一体化”模式，聚合澳中优质资源，打造澳中经贸交往绿色通道。

在浦东新区主管部门和外高桥集团公司大力支持下，该项目历经前期坎坷与困难，在2017年开始，步入正轨。目前，在贸易与商业领域，已有近200家优秀的澳大利亚知名企业成为中心会员单位，并通过中心平台为中国消费者提供品质有保障的优质澳大利亚商品，这其中包括中国消费者熟悉的澳佳宝、贝拉米、奔富、甄妮诗、TimTam、百利康、Zenger等知名品牌企业。截至目前，该中心已经引进超过2000个SKU（库存量单位）的澳大利亚产品，从营养保健到美妆洗护，从绿色食品到珠宝首饰，从鞋帽配饰到酒水饮料，从日常生活所需到澳大利亚原土著艺术品，产品年销售额已超人民币1000万元。借助上海自贸区的贸易便利和高效管理，澳大利亚商品中心已建成线上平台“澳大利亚国家馆网上商城”，初步建成了覆盖线上线下、批发零售等渠道的立体交叉式销售网络，同时在华东、华南、华北等地建立二级馆。澳大利亚国家馆线下实体销售体系直销店及澳洲城

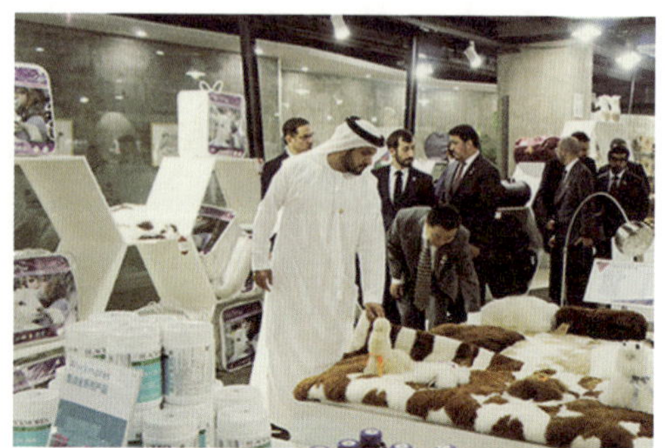

澳大利亚商品中心

项目等稳步拓展，将为更多中国消费者提供“澳式”购物体验。

还有，服务项目也已展开，目前中心已与8家不同行业的澳大利亚优秀技术服务企业建立战略合作关系，协助他们与相应的中国客户衔接并建立伙伴关系。此外，中心也与国内两个大宗商品交易中心达成初步合作协议，在其框架下合作打造专门的澳大利亚商品交易中心。不仅如此，中心还积极帮助中国企业“走出去”，如中心已成功帮助一家无锡企业与澳大利亚资深养老机构建立合资公司，首期投资为人民币1.8亿元，计划在澳大利亚投资建设3个大型养老院；中心同时还协助一家宁夏企业在澳大利亚传统的优势产业——畜牧业投资建设6个大型安格斯牛牧场。

上海自贸区内占地面积最大的国别（地区）商品中心是智利商品中心，达2626平方米，于2015年5月进驻国别（地区）商品中心项目二期的法赛路310号。同年8月24日，智利商品中心首批驻馆企业的签约正式启动。

截至2017年7月，智利商品中心已招募智利会员41家；促成智利及南美洲商品进口170种，其中20种为首次进入中国；建成省级分中心2家（长沙、西安），各类商品中心10家（上虞、成都、北京、贵阳、郑州、广州等），同全国各自贸区及深圳、哈尔滨等地区中心城市推动进一步合作。2016年，完成进口贸易310万美元，协助促成出口贸易750万美元。

在促成中智双边中小企业进行国际贸易合作的同时，中心坚持推动文化交流、技术交流、信息交流等深层次合作。随着市场的调研逐步深入，推动“一带一路自贸商业联盟（筹）”中南美洲专委会成立，配合国家发改委对商品贸易中的深层次问题提供一系列数据与参考方案，为以车厘子为代表的智利大宗商品建立行业标准、规范流通秩序，获得相关商品的国际话语权。

南美国家在国际贸易方面的行动力相对滞后，同时，也因智利商品中

智利商品中心

心的运营成本较高，其运作面临不小的压力。但智利商品中心努力想办法解决问题。2018 年年初，大量符合行业标准的车厘子到达上海口岸开展批发业务后，其经营压力得到一定缓解。

除了单个国别的商品中心，上海自贸区还有区域联合的商品中心，即包括波兰、捷克、斯洛伐克、匈牙利、斯洛文尼亚、克罗地亚、罗马尼亚、保加利亚、塞尔维亚、黑山、马其顿、波黑、阿尔巴尼亚、爱沙尼亚、立陶宛和拉脱维亚的中东欧 16 国商品中心。平台面积 1898 平方米，商品中心产品品种超过 1000 种，年销售额 1034 万元。首先引进了位于保加利亚首都索非亚的中东欧 16 国的农业合作机构，将 16 国的绿色农业、食品业、制造工艺、精细矿产等引入中国市场。这一区域联合模式的商品中心搭建了中东欧国家互相开拓中国市场的“16+1”措施，中东欧 16 国国家馆，被划分成了 10 多个独立空间，保加利亚国家馆、马其顿共和国国家馆、捷克国家馆已在此“扎根”。以保加利亚馆为例，该国有世界近 3/4 以上的玫瑰品种，还有世界上最大的玫瑰种植园，素有“玫瑰王国”的美誉。每年 6 月的第 1 个星期天，保加利亚都要在“玫瑰谷”举行盛大的保加利亚玫瑰节。在保加利亚共和国商品中心内，保加利亚为最具特色的玫瑰产品专设了独立的“保加利亚玫瑰馆”，玫瑰馆面积为 50 平方米，展出玫瑰产品 300 余种。又如近 200 平方米的马其顿商品中心装饰极具马其顿民族特色，展示优质葡萄酒、天然矿泉水、奶类、罐装水果和蔬菜等 300 多件马其顿代表商品。

自 2014 年首个国别馆——澳大利亚商品中心开馆以来，累计已有 9 家国别馆、10 个国家入驻，吸引了 7000 余种新品进入中国市场，连接起了全球 1200 余家中小企业。

国别（地区）商品中心内一个个世界“橱窗”，展示的是各个国家的特色产品，更是整体形象。让更多国家的优质商品进入中国市场，继而打造 365 天“永不落幕”的进口商品博览会。上海自贸区内的每个国别（地区）商品中心都要获得该国驻华大使馆或相关政府部门授权，才能在上海自贸区管委会备案认可，因此可以保证每个项目的“唯一”及所有展示商品的“原汁原味”。同时，作为集展示平台、销售渠道、各类配套服务等多功能为一体的场馆，国别（地区）商品中心可以为“一带一路”沿线国家在推广本国消费品、文化艺术、医疗教育、服务等方面，提供一个低成本高效率的平台。可以说，国别（地区）商品中心是服务国家“一带一路”建设、满足人民日益增长的美好生活需要的重要抓手。■

全球最大规模的“单一窗口”

以前一家企业若是办理船舶离港手续，一般需要跑到窗口现场办理盖章，并把纸质许可证送给船长。现在通过国际贸易“单一窗口”，可以将办理时间从2天减至2小时，进口货物申报也从1天缩短至半小时。

建设国际贸易“单一窗口”，是贯彻落实党的十八届三中全会提出的“实现口岸管理部门信息互换、监管互认、执法互助”要求的具体措施，也是上海自由贸易试验区贸易监管制度创新和促进上海口岸通关安全便利的重要内容。对于这项工作，上海市委、市政府高度重视，全力予以推进。

所谓“单一窗口”，是国际通行的贸易便利化措施，这将使企业通过单一接入点向管理部门提交单证数据。在国际贸易“单一窗口”的网页，大家只要根据页面上的要求，把进出口货物的信息填入表格，并上传单证，海关和国检等部门就能进行网上审批。

在国家口岸办的统筹协调下，在海关总署、质检总局、公安部、交通运输部的支持和指导下，2014年2月21日，上海依托电子口岸率先开始建设国际贸易“单一窗口”试点。

2014 年 6 月 18 日，上海“单一窗口”两个试点项目——“海运货物进口申报”和“船舶出口岸联网核放”正式上线运行。

当天上午 10 时，试点企业上海元初国际物流有限公司代理的耐克体育（中国）有限公司从斯里兰卡进口的服装，通过“单一窗口”完成一般贸易进口货物的申报手续，货物重 80 千克，货值 1.3 万美元。企业通过互联网登录“单一窗口”平台，一次录入满足海关、检验检疫和海事等监管部门要求的申报信息，“单一窗口”平台自动产生检验检疫申报单、海关申报单、海事申报单。企业完成报检后，“单一窗口”平台自动将通关单号回填到报关单中，即时完成报关手续。

除了“海运货物进口申报”项目之外，“单一窗口”另一个试点项目是“船舶出口岸联网核放”。首票“船舶出口岸联网核放”测试于 6 月 3 日下午 3 时许完成，停靠在上海自贸区洋山保税港区三期 2 号泊位的达飞公司

上海国际贸易单一窗口 1.0 版正式发布

“TITAN”号，通过“单一窗口”成功办理船舶离港放行手续，准予船舶离港的信息直接由“单一窗口”平台发出，改变了企业之前需要到海关、检验检疫、边检、海事等执法部门串联奔走、分别办理手续的做法。

“单一窗口”建设把现有口岸执法变为一口对外、一次受理和一次操作的执法模式，实现“信息互换、监管互认、执法互助”。搭建“单一窗口”平台，既可以有效整合贸易供应链上各环节的信息资源，减少中间环节，降低数据差错率，提高执法效能，又可以让企业通过一站式办结所有通关手续，节省人力和时间成本。

2015 年 6 月 30 日，上海国际贸易“单一窗口”1.0 版正式发布。“单一窗口”1.0 版基本功能覆盖货物进出口申报、运输工具申报、贸易许可申领、税费办理和支付、企业资质和信息查询六大功能。“单一窗口”1.0 版正式上线后，覆盖范围更广，适用范围不断扩大，在货物进出口申报方面，从试点初期的一般贸易海运货物进口申报，拓展到包括海运或空运货物的进出口申报，由一般贸易拓展到保税货物和展品申报，由口岸的货物申报拓展到海关特殊监管区域一线货物进出境备案申报；在运输工具申报方面，从“船舶出口岸联网核放”一个项目拓展到包括船舶进出口岸申报、船舶出口岸核放以及航空器出入境申报等，进一步便利企业。

2016 年 1 月 25 日，上海国际贸易“单一窗口”2.0 版正式上线运行。“单一窗口”功能进一步扩展，实现了口岸监管环节全覆盖，并进一步延伸到国际贸易管理各主要环节。通过数据协调与简化，货物申报数据元由 103 项减少到 75 项。通过统一数据代码，更加与国际标准接轨，更加便利企业申报。此外，“单一窗口”还开发运行了移动版以方便企业使用。

负责上海国际贸易“单一窗口”技术开发的是上海亿通国际股份有限公司。2016 年 11 月 22 日，中共中央政治局常委、国务院总理李克强视察上海自贸区亿通国际股份有限公司。在考察时，李克强总理称赞道，在当前全球进出口贸易萎缩情形下，你们创造的经验，为扩大我国进出口贸易打造了新亮点。

2018 年 8 月 12 日，工作人员介绍中国（上海）国际贸易单一窗口相关情况

2017 年 1 月，上海国际贸易“单一窗口”3.0 版全新上线。“单一窗口”平台兼具货物进出口、运输工具、快件物品、人员旅客、支付结算、资质许可、信息查询、自贸专区等监管服务的功能板块，实现了与 23 个部门技术对接，平台应用项目达到 33 个，覆盖口岸通关各个环节，包括抵运、申报、查验、支付、放行等业务办理，并延伸到出口退税、保险、结算、代理等贸易管理和物流环节。上海口岸货物和船舶申报 100% 通过国际贸易“单一窗口”办理。

从上线到 2.0 版、3.0 版，上海国际贸易“单一窗口”都借鉴了国际上建设单一窗口的成熟经验，按照“一个平台、一次递交、结果反馈、数据共享”的理念建设。2018 年，上海 4000 多万集装箱涉及的单证信息均通过“单一窗口”处理。“单一窗口”的实施，在促进口岸和外贸发展和提高贸易便利化方面，发挥了重要作用。同时，中国（上海）国际贸易“单一窗口”也得到了世界银行的高度评价，认为上海国际贸易“单一窗口”全球领先。在 2018 年世界银行的《营商环境报告》中，就向全球推荐了上海国际贸易“单一窗口”。如今，上海国际贸易“单一窗口”处理超过全国三分之一的进出口贸易量，是全球业务处理规模最大的平台。

未来，上海国际贸易“单一窗口”将向区域化、国际化以及智慧化三方面发展。区域化的目标就是立足上海，依托上海电子口岸“两港一区”（即国际海港通、国际空港通、国际自贸通）的建设，打造上海的服务品牌，服务长三角，服务长江经济带。同时，将积极推动长三角“单一窗口”的互联互通，打造长三角区域“单一窗口”。国际化的目标就是服务国家“一带一路”建设，积极推动“一带一路”沿线口岸的互联互通，目前已经与马来西亚的“单一窗口”以及澳大利亚的新南威尔士港进行了对接。其中与马来西亚“单一窗口”对接的是电子原产地证，与澳大利亚对接的是物流可视化。智慧化的目标就是通过大数据、云计算、人工智能乃至区块链等新兴技术，实现上海国际贸易“单一窗口”的智慧化和上海口岸的智慧化。上海电子口岸采集全球船舶的定位数据，和上海口岸的进出口货物信息进行整合，为全球从上海进出口货物的企业提供全球供应链可视化服务，进一步提升上海的跨境贸易营商环境。

迈向全球的『上海金』

2014 年 9 月 18 日，上海黄金交易所设在上海自贸区的国际化平台——上海国际黄金交易中心正式投入运营。启动并推出“黄金国际板”，是我国黄金市场对外开放迈出的实质性一步，“上海金”正式走向全球。国际投资者可使用离岸人民币自由参与上金所所有产品的交易，共享中国黄金市场发展机遇。“上海金”成为中国增强全球要素定价权的重要尝试，国际黄金市场由此形成以人民币标价的“上海金”基准价格，与以美元标价的 LBMA 黄金基准价格互为补充，推动国际黄金市场体系平衡发展。占据全球出库量近一半的黄金消费市场由此踏上争夺国际定价权的征程。

黄金市场一直是我国金融市场的重要组成部分，黄金兼具商品和金融双重属性，具有超主权、超种族、超文化的特性。在当代国际信用货币体系下，黄金仍然代表最后清偿力，是维护主权货币稳定和国家金融安全的重要保障。

2002 年 10 月 30 日，随着一面锣敲响，上海黄金交易所正式开业。这

2002 年 10 月，上海黄金交易所开业

一声锣响，标志着我国黄金行业长达 50 多年计划管制的结束。至此，我国正式建立起新的体系——由交易系统连接着的买卖双方成为黄金市场上的定价主体，同时，这也丰富了个人投资渠道，为个人购买黄金打开了方便之门。

当天上午 9 点敲锣开市，由山东黄金卖出、上海老凤祥首饰研究所买入的第一单成为上海黄金交易所的首笔黄金交易，成交价格为每克 83.6 元。当天的成交量达到 540 千克，成交金额为 4508.66 万元。上海黄金交易所的正式开业，标志着中国黄金产业从此走上了市场化的道路，也为中国的金融改革宏图增添了浓墨重彩的一笔。

上海黄金交易所的开业运行是我国黄金管理体制改革的重大突破，标志着我国由货币市场、证券市场、保险市场、外汇市场和黄金市场组成的主要金融产品的交易市场全部建成，适应社会主义市场经济的金融市场体系更加完善，也使上海国际金融中心的建设向前大大迈进了一步。

上海黄金交易所成立后，中国黄金市场驶入了发展快车道。上金所逐步发展成为中国黄金交易的枢纽，中国黄金市场成为全球重要的黄金市场。从 2007 年起，上金所已连续成为全球最大的场内黄金现货交易所。中国黄金消费量连年增长，于 2013 年超过印度，成为全球最大黄金消费国。截至 2014 年 2 月，中国已经发展成为全球增长最快的黄金市场。

虽然中国的黄金市场起步比较晚，但国际黄金市场近年来“西金东移”的趋势愈发明显，使得中国正成为全球黄金市场格局演变的主要推动力量。在“上海金”推出之前，中国的黄金市场比较封闭，参与交易的市场主体仅限于国内的产金用金企业、商业银行和投资者，市场交易与全球市场联系不密切，难以真正参与到全球交易中去。结果导致中国市场沦为伦敦和纽约的“影子”，无法将中国市场的供求关系真实地传递到国际市场。而周边的城市如东京、新加坡和香港，从政府到市场，从政策到产品，均在采取有力措施，积极争夺亚洲黄金交易中心地位。

“西金东移”的必然结果，是改变中国价格诉求难以向世界传导的现状。“上海金”人民币集中定价业务的构想便应运而生。

2014 年 9 月 18 日，上海黄金交易所国际板启动

黄金国际板的上市，是上海自贸区成立以来金融市场最重要、最有分量的创新成果之一。上海建设国际金融中心，黄金市场是一个重要组成部分。黄金市场率先对外开放标志着国际金融中心建设上了一个新台阶。

上海已经有了上海同业拆放利率（Shanghai Interbank Offered Rate，简称 Shibor），人民币的资金价格话语权牢牢地掌握在自己手中。“上海金”的推出，其价格形成机制在国际贵金属市场上将逐步确立黄金的人民币基准价，使得“上海金”成为与“伦敦金”比肩的全球黄金市场价格基准，大大增强定价影响力。上海黄金交易所 2013 年黄金出库量已占全球黄金产量 60%，占全球消费量近一半，黄金现货交易已连续 7 年位居全球第一，2013 年黄金现货交易量达 1.16 万吨，个人投资者开户超过 600 万户。

“上海金”启动后，将吸引国际投资者和大量离岸人民币资金参与境内金融市场交易，增加离岸机构与在岸机构、离岸人民币与在岸人民币的融合，提升资金流通效率，加大黄金市场、利率市场和汇率市场的联动，有力推动上海金融市场参与国际资源的配置。

2014 年全球黄金进口环节中，很多都不是在生产地交易交割，而是通过第三地进行，即黄金转口。上海有条件也必然会成为转口中心。在上海自贸区内，上海黄金交易所还专门设立了千吨级的黄金实物制定仓库，在为国际板交易提供交割、储运服务之外，可提供“两头在外”的黄金实物转口贸易服务，充分发挥上海得天独厚的区位优势，借“西金东移”之势，逐步把上海建设成为亚洲乃至全球范围内具有重要影响力的转口贸易中心。

黄金国际板最值得一提的关键词便是“自贸区、亚洲时间、人民币计价”。“上海金”从一开始就确定使用人民币计价，同时利用自贸区金融改革先行先试的自由贸易账户（FT 账户），便利了境外投资者使用离岸人民币和可兑换货币进行无限额交易。所有的国际投资者可以在一个统一的平台利用统一的规则进行交易。

世界黄金协会首席执行官阿兰和渣打银行全球市场总裁杰瑞米·伊斯特都不约而同地提到，全球贸易中使用人民币支付的比例已经达到 16% 左右，使用人民币计价的“上海金”对老牌“伦敦金”的冲击将非常大，并将创造一个新的黄金价格秩序。黄金的人民币价格基准，更将成为世界其他市场的重要风向标。

使用人民币计价，能够创造人民币的国际需求，可以为将来形成规模性人民币国际资产定价交易做准备。对黄金的定价权，实际上体现的是整个货币的国际影响力，人民币对黄金的定价权，是人民币国际化的结果。增加黄金储备和吸引黄金交易者，有助于加快人民币国际化步伐。

为增强人民币在黄金定价中的话语权，上金所还结合自身优势，推出全球第一个以人民币标识、交易、结算、交割的黄金集中定价交易机制，每天 2 次向全球发布“上海金”基准价。“上海金”为全球投资者提供了一个公允的、可交易的人民币黄金基准价格，为企业和银行提供了对冲国际黄金价格进行套保与风险规避工具，同时也是国内贵金属从业企业进行全球商业合作的重要依据。随着“上海金”市场影响力的扩大，客观上也助推上海成为国际重要的黄金交易中心。■

全球并购网
服务跨境投融资的

伴随着国家“一带一路”倡议、国家自贸区战略实施，上海自贸区政策创新和对外开放高地效应凸显。为了更好地服务企业，充分利用国内和国外两个市场、两种资源，加快国内外资源联合发展，自贸区成立了全球并购网，并以此作为跨境投融资综合服务载体，为自贸区企业提供“专业化、一站式”的公共服务，助力中国企业分享海外发展机遇。

2016 年 5 月 25 日，伴随着 8 组能量体同时被“点亮”，上海自贸区全球并购网（www.globalma.com.cn）宣告正式上线。来自美国和中国的 5 个项目作为网站首批会员成功签约，并在现场举行了项目融资路演。

并购是一种重要的投资实现方式，企业并购可以获得企业所需要的产权及资产，实行一体化经营，从而达到规模经济。企业通过规模经济降低企业成本，还会给企业带来制度的变迁，因而并购活动本身就具有战略意义。

作为上海探索跨境股权投资的重大创新举措及服务中国资本“走出

2016 年 5 月 25 日，全球并购网上线

去”、对接“一带一路”建设的重要平台，全球并购网充分利用上海自贸区的制度创新优势，运用“互联网＋”思维，利用大数据分析精准匹配投融资服务，并通过“线上＋线下”“标准化＋个性化”服务体系，着力解决投融资不对称问题，为全球范围内的项目方、资金方、服务机构、投资机构，搭建集信息、交易、服务、社交于一体的 O2O 项目资本对接服务平台。

全球并购网由上海外联发商务咨询有限公司、上海长盈股权投资管理中心、上海康硕投资管理有限公司共同合作建立。其中，外联发商务咨询公司是上海外高桥保税区联合发展有限公司旗下负责自贸区招商引资、企业服务的主力，也是上海自贸区管委会指定服务外包供应商，是自贸区境外投资服务平台和境外投资服务联盟的运作主体，在服务跨境投资方面有着丰富的服务资源和案例经验。三方的合作，通过资源共享、优势互补，不仅为全球并购网的持续健康发展奠定了基础，也为实现资本方与项目方的高效对接提供了专业保障。

全球并购网面向全球寻找业务合作伙伴，引入了全球合伙人模式，依靠全球合伙人推荐项目。2017 年全球并购网管理团队前往美国旧金山、洛杉矶、圣地亚哥等地拜访 Jabil 公司的 Blue Sky Center 智能城市展示厅，

业务人员在咨询相关政策

实地体验美国的智能城市创新理念和技术。硅谷“独角兽”孵化器 Plug and Play 曾培养出谷歌、贝宝、LendingClub、Dropbox 等著名科技公司，全球并购网和 Plug and Play 公司签署了合作协议，为 Plug and Play 公司的项目寻找境内投资者。全球并购网与美国风投机构 Zuma Partners 共同举办项目路演会，深度挖掘有意开拓中国市场、寻求中国投资的创业公司；管理团队还拜访 BioDuro 公司的美国总部，商讨全球并购网与 BioDuro 公司在上海自贸区共同创建生物医药孵化器的合作方案。

全球并购网建立相关平台，对所有项目信息实现严格规范管理。在项目准入方面，一方面定期对项目信息进行收集整理，实施动态管理；另一方面，对项目实施严格准入管理，所有项目需符合国家鼓励产业以及在核心技术上具有竞争力的企业，杜绝虚假信息和二手信息。由于严格把控项目质量，全球并购网云集了国外众多有投资前景的高科技项目，如来自法国一家公司的 DNA 精准分析项目，该项目可对 DNA 做分子级别的精确分析，应用于乳腺癌、直肠癌的早期检测，可以延续患者的生命。平台同时推出了医疗器械领域前沿的项目，如澳大利亚一家公司推出了医疗器械 3D 打印，该项目以数字模型为基础，运用粉末状金属为材料，通过对大量患者的骨骼模型数据进行统计测量，建立 3D 器官数据库，再通过逐层打印方式来构造人造器官。该项目可以帮助患者进行手术前分析和规划，降低手术风险，具有广阔的市场前景。又如，平台治疗干性老年眼底黄斑病变的眼科多束光 LED 照射项目被自贸区投资基金收购，老年眼底黄斑病变属于眼科顽疾，该项目由一家美国科技公司研发，已通过加拿大的 FDA 认证，获得 5 项授权和许可使用专利，并已和国内知名厂商签署本地化制造及销售协议，将带动医疗技术造福于民。

全球并购网积极举办项目路演会、国家主题周、投融资论坛等活动，以项目洽谈对接为抓手，汇聚全球资金方、服务方、项目方、渠道方资源。例如以色列作为“一带一路”沿线的重要国家，是上海自贸区实践国家战略的重要支点。为加强自贸区同以色列的深度合作，为国内企业投资以色列公司牵线搭桥，全球并购网于 2016 年 9 月举办“以色列周”线上专题活动。全球并购网的项目团队也同步深入以色列当地进行考察，直击以色列最高端的“黑科技”，挖掘最有潜力的投资机会，踏出上海自贸区和全球并购网对接“一带一路”的重要一步。2018 年 3 月，全球并购网携手欧洲合作伙伴 ANM Partner 在上海自贸区国际生物医药科创中心举行以“大健康”为主题的路演会，旨在促成境外优质医疗健康项目产业化。路演会邀请专家、行业投资人、项目方到场，总规模达 300 多人。来自中国与法国的干细胞再生心脏疗法、儿童口腔早期正畸解决方案、DNA 精准分析平台、人工智能数字组织图像分析等数个医疗健康科技项目先后亮相。全新的技术吸引在场观众的眼球，让优质的项目与专业的投资者实现精准匹配。通过举办形式多样的跨境活动，全球并购网已成功对接了来自美国、加拿大、法国、芬兰、日本等国家优质项目资源，成功打造全球并购网活动品牌。

全球并购网搭建全方位社交圈平台模式，建立交易圈、服务圈、人脉圈、资讯圈四大社交板块，网站的会员和客户通过社交板块掌握更及时、

全球并购网

更全面的项目信息，投资方和项目方借助平台为用户提供多样化的信息发布渠道，同时依托现有资源，组织专业团队为用户提供信息筛选、匹配、推送、定制等各类信息服务，以及商业计划书、财务、法律、路演等一系列的投融资定制化服务。平台还以沙龙、论坛、峰会等形式为优质资本与项目提供面对面接洽机会，优先帮助有竞争力的资本和项目成功对接。

全球并购网的客户来自美国、欧洲、日本等 48 个国家和地区。平台发布项目包括医疗及医疗器械、IT 互联网服务、电子设备制造、汽车及零配件制造、机械制造、房地产、金融、科研技术等 21 个行业，吸引了一批科技前沿的项目及团队入驻平台。截至 2018 年 5 月底，全球并购网已累计引入资金方 1652 家，服务方 79 家，签约项目 385 个。

设立中国的『纳斯达克』

2018年11月5日，习近平总书记在首届中国国际进口博览会开幕式上宣布，将在上海证券交易所设立科创板并试点注册制，支持上海国际金融中心和科技创新中心建设，不断完善资本市场基础制度。

第二天，上海证券交易所党委组织学习讲话精神，成立科创板建设与注册试点工作领导小组和6个工作小组，从科创板筹备、注册制筹备、技术运行、公司监管、制度协调、综合保障方面同时开展工作。

10天后的11月16日，上海证券交易所向中国证监会上报了设立科创板并试点注册制的方案。这份方案，是科创板这个中国资本市场的新生儿呱呱坠地后的第一声“啼叫”。

2018年12月7日，设立科创板并试点注册制的主要业务规则草案，由上海证券交易所上报中国证监会。经过长达54天的审核、讨论、修改、论证，经党中央、国务院同意，中国证监会于2019年1月30日发布了《关于在上海证券交易所设立科创板并试点注册制的实施意见》（以下简称

《实施意见》)。中国证监会和上海证券交易所按照《实施意见》要求，有序推进设立科创板并试点注册制各项工作。

一个多月后的 3 月 1 日，上海证券交易所正式发布科创板主要业务规则，并陆续发布配套业务规则和监管问答、指南等规范性文件，总计达 19 份之多。这些主要业务规则包括《上海证券交易所科创板股票上市规则》《上海证券交易所科创板股票发行上市审核规则》《科创板首次公开发行股票注册管理办法（试行）》《上海证券交易所科创板股票发行与承销实施办法》等。被市场专业人士称为“19 条军规”的这些规则、办法与指引，构建了科创板并试点注册制的市场体系，完成了市场建设与运行的制度奠基。

科创板的定位可以概括为：三个面向——面向世界科技前沿、面向经济主战场、面向国家重大需求；六个重点支持——新一代信息技术、高端装备、新材料、新能源、节能环保以及生物医药等高新技术产业和战略性新兴产业；一个优先支持——拥有关键核心技术的企业。

在创业板主要业务规则发布的同时，设立科创板的各方面准备工作也在进行。首先是确保组织保障工作，上海证券交易所专门组建了科创板与试点注册制相关业务部门，分别设立科创板上市审核中心、科创板公司监管部和企业培训部。同时，成立了“设立科创板并试点注册制工作上线指挥部”，下设企业与发行、上市审核、交易机制、市场监察、公司监管、规则、系统与运行、市场、培训投教、新闻舆论、综合协调 11 个工作组，协调全所各部门，协力同心开展工作。为此，上海证券交易所还召开了设立科创板并试点注册制全所员工培训大会。

2019 年 2 月中旬，上海证券交易所在北京、上海、深圳、成都四个市场主体集中的片区，召开了 10 场业务规则征求意见座谈会及 1 场会计师事务所专题座谈会。全国 113 家证券公司、13 家基金公司、24 家代表性创投及保险公司、证券服务机构、个人投资者参加座谈。同时，上海证券交易所还通过网站、热线电话等公开渠道，收集针对主要业务规定的意见、建议。

上海证券交易所科创板上市审核中心

3 月 22 日，上海证券交易所作出决定：受理首批 9 家拟上市科创板企业的申请。一个星期后，上海证券交易所向这 9 家已受理企业发出了首批审核问询函。

在这之后，受理申报企业的速度加快进行。自 3 月 22 日至 5 月 6 日，不到两个月的时间里，总计受理企业申报 100 家。与此同时，以问询、回复为主要形式的审核工作快速推进。迄至 6 月 5 日，已问询企业 97 家，其中已有 58 家企业完成二轮问询回复、13 家企业完成三轮问询回复。正是在这多轮问询和回复的进程之中，首批微芯生物、安集科技和天保科技 3 家科创板拟上市公司已通过审核，正式报往中国证监会完成注册。

从 3 月 22 日至 6 月 5 日，上海证券交易所科创板的工作者们，用他们的奋斗创造了一种新的“中国速度”。与此同时，他们要“中国速度”，也要“中国质量”。例如，一家券商的两名保荐代表人在向上海证券交易所报送交控科技《问询回复》及同步报送的更新版招股说明书时，擅自修改了多处有关经营数据、业务与技术、管理层分析等信息披露内容。在发现异常并查明事实后，5 月 21 日晚，上海证券交易所发布对该券商的两名保荐代表人予以通报批评的决定，中国证监会也同时作出相应处罚，显示了对违规行为的零容忍。

同时，各地政府相关部门快速行动起来，在摸、排的基础上，推出了基本符合条件的科创板拟上市企业和后备企业；券商、会计师、律师三大中介机构，在短时间内完成对科创板首批拟上市企业的辅导和申报；作为市场投资主体，包括新成立的科创板基金，机构投资者积极准备；不同层次、不同渠道的媒体第一时间持续报道科创板各类消息，每天发稿量超过万条。

6 月 13 日，科创板正式开板，标志着党中央、国务院关于设立科创板并试点注册制这一重大改革任务的落地实施。两天后，券商完成科创板技术通关测试，科创板交易系统正式上线。

6 月 21 日，最高人民法院发布《关于为设立科创板并试点注册制改革提供司法保障的若干意见》，从依法保障以市场机制为主导的股票发行制度改革顺利推进、依法提高资本市场违法违规成本、建立健全与注册制改革

2019 年 7 月 22 日，科创板鸣锣开市

相适应的证券民事诉讼制度等方面提出了17条举措。

从宣布设立，到科创板开板，再到首批公司正式上市，前后筹备只用了8个多月。至2019年7月21日，上海证券交易所共披露149家科创板受理公司，其中25家成为科创板首批上市公司，主要集中于成长性好的高新技术和战略性新兴产业，大多分布于新一代信息技术、生物医药和高端装备等产业，具备较强的科创属性，多处于快速发展阶段，符合国家战略和经济结构调整方向。

7月22日，上海证券交易所科创板首批25家公司正式上市交易，标志着中国资本市场又迈出重要一步。截至收盘，25只科创板股票首日平均涨幅约140%，全天累计成交额超过480亿元。

截至2019年11月4日，科创板横空出世一周年之际，已有171家企业拟科创板上市申请获受理，其中41家企业成功上市。这些企业遍及大江南北，一大批科技创新企业从科创板孕育而出，成为资本市场的新生力量。

起航

临港新片区 自贸区

2019 年 8 月 6 日，国务院印发《中国（上海）自由贸易试验区临港新片区总体方案》（以下简称《方案》），标志着上海自贸试验区临港新片区正式设立。

增设上海自贸试验区新片区，是习近平总书记 2018 年 11 月在首届中国国际进口博览会上宣布的重大开放举措之一，同时他还鼓励和支持上海在推进投资和贸易自由化、便利化方面大胆创新探索，为全国积累更多可复制、可推广经验。

9 个月后，上海自贸区临港新片区揭开面纱。与 2015 年扩区不同，此次新增设的临港片区承担着更高一层的对外开放使命：坚持贯彻高质量发展要求，推动统筹国际业务，跨境金融服务、前沿科技研发、跨境服务贸易等功能的集聚；坚持对标国际高标准，研究提出具有较强国际市场竞争力的开放政策和制度；坚持以风险防控为底线，构建全面风险管理体系，全面提升风险防范水平。

《方案》提出，到 2025 年，新片区要建立比较成熟的投资贸易自由化

上海自贸区临港新片区

便利化制度体系，打造一批更高开放度的功能型平台，集聚一批世界一流企业，区域创造力和竞争力显著增强，经济实力和经济总量大幅跃升。到2035年，建成具有较强国际市场影响力和竞争力的特殊经济功能区，形成更加成熟定型的制度成果，打造全球高端资源要素配置的核心功能，成为我国深度融入经济全球化的重要载体。

《方案》明确，在上海大治河以南、金汇港以东以及小洋山岛、浦东国际机场南侧区域设置新片区。按照“整体规划、分步实施”原则，先行启动南汇新城、临港装备产业区、小洋山岛、浦东机场南侧等区域，面积为119.5平方公里。

《方案》指出，新片区参照经济特区管理。要建立以投资贸易自由化为核心的制度体系。在适用自由贸易试验区各项开放创新措施的基础上，支持新片区以投资自由、贸易自由、资金自由、运输自由、人员从业自由等为重点，推进投资贸易自由化便利化。要建立全面风险管理制度。以风险防控为底线，以分类监管、协同监管、智能监管为基础，全面提升风险防范水平和安全监管水平。要建设具有国际市场竞争力的开放型产业体系。

发挥开放型制度体系优势，推动统筹国际业务、跨境金融服务、前沿科技研发、跨境服务贸易等功能集聚，强化开放型经济集聚功能。加快存量企业转型升级，整体提升区域产业能级。

8月20日，上海自贸区临港新片区正式揭牌。新片区在产业打造、政策支持与空间利用三方面三管齐下，打造更具国际市场影响力和竞争力的特殊经济功能区，主动服务和融入国家重大战略，更好服务对外开放总体战略布局。

按照产业发展总体目标，临港新片区推进建立以关键核心技术为突破口的前沿产业集群，包括集成电路综合性产业基地，优化进口料件全程保税监管模式，支持跨国公司设立离岸研发和制造中心，推动核心芯片、特色工艺，关键装备和基础材料等重点领域发展。人工智能产业方面，临港新片区建设人工智能创新及应用示范区，加快应用场景开放力度，推动智能汽车、智能制造、智能机器人等新产业新业态发展。民用航空产业方面，新片区以大型客机和民用航空发动机为核心，加速集聚基础研究、技术开发、产品研制、试验验证等配套产业，推动总装交付、生产配套、运营维护、文旅服务等航空全产业链发展。揭牌以来，大批重点产业项目纷纷签约落地临港新片区。至2019年12月底，新片区新设企业4025家，签约重点项目168个、总投资821.9亿元。

为加强对新片区的金融支持，加快集聚优质金融资源，建立统筹在岸业务与离岸业务发展的国际金融枢纽，不断增强全球金融资源配置能力，2019年9月20日，临港新片区管委会发布《中国（上海）自由贸易试验区临港新片区支持金融业创新发展的若干措施》。其扶持方向包括对标国际标准开展跨境金融业务、加强跨境资金灵活使用、推进建设资金管理中心与其他特殊或创新业务。扶持对象包括持牌类金融机构、新型金融机构、投资类企业、金融人才、金融创新、招商引资等。10月18日，新片区管委会又发布了《促进产业发展若干政策和集聚发展集成电路、人工智能、生物医药和航空航天四大重点产业的若干支持措施》，着力提升科技创新和产

上海临港（企业）行政服务中心

业融合能力，整体提升区域产业能级，打造以关键核心技术为突破口的世界级前沿产业集群，加快推进建成具有国际市场竞争力的开放型产业体系。

临港新片区虽空间资源充足，仍需科学规划。新片区重点围绕前沿产业、高端服务、创新协同三大功能，聚焦集成电路、人工智能、生物医药、航空航天、新能源汽车、装备制造、绿色再制造七大前沿产业；同时，在金融、贸易、航运等服务领域与原有片区形成错位，重点发展新型国际贸易、跨境金融服务、航运服务、信息服务、科技创新服务五大现代服务业。11 月 28 日，新片区管委会发布了《中国（上海）自由贸易试验区临港新片区产业地图》（1.0 版），重点规划以下区域：前沿产业区、国际创新协同区、生命科技产业区、综合区先行区、特殊综合保税区、现代服务业开放区、浦东机场南侧区域、小洋山岛区域。

生产新能源汽车的特斯拉上海超级工厂项目是中国首个外商独资整车制造项目，也是特斯拉在美国之外首个超级工厂。特斯拉上海超级工厂集研发、制造、销售等功能于一体，一期规划年产量为 15 万辆纯电动整车。

特斯拉上海超级工厂流水线

项目于2018年7月签约，当年拿地。2019年1月7日，在上海临港开工建设。12月30日，首批15辆国产特斯拉Model 3在上海超级工厂正式交付，比特斯拉之前在中国官网预告的2020年一季度交付时间大幅提前。特斯拉上海超级工厂项目实现当年开工、当年投产、当年交付，让全世界见证了“上海速度”“特斯拉速度”。

临港新片区作为国家扩大开放的战略空间、深度融入经济全球化的重要载体，拥有无与伦比的政策优势与产业导入的充足空间，正在推动更高质量发展、形成更有创新活力的制度成果、打造更具国际市场影响力和竞争力的特殊经济功能区。

核心承载区　科创新高地

2014 年 5 月，中共中央总书记、国家主席、中央军委主席习近平在上海考察时，要求上海努力在推进科技创新、实施创新驱动战略方面走在全国前头、走到世界前列，加快向具有全球影响力的科技创新中心进军。2018 年 11 月，习近平总书记在张江科学城展示厅听取科学城发展历程及规划建设情况介绍，参观大科学设施、集成电路、航空航天、生物医药等展区并作出重要指示。

近年来，浦东深入贯彻落实习近平总书记重要指示精神，以提升张江综合性国家科学中心集中度和显示度为核心，布局一批重大科技基础设施，建设世界一流的张江科学城，积极构建科技成果转移转化促进、高端集聚的创新型产业、具有全球竞争力的人才资源、科技创新制度、科技创新服务模式和服务五大支撑体系，科创中心建设集中度、显示度日益增强。

2020 年 1 月市十五届人大三次会议审议通过的《上海市推进科技创新中心建设条例》明确提出“聚焦张江推进承载区建设”等各项要求，为浦东加快提升科技创新策源能力、构建更具吸引力的创新生态、打造更具竞争力的人才综合服务环境、建设科创中心核心承载区提供了规范指引。

CHAO`YONG`DONG`FANG

张江

从『园』升级为『城』的

在党中央关于建设科技强国重大战略指引下，坐落于浦东中部地区的张江高科技园区不断面临着新的发展机遇。

2011 年初，国务院正式批复张江高新区创建国家自主创新示范区，其中张江园区被列为核心园，规划面积扩大至 75.9 平方公里，包括原张江高科技园区、康桥工业区、国际医学园等区域。2013 年 7 月，科技部印发《上海张江国家自主创新示范区发展规划纲要（2013 ～ 2020 年）》，提出张江示范区的战略定位为开放创新先导区、战略性新兴产业集聚区、创新创业活跃区、科技金融结合区、文化和科技融合示范基地。2014 年底，国务院决定上海自贸试验区扩区至张江片区，东至外环线、申江路，南至外环线，西至罗山路，北至龙东大道，面积 37.2 平方公里，为国家自主创新示范区与上海自贸试验区的深度联动打下扎实基础。2016 年 4 月，国务院批复印发《上海系统推进全面创新改革试验加快建设具有全球影响力的科技创新中心方案》，提出“张江国家自主创新示范区进入国际先进高科技园区行列”的

国家高新区成就展上的张江展区

目标。同年内，《上海张江综合性国家科学中心建设方案》获得国家发展改革委、科技部正式批复，提出以张江地区为核心承载区建设综合性国家科学中心；公安部也就支持上海科技创新中心建设陆续推出出入境政策等相关措施。

这一系列重大决策和政策举措在张江实施，是基于对张江高科技园区建设20多年取得成效的肯定，同时也是对进一步提升张江整体科研水平和产业能级提出的更高要求。如何在现有基础上进一步增强创新要素的集聚度、提升创新能级，优化完善重点区域的城市功能，在推动张江现有“存量空间”实现转型与更新的同时，高标准、高起点加快建设“增量空间”，“张江科学城”的规划建设给出了重要方案。自2015年7月起，《张江科学城建设规划》编制工作启动，经历现状评估与定位研究、国际方案征集及平行规划研究、建设规划研究编制等多个阶段，历时2年，于2017年7月获得市政府批复同意。

根据规划，张江科学城规划范围北至龙东大道、东至外环–沪芦高速、

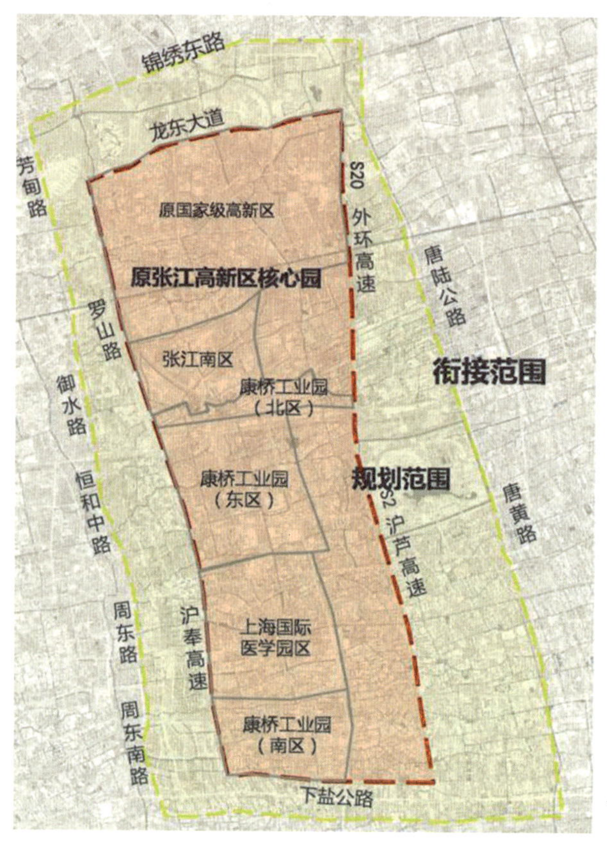

张江科学城规划范围及衔接范围示意图

南至下盐公路、西至罗山路-沪奉高速，兼顾重大科技基础设施要求，总面积约94平方公里；并通过外扩形成衔接范围，加强与龙阳路枢纽、国际旅游度假区等周边地区的协调和联动。规划区域构筑“一心一核、多圈多点、森林绕城”的空间格局。其中，“一心”是指依托川杨河两岸地区并结合国家实验室，集聚科创设施，引入城市高等级公共服务和科技金融等生产性服务，形成以科创为特色的市级城市副中心；“一核”是指结合南部国际医学园区，增强城市公共服务功能，形成南部城市公共活动核心区；“多圈”是指依托以轨道交通为主的公共交通站点，基本实现步行600米社区生活圈全覆盖，强调多中心组团式集约紧凑发展；“多点”是指结合办公楼、厂房改造设置分散、嵌入式众创空间；“森林绕城”，则是指连接北侧张家浜和西侧北蔡楔形绿地、东部外环绿带和生态间隔带、南侧生态保育区形成科学城绕城林带。

规划围绕“上海具有全球影响力科技创新中心的核心承载区”和“上海张江综合性国家科学中心”目标战略，将未来的张江科学城定位为：中国乃至全球新知识、新技术的创造之地、新产业的培育之地；以国内外高层次人才和青年创新人才为主，以科创为特色，集创业工作、生活学习和休闲娱乐为一体的现代新型宜居城区和市级公共中心；“科研要素更集聚、创新创业更活跃、生活服务更完善、交通出行更便捷、生态环境更优美、文化氛围更浓厚”的世界一流科学城。根据《规划》，张江科学城将促进科创要素的集聚发展，形成北、中、南三大科创要素集群：北部依托国家实验室核心区，集聚大科学设施、高水平研究型大学和国家级科研院所；中部结合孙桥地区和李政道实验室，集聚国际一流实验室和科研院所；南部结合国际医学园区，形成以医疗为特色的国际院校、研究所集群。《规划》同时指出，要加快创新产业高端化和集群化发展，加快产业结构从劳动密集型向智力密集型转变，充分考虑到“产城融合、职居平衡”的要求，大力提高教育科研、居住、公共服务设施、绿地等用地比例，预留未来发展的弹性。规划新增约 920 万平方米住宅中，890 万平方米将采用租赁模式，并配套多元、均等的公共服务和公共空间，满足以科学家、科创人才为代表的就业人口居住需求。

《张江科学城建设规划》的制订形成标志着张江从“园区”向“城区”的转型升级拉开了序幕；而自 2018 年年初起《张江科学城规划实施行动方案》的部署和推进，则意味着张江科学城建设全面进入施工阶段。以“一批大科学设施、一批创新转化平台、一批城市功能项目、一批设施生态项目、一批产业提升项目”为主要内容的两轮“五个一批”重点项目建设相继启动。2018 年，硬 X 射线自由电子激光装置开工，上海交大张江科学园、李政道研究所实验楼开建，上海集成电路产业园、张江药物实验室研究平台、上海脑科学与类脑研究中心、张江国际孵化创新联盟揭牌成立；芯片制造取得阶段性进展，华力二期 12 英寸先进生产线正式建成投片。当年 5 月，通过改革调整张江管理体制，重组上海推进科技创新中心建设办公室，理顺管理机制，明晰工作职责，加强资源统筹力度，更加有力有效地推动科创中心建设。张江 2018 年全年完成税收 393.24 亿元，比 2017 年增长 14.5%；完成一般公共预算收入 96.51 亿元，增长 14.0%；完成固定资产投资 318.44 亿元，比 2017 年增长 27.2%。2019 年，继续推进国家实

迈向科学城的浦东张江

验室单元、西北城市更新片区建设，同时加大张江城市副中心、孙桥科学中心片区、上海集成电路设计产业园、新场生物医药高端制造产业园等重点区域开发建设力度；同时，推动 ABB 等一批战略合作项目签约、IBM 中国上海总部等项目入驻，大力提升产业基础能力和策源能力，跑出“张江加速度”。到 2019 年，首轮“五个一批”73 个重点项目中已累计完工 51 个；新一轮“五个一批”82 个重点项目中，ABB 机器人超级工厂、逸思医疗科创园等 43 个项目已开工建设，阿里巴巴上海研发中心、微软人工智能和物联网实验室等 12 个项目已建成并投入使用。这些项目集聚了全球高端创新资源，优化了科技创新生态系统和策源功能，为张江科学城的改革创新和高质量发展注入强劲动力。集成电路、人工智能、生物医药等重点领域产业发展在张江实现了新突破，其中生物医药产业 2019 年经营总收入达 800 亿元，产业规模占全市近三分之一，巩固了张江科学城作为我国生物医药产业链、创新链最完整、专业化服务水平最高区域的地位。在同年来自张江的一系列创新成果中，由中国科学院上海药物研究所耿美玉研究员带队研制的我国原创治疗阿尔兹海默病新药“九期一”（甘露特钠胶囊）上市，因填补了该领域长达 17 年无新药上市的空白而备受关注。浦东张江的集中度与显示度正日益凸显。

2019年年底，张江科学城举行重点项目集中开工、入驻、签约仪式暨“科学之门”项目启动活动。此次张江科学城共有53个重点项目集中开工、入驻、签约，共投资768亿元，涵盖企业、高校、产业园区、人才公寓、河道绿地、交通路网等多个方面；“科学之门”以及量子信息技术协同创新平台、张江复旦创新中心科研大楼、张江国际社区人才公寓三期、川杨河北岸景观提升等17个重点项目举行了开工仪式。2020年2月底，包括联通5G+AI实验室、华勤通讯总部、嘉和生物药业研发中心等在内的50个重大项目集中签约或开工。未来的张江科学城，不仅拥有一批构筑国家创新体系的“国之利器”，成为国家创新体系的基础平台和重要组成部分，更将通过高品质的生活环境、完善的公共服务体系，推动高校、研发机构、公共服务设施、高新技术企业和创新创业人才在这片土地上加速集聚融合，构建张江创新独特的“磁场效应”。加快从“园区”向“城区”转型的张江，向着建成世界一流科学城、打造世界级科创中心增长极的目标迈进。■

硬X射线自由电子激光装置启动建设

2017 年 12 月，张江综合性国家科学中心又一“大国重器”——总投资近 100 亿元的“硬 X 射线自由电子激光装置”获批启动。该项目作为国内迄今为止投资最大的重大科技基础设施项目，在国家发改委、上海市和中科院的共同关心与支持下，在项目各参建单位的共同努力下，取得了当年立项当年启动的阶段性成果。2018 年 4 月 27 日，硬 X 射线自由电子激光装置建设全面启动。该装置选址位于上海张江综合性国家科学中心核心区域，装置总长约 3.1 公里，工程建设过程中，将建设埋深 29 米的地下隧道，包含超导直线加速器隧道、波荡器隧道、光束线隧道及 5 个工作井。建成后的整个装置主要由超导加速器、光束线、实验站和配套公用设施 4 个部分组成，两个实验大厅则分别设在张江实验室、上海科技大学。

早在数年前，硬 X 射线自由电子激光装置就被写入《国家重大科技基础设施建设中长期规划（2012—2030 年）》，到 2016 年又被列入《国家重大科技基础设施建设“十三五”规划》。最初设想的方案是利用常温技术建

2018 年 4 月启动建设的硬 X 射线自由电子激光装置全长 3.1 公里

造低重复频率装置，造价近 20 亿元。然而为进一步加快科创中心建设，上海市同国家发展改革委、中科院多次讨论，最终决定：瞄准国际先进水平，采用低温超导技术，建造高重复频率硬 X 射线自由电子激光装置，其综合性能是低重复频率装置的 100 至 1000 倍，但造价也随之成倍跃升。对于这个我国投资最大的科技基础设施，上海市委、市政府鼎力支持——国家发展改革委出资 20 亿元，其余经费由上海市“兜底”；此外上海市还出资 7.7 亿元，支持项目团队研发超导高频等领域的核心技术和关键技术。

硬 X 射线自由电子激光具有更高的亮度、更短的脉冲结构和更好的相干性，能提供的 X 射线峰值亮度比第三代同步辐射光源高 10 的 9 次方倍，具备纳米级的超高空间分辨能力和飞秒级的超快时间分辨能力。另外，X 射线自由电子激光可将对微观世界的研究能力从拍“分子照片”提升到拍“分子电影”的水平，也可同时满足面向物质、单分子、超强超短单颗粒成像，以及极端光物理等多个实验站的需求。因此，X 射线自由电子激光装置已成为发达国家争夺 21 世纪科技制高点的必备高科技基础设施。上海的硬 X 射线自由电子激光装置将同德国汉堡的欧洲 X 射线自由电子激光装置、美国硅谷的直线加速器相干光源Ⅱ一样，采用最先进的超导高频技术；建成后将跻身世界上最高效和最先进的自由电子激光用户装置。它将为科学家在大的时间跨度（秒到亚飞秒）、空间尺度（微米到埃）和原位环境下了解物质体系的构效关系，提供最先进的全能谱、多维度、非线性、相干的X射线物质表征方法，并为用户提供在分子、原子尺度以及极端条件下观测和控制物质的结构及其动态过程的能力，为揭示生命机理、调控化学反应、探索量子调控等国家战略性科技重大问题提供解决方案。

作为世界上最高效和最先进的自由电子激光用户装置之一，硬X射线自由电子激光装置将为物理、化学、生命科学、材料科学、能源科学等多学科提供高分辨成像、超快过程探索、先进结构解析等尖端研究手段，形成独具特色、多学科交叉的先进科学研究平台。同时，它也将与已有的第三代同步辐射光源、上海同步辐射光源和国家蛋白质科学设施、软X射线自由电子激光装置、超强超短激光装置、活细胞结构与功能成像等线站工程组成大科学

国家蛋白质科学中心位于上海光源的研究专用线站

装置集群，推动我国的光子科学走向世界前列，实现跨越发展。

基础科学的创新和前沿问题的探索离不开核心技术的突破，人类的发展从来就离不开对“光”的利用和开发。上海光源目前已开放 13 条光束线和 16 个实验站，其同步辐射光，被科学家称之为继电、X 光和激光之后，为人类文明带来革命性推动的新光源；其波长范围宽，从远红外到硬 X 射线连续可调，科研人员可根据不同需要选取相应波长的光，不仅可以探测研究物质的各种属性，更可以实现功能动态分子水平上的分析和控制。2015 年 7 月通过国家验收的全球生命科学领域首个综合性的大科学装置——国家蛋白质科学研究（上海）设施就是依托光子大科学装置群打造“国之利器”的一个例证。过去，许多科学家耗费数年才能解析一个蛋白质分子结构。但在上海光源的蛋白质研究专用线站上，为蛋白质分子拍一张照只需 0.1 秒，看清一个蛋白质结构所需的时间，更是从原来以“年”为计时单位压缩至最短只需 2 分 30 秒；磁场强度领先的装置可为蛋白质复杂三维结构进行核磁“拍照”，而先进的集成化电镜分析系统则可以对蛋白质进行接近原子分辨率的观测。中心还建成了国内首条基于同步辐射三代光源的小角 X 射线散射和红外生物专用线站，实现了自动上样、数据采集和结果输出，各光束线的技术指标与总体性能均达到了国际同类线站的先进水平。

2017 年 10 月，中科院上海光机所和上海科技大学超强激光光源联合实验室宣布：上海超强超短激光实验装置（SULF）的研制工作取得重大突破，成功实现 10 拍瓦超强超短激光放大输出，达到国际同类研究领先水平。超强超短激光是已知的最高光强光源，可为人类提供前所未有的极端物理条件与全新实验手段，意味着自然界中只有在恒星内部或黑洞边缘才能找到的极端条件已有可能在实验室内创造，并以此为前提建设极端条件材料科学研究平台、超快亚原子物理研究平台、超快化学与大分子动力学研究平台等用户实验终端。此外，软 X 射线自由电子激光装置已实现级联 HGHG 模式的出光放大，正在开展设备调试安装相关工作。利用这个波段

上海超强超短激光实验装置的大口径钛宝石晶体

的软X射线，可以在很好的对比度下观测活体细胞和生物样品，且由于成像时间精度达到飞秒级，X射线自由电子激光拍摄到的并非生物分子“照片”，而是“视频”。因此，软X射线自由电子激光装置建成后，将为众多科学研究平台提供性能优异的相干X射线光源，其中包括“活细胞结构与功能成像等线站”工程项目等。

张江要承担国家战略，成为具有全球影响力的科创中心核心承载地，就需要建设一批世界级实验室和重大科研平台。世界级的光子大科学装置群以超强“主力阵容”的形态在张江聚集，构筑起张江实验室发展的强大基石，对于开拓研究领域、催生源头创新、推动前沿突破起着关键作用。这片全球光子科学研究综合能力最强的大科学设施集聚地，也已经成为张江综合性国家科学中心的科学地标。■

李政道研究所：比肩顶级研究机构的

在 20 世纪，有两个全世界瞩目的科学研究中心，吸引和集聚了全世界最杰出的科学家。著名的玻尔研究所是 20 世纪 20 年代初由丹麦政府在哥本哈根设立的一个世界顶级研究机构，开放、活跃的学术研究环境及其学术声誉吸引了全世界最杰出的科学家，孕育出一大批划时代的学术思想和创新成果，开创了量子力学，形成了哥本哈根学派。二战期间，美国的普林斯顿高等研究院则汇聚了以爱因斯坦和冯·诺伊曼等为核心的一批世界顶级科学家，成为全球第二个顶级的理论研究中心。这两个顶级研究机构分别产生了十几位诺贝尔奖获得者，对欧洲和美国先后成为世界科技和经济中心产生了不可替代的作用。到了 21 世纪，90 岁高龄的著名物理学家、华人诺贝尔奖得主李政道先生提议要在中国上海“开一条先河”。

作为开创华人获得诺贝尔奖历史的物理巨擘，李政道先生和杨振宁先生于 1956 年首先提出关于基本粒子参与弱相互作用的“宇称不守恒”理论，当时李先生年仅 29 岁。如今，李政道先生虽身在美国，却心系祖国科学事业发展和高层次科技人才培养。2014 年 12 月，正当上海交通大学的李政道图书馆落成之际，李政道先生给中央领导写信，建议参照对世界科学发展有巨大影响的玻尔研究所在中国建立一个世界顶级研究所，吸引一群世界上最顶尖的科学家，形成自由探索的学术氛围，历练一批属于我国自己的顶级科学家，推动物理学及其交叉学科研究的重大发展。这个建议得到了党和国家领导人的高度重视。在教育部、科技部、国家自然科学基金委和上海市的支持下，上海交通大学深入调研并充分借鉴世界顶级研究机构的成功经验，依托自身在粒子天体物理与宇宙学、高能粒子物理、统计物理和计算物理等领域的学科基础，提出了李政道研究所的建设方案，并通过了专家论证。

经过了将近 2 年时间的筹备，李政道研究所于 2016 年 11 月挂牌成立，以“建立在物理学、天文学及其交叉学科领域中世界顶级的学术机构”为目标，根据国家中长期科学发展规划，着眼于 21 世纪国际公认的最重要科学问题，在粒子与核物理、天文与天体物理、量子基础科学 3 个方向开展重大研究，寻找宇宙中极大和极小间的关联，探索自然界最基本和最深刻的相互作用规律；前期重点建设暗物质与中微子、实验室天体物理、拓扑超导量子

2018 年 4 月，受聘担任李政道研究所名誉所长的李政道先生通过视频向上海交大师生和校友致以问候

计算三个实验平台，在暗物质探测、中微子特性研究、实验室条件下天体物理过程的实现、拓扑量子计算基本特性研究等多方面开展前沿研究。

2017 年 9 月，诺贝尔物理学奖获得者、美国麻省理工学院教授弗朗克·维尔切克受聘担任首任所长；2018 年 4 月，李政道本人受聘担任名誉所长。至此，李政道研究所已汇聚了 20 余位知名科学家和青年学者，包括国家千人计划、长江学者、杰出青年科学基金获得者、青年千人计划等研究人员。

2018 年 8 月，选址于张江科学城孙桥科创中心单元中部的李政道研究所实验楼正式开工建设。身在大洋彼岸的李政道先生亲笔致信，对以他名字命名的研究所发来了越洋祝福。李政道先生在信中指出："正系祖国经济发展日益强盛、中华民族伟大复兴的重要阶段，我深信建设一个国际化的顶级基础科学研究所，定将大幅提升祖国的科技竞争力和文化影响力。"他同时期盼研究所建成后在张江科学城发挥重要引领作用，为上海早日成为具有全球影响力的科创中心提供重要支撑。

李政道研究所实验楼建设用地约 41 亩，总建筑面积约 56000 平方米，初步规划可容纳约 600 名研究人员在此工作和生活。整幢实验楼被分割成 22 间大小不一的实验室，其中暗物质与中微子、实验室天体物理、拓扑超导量子计算是目前重点建设的三大实验平台。其中，暗物质与中微子实验平台将建设世界领先的液氙粒子探测基础设施，实现对暗物质和中微子研究世界最灵敏的探测；实验室天体物理实验平台将利用高能量密度激光，在实验室再现和研究特定情况下天体的物理变化过程，并配套建设国内首座建在地下的激光大厅；拓扑超导量子计算实验平台将研究拓扑超导材料、研制拓扑超导量子计算器件，为拓扑量子比特计算的科学问题进行基础性、前瞻性探索研究。除了建设中的三大实验平台外，李政道研究所还为未来科学前沿领域预留了充足的探索空间；并充分考虑到各国科研人员的工作习惯，通过一些人性化的贴心设计，让来这里工作和生活的各国科学家倍感温暖。李政道研究所实验楼建成后，将同张江复旦国际创新中心、上海交大张江科学园、中国科技大学上海研究院以及上海量子科学研究中心、

选址于张江科学城的李政道研究所实验楼（效果图）

上海脑科学与类脑研究中心、国际灵长类脑科学研究中心、国际人类表型组创新中心等机构一道，共同打造高水平创新单元、研究机构和研发平台集聚格局，进一步彰显张江综合性国家科学中心作为科学研究高地的特征。

在加强硬件建设的同时，李政道研究所还将集聚一大批世界级的学术大师、建立若干个一流实验与理论研究团队、搭建一个国际顶级的学术交流平台以及建设一个有特色的科普教育基地，并通过举办各类国际学术会议、学术报告讲座等方式，聚焦基础科学中未来对人类认识自然有重大突破的、对社会经济发展有重大影响的选题开展研究，增进国内外知名学者间的广泛交流。虽然还在建设阶段，李政道研究所的暗物质实验组与量子物理团队已经相继取得了重要科研成果：一是正式发表了当时世界上灵敏度最高、曝光量最大的液氙暗物质探测结果；二是制备出一种拓扑绝缘体，在全球首次观测到马约拉纳费米子。这两项科研成果都列入了《科技导报》2016 年中国科学十大进展。可以预见，拥有世界顶级“李所”的张江科学城，必将成为世界知名的重大原始创新策源地、培育顶尖科学家的摇篮，推动我国的基础科学研究从“并跑”向“领跑”转变，推动形成国际上引领性的重大科学研究前沿，产生具有划时代意义的学术思想和研究成果。

对接全球资源的张江联合孵化平台

在上海建设具有全球影响力科技创新中心的"四梁八柱"中，除离不开国家科学中心作为重要支柱、研发与转化功能性平台作为重要载体外，营造良好的创新创业环境也是不可或缺的基础性支撑。在世界知名跨国公司云集的浦东张江，如何通过建立一个平台，打破以往"孤岛创新"困局，将创业者的激情和智慧、跨国企业的核心优势技术、本土优秀企业的资源资本打通对接，从而实现优势互补及合作共赢，这正是营造良好创新创业环境的关键所在。建立联合孵化平台的设想应运而生了。

早在2006年，入驻张江高科技园区的企业之间就成立了张江高科技园区发展事务协商促进会，从对园区重大事务进行讨论交流，发展成为民主协调、协商的一个重要平台和载体。该促进会有企业会员60余家，包括5家跨国企业总部，由IBM、通用电气、霍尼韦尔和中芯国际的高管担任轮值会长；另有个人会员12名，其中10人为上海市人大代表。2015年时，有跨国企业会员写提案反映，希望加强与园区内其他企业的跨界合作；促

张江跨国企业联合孵化平台所在地——张江国际创新港

进会在对该提案进行思考和商议的基础上，提出了建立跨国企业联合孵化平台的设想，并得到张江高科技园区管委会等部门支持。

2016 年 5 月，跨国企业联合孵化器签约仪式在上海张江高科技园区举行。作为园区重点打造的国际化创新创业孵化平台，跨国企业联合孵化平台采用“1+N”孵化模式，其中“1”为联合孵化平台，“N”为该平台与美国通用电气公司（GE）、易贝（ebay）、联合利华、博世、六三六创新公社等园区跨国企业以及相关海外机构组成的特色孵化单元，构建由海外孵化企业、跨国公司、本土企业等联合组成的完整孵化产业生态体系，通过融合优势资源，打破“孤岛创新”困局，从而在催生科技企业、促进科技成果转化、推动区域经济成长方面发挥独特作用。张江的创新企业则可以对接跨国公司的全球资源，从技术、管理、资金等方面寻求帮助，“站到巨人肩膀上”更好实现创新发展。

以联合利华为例，本着“让中国原创的初创企业来解决本土问题”理念，联合利华“创想 +”平台的“孵化加速”模块打造了一个线下孵化器，促进联合利华和初创企业的合作项目落地。同联合利华合作的初创公司有机会成为联合利华的种子公司，由联合利华投资并加以扶持，还能在跨国企业联合孵化器有属于自己的创业空间；而联合孵化器也将帮助创业团队对接更多的全球资源。

2017 年 11 月，中共中央政治局委员、上海市委书记李强赴浦东新区调研时，专程来到张江国际创新港，察看和了解跨国企业联合孵化器发展运营等情况。他指出，企业来自市场、了解市场、面向市场，“由企业做孵化器，针对性强，更能办好”。成立不足两年时间，张江跨国企业联合孵化平台已发展成为备受关注的创业孵化机构。2018 年的统计数据显示：该平台孵化的 41 家企业都实现了快速成长，许多在孵团队的产品被多家跨国公司大规模采购；平台筛选的科技项目超过 1.5 万个，已孵化项目总估值超过 30 亿元。平台通过与跨国公司签订深度战略合作协议，将跨国公司的溢出技术、资本和市场资源，与本土优秀的创业企业对接。一些跨国科技巨头纷纷将自己的技术资源导入该平台，如 GE 的爱迪生创新工社，博世的汽车与智能平台、能源与建筑平台，IBM 的 Bluemix 创新实验室云平台等，以此将跨国公司、本土企业、创新团队融为一体。在平台指引下，初创公司希望通过自己的核心技术来完善跨国巨头的创新链条，以及跨国企业希望借助小公司的力量将核心技术溢出、拓展、转化的愿望正逐步实现，从而

联合孵化平台与众多知名跨国公司开展合作

激发出更多的能量。

与此同时，张江跨国企业联合孵化平台还牵头各类孵化器、加速器、众创空间等设立了六七八九集团，与全国多个城市建立了合作交流的通道，实现区域联动，助推经济发展，努力打造多个成体系、成梯队、关注不同领域的科技创新产业园，将联合孵化平台的品牌、理念和模式等辐射到长三角区域和“一带一路”沿线重点城市，打造具有国际影响力和世界领先地位的科技创新品牌。在正式运营的两年间，该平台累计孵化服务 65 个科创项目，累计融资到账超过 4 亿元，项目总体估值超过 65 亿元，还吸引了 IBM、伟创力（FLEX）、巴斯夫等 30 余家知名跨国企业开展合作。

2019 年 6 月，在张江国际人工智能高峰论坛上，六七八九集团与 IBM 研发团队联合发布了“人工智能产业创新云平台”。通过融合 IBM 的 Eco Cloud 平台、Watson 智能资产服务、Node Red 技术组件等人工智能数字资产，以及六七八九集团集聚的科创生态资源，可提供包括资源、数据、培训、资讯、应用程序编程接口、端到端在内的全生命周期服务，有望为云平台用户缩短产品研发周期，降低运营风险和产品缺陷。在张江管委会的指导和支持下，六七八九集团创始团队联合 IBM 等多家跨国企业在张江国际创新港建设和运营张江跨国企业联合孵化平台，围绕科技创新项目的服务，聚焦人工智能领域，联动更多的跨国企业、国际组织、本土企业、投资机构、科研院所等全球科技创新资源，以大中小企业融通的模式，打造人工智能产业创新平台，为科技创新企业提供全生命周期的服务和支持。

张江跨国企业联合孵化平台是浦东聚焦创新型企业孵化能力建设，营造充满生机活力的创新创业环境的一个典型例子。成立或入驻浦东的创新型孵化器数量占全市总量的四分之一，其中大部分为民营孵化器，孵化面积近 100 万平方米。市场化、专业化和国际化成为孵化器建设“浦东模式”的标志性特征。数年时间内，浦东先后引进了 PLUG&PLAY、微软云、英特尔机器人创新中心、阿里巴巴创新中心、we-work、强生 JLAB 等国际知名孵化机构，与以色列、新加坡、俄罗斯等“浦江论坛”主宾国成立了

2016 年 9 月，在浦江论坛上，上海浦东软件园孵化器荣获 2016 年 AABI“年度最佳孵化器奖”

中以、中新、中俄等国别创新中心，还培育了太库、莘泽、浦软、张江药谷、IC 咖啡、大麦村、895 创业营等本土品牌空间，孵化了包括高新技术企业、科技小巨人企业、新三板上市企业等一大批创新企业，其中 80% 以上属于电子信息、芯片设计、人工智能、生物医药、医疗器械、航空航天等新兴产业的“硬科技”创新。成功孵化出天天果园、洋码头、七牛、喜马拉雅等估值数亿美元知名企业的上海浦东软件园孵化器，还曾获得由亚洲企业孵化协会（AABI）颁发的“2016 年度最佳孵化器奖”。该孵化器推动形成的“创业苗圃—孵化器—加速器”阶梯式孵化服务体系及“产业园 4.0 时代”的新概念，引领国内孵化器建设的新潮流。

集成电路产业集聚新区

2018 年 11 月，习近平总书记在张江科学城展示厅的集成电路展区考察期间，华虹集团负责人向总书记介绍了集团的生产线布局，并围绕产业链一一详述了展出的集成电路材料、集成电路制造工艺设备、集成电路成品，还拿起华虹自主制造出的国内首块 CPU 产品，向总书记汇报工艺技术。习近平总书记察看的那张 CPU 晶圆片系由兆芯集团设计、华虹集团制造，全部工序在国内完成，这在我国处理器芯片领域尚属首次。

芯片研制能力代表了一个国家的信息技术水平。大到航空航天工程、小到手机和公交卡，芯片都是必不可少的核心部件。虽然中国电子信息产业在全球所占的规模非常可观，但国产高端芯片在全球市场的份额占比很有限。华虹和兆芯这两家位于上海浦东的企业共同研制出拥有自主知识产权的“中国芯”，标志着我国工业化、现代化、信息化一直面临“缺芯少魂”、核心关键技术受制于人的“卡脖子”之痛有望得到消解。

20 世纪 90 年代，在制定国民经济发展第九个五年计划时，中央决定

成立于1996年、以生产大规模集成电路为主的华虹 NEC 电子有限公司

投资 100 亿元，建设一条 8 英寸、0.5 微米技术起步、月加工 2 万片晶圆的超大规模集成电路生产线，即“909”工程，作为原电子工业部和上海市的“部市合作”项目，承担主体为 1996 年成立的华虹 NEC 电子有限公司。从建设和运营中国大陆第一条 8 英寸生产线起步，到现在共有 3 条 8 英寸生产线、两条 12 英寸生产线，制造工艺从 0.5 微米到 14 纳米，华虹制造规模不断扩大，生产的芯片不断精细化，性能也变得更加强大。其中，2016 年 12 月在浦东康桥工业区开工建设的“909 工程”二次升级改造项目——华力 12 英寸先进工艺集成电路生产线总投资达 387 亿元，于 2018 年 10 月 18 日正式建成投片。第九届全国政协副主席胡启立，时任上海市委副书记、市长应勇出席项目建成投片大会。相比于第一条 12 英寸生产线，该生产线在技术工艺和产能两方面都得到大幅提升，其制造规模和工艺技术正朝着全球“第一梯队”迈进。

同华虹相比，成立于 2013 年的上海兆芯集成电路有限公司是一家高科技的新兴企业。该公司推出的国产 x86 通用处理器及配套芯片组，其性能已达到英特尔主流产品的80%，不仅改变了国产CPU的性能只能达到Intel性能10%的窘境，也打破了由Intel和AMD主导的X86架构CPU的技术垄断。兆芯也成为国内唯一掌握CPU（中央处理器）、GPU（图形处理器）、Chipset（芯片组）三大核心技术的企业。随着红色“兆”字芯片嵌入越来越多的国产终端主板里，自主可控的“中国芯”将为中国工业及信息化产业发展带来更多信息安全保障。

除了上述两家企业外，在浦东还有更多产业链上的企业和他们一起并肩作战。2000年落户张江的中芯国际集成电路制造有限公司，目前已在上海、北京、深圳和天津拥有5座8英寸晶圆厂和3座12英寸晶圆厂，在江苏省江阴市拥有一座控股的12英寸凸块加工合资厂，在意大利还拥有一座控股的8英寸晶圆厂。作为最先迈入28纳米技术时代的国内晶圆制造企业，截至2018年，中芯国际的专利申请总量已经超过了1.5万件，授权量则超过了8000件，其中，28纳米和14纳米关键节点技术的专利申请总量分别位居全球第二位和第五位。创办于2001年的展讯通信（上海）有限公司，在创办后仅两年时间就成功推出全球首颗GSM/GPRS（2.5G）多媒体基带一体化单芯片，次年推出业内首颗TD与GSM双模基带单芯。经过多

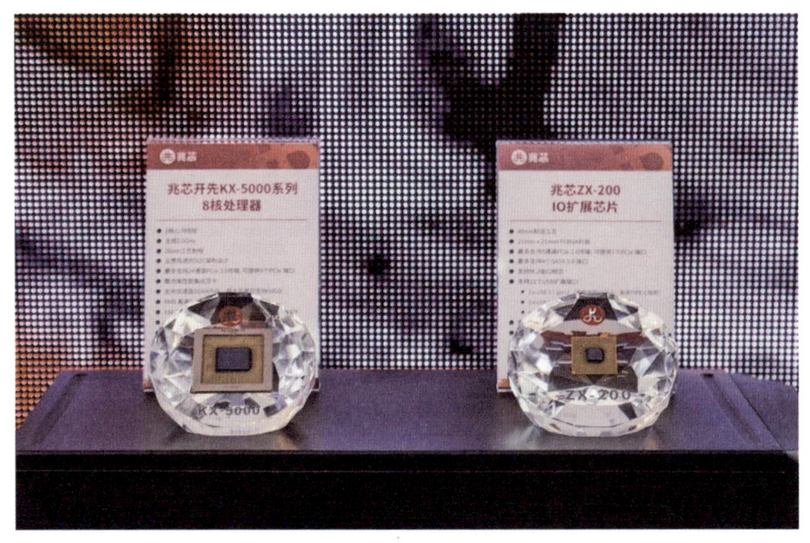

上海兆芯集成电路有限公司生产的处理器及扩展芯片

年耕耘，在与另一家芯片设计企业锐迪科合并后，2017 年展锐公司的手机基带芯片市场份额稳居世界前三，并已成为全球前十的集成电路设计企业。

近年来，新昇半导体的 12 英寸大硅片试制成功，国内首家进入生产线应用；中微半导体研制出国内首台 14—15 纳米等离子刻蚀机，达到国际领先水平；上海微电子成为国内唯一一家研制出 90 纳米光刻机的企业；凯世通半导体研制出的离子注入机填补该领域国内空白；盛美半导体研制的兆声波清洗机达到国际领先水平，其首个亚太制造中心启用；寒武纪科技发布的国内首款云端人工智能芯片达到世界先进水平……浦东集聚了包括芯片设计、晶圆制造、芯片封装、成品测试、终端制造各个环节完整的产业链，集成电路产业规模超过全市的 72%，约占全国 15%。单就张江科学城来看，目前已集聚 239 家芯片设计企业、9 家晶圆制造企业、38 家封装测试企业和 98 家装备材料企业，“中国芯”已成为上海浦东和张江科学城的一张闪亮名片。2018 年，浦东集成电路产业规模已突破千亿大关，成为上海乃至全国集成电路产业链布局、产业规模、技术水平、综合实力最具优

中微半导体的设备工程师在进行 AD-RIE 刻蚀设备工艺调试

势的地区之一。到2019年秋，随着阿里巴巴发布首款人工智能芯片“含光800”、中芯国际宣布旗下的14纳米芯片实现量产，“中国芯”的研制能力和生产水平在浦东这片热土上又一次达到新的高度。

2018年11月，上海集成电路设计产业园正式揭牌。根据规划方案，该产业园位于张江高科技园区核心区域，面积约3平方公里，将推动国内外龙头设计企业、高端人才队伍、重点科研机构向园区集聚，力争建成国内技术水平最先进、产品门类最丰富、创新资源最集聚、设施配套最完善的专业集成电路设计产业园区，带动上海集成电路产业链协同发展。紫光集团有限公司、上海韦尔半导体股份有限公司、北京兆易创新科技股份有限公司、阿里巴巴（中国）有限公司等首批企业入驻上海集成电路设计产业园。在此之前，国家集成电路创新中心、上海集成电路研发中心、微技术工业研究院等一批重要的公共研发平台已落地张江。此外，在张江还聚集了一批专业产业基金，包括科创母基金、武岳峰集成电路并购基金、上海集成电路产业基金等，巩固了集成电路产业发展的资本根基。2019年7月，“中微半导体”还成为了首批在上海证券交易所科创板上市的企业之一。

作为国内芯片科技产业战略高地的浦东，集成电路不再只是支持浦东经济发展的重要支柱。加快核心技术研发、不断赶超国际先进水平，进一步完善集成电路产业体系，已是浦东承载的国家荣誉和使命。

浦东驶入AI『快车道』

2019年8月29日，随着以“智联世界，无限可能”为主题的2019世界人工智能大会在浦江两岸开幕，在位于浦东世博片区的上海世博展览馆内，一系列新产品展现人工智能与其他行业深度融合的前景。由上海移动与上港集团、上汽集团共同打造的全国首个“5G+智能驾驶”的智慧港口——上海洋山深水港智能重卡示范运营项目在会上首发；来自浦东的三维智能视觉领域领先企业——叠境数字，独家首发了实时三维直播、虚拟数字人、AI+智慧城市等行业前沿人工智能技术及解决方案；“登陆”张江人工智能岛的“云从科技”则推出了最新自主研发新品——“云从起云平台”。

短短3天时间里，上海世博中心上演了200场各类论坛和特色活动。微软、IBM、特斯拉、亚马逊、华为、阿里、腾讯等全球人工智能领军企业、26位独角兽企业创始人，50余位知名投资人共同畅谈行业发展趋势。2位图灵奖、2位诺贝尔奖得主，5大国际人工智能顶级学术会议主要负责人，84位中外院士专家共享前沿科学成果。会场外，在浦东1200多平方

2019 世界人工智能大会现场

公里土地上，国内首个融合大规模无人驾驶动态体验场、国内首次大规模商业综合体内 AR 导航全覆盖的智慧商业以及智慧楼宇标杆典范、智慧酒店、智慧养老综合体、车位信息共享的智慧停车服务等一系列人工智能场景吸引广大市民驻足体验。

8 月 31 日，大会闭幕的这天更是成为浦东的“高光时刻”：上海市超高清视频产业金桥示范基地正式揭牌，咪咕超高清内容产业基地、华录人工智能技术超高清内容产业基地、翼盾人工智能安全生态及第五空间科技研究院等项目入驻基地；金桥 5G 产业生态园揭牌，博世公司无人泊车研发测试基地、上海中德创新中心落户其中；华为 5G 创新中心、上汽集团 5G 智能网联汽车电子创新中心、云从科技全球运营总部、长江存储上海研发中心与浦东完成签约。至此，已有 50 个人工智能产业项目落地浦东。在人工智能引起全球经济产业深刻变革的今天，加速驶入 AI 快车道的浦东再次成为引领中国和上海新一轮产业升级换挡的“主战场”。

浦东驶入人工智能发展“快车道”，首先得益于其拥有的雄厚产业基础。在产业发展方面，浦东基本形成了覆盖基础支撑层、软件算法层和行业应用层的核心产业生态。从基础支撑层看，浦东拥有从装备、设计、制造到封装测试，产业链完整的集成电路产业，总营收占全市七成以上，其中上海寒武纪公司于2017年成为人工智能芯片行业里的独角兽企业；从软件算法层看，浦东在语音语义及机器视觉等关键核心技术和应用中取得突破进展，其中达观数据已达到国际先进水平，云从科技、图麟科技已在安防、零售、工业等领域落地应用；从行业应用层看，集聚了大量典型产品、解决方案企业，中科新松等企业已晋级本土工业机器人“第一梯队”。集成电路、软件等产业为人工智能技术发展提供有力支撑，以“中国芯”“创新药”“智能造”“蓝天梦”“未来车”“数据港”等为代表的重点产业为人工智能赋能生产应用提供广阔空间；而浦东特有的多层次区域形态以及超大城区社会治理、公共服务的大量项目，也为人工智能技术和产品提供了丰富的赋能对象和实践空间。

其次，得益于浦东区域内的丰富应用场景。在2019年4月上海发布的首批12个人工智能试点应用场景中，浦东的张江人工智能岛和临港科技城成功入选。其中，总面积达10万平方米的张江人工智能岛已吸引包括

2019年4月入选上海首批人工智能试点应用场景的张江人工智能岛

IBM 研发总部、英飞凌大中华区总部、微软 AI&IoT 实验室、阿里巴巴平头哥芯片研发、中国健康医疗大数据公司等重点项目入驻，共同打造上海人工智能企业最密集、类型最丰富、产业人才最集聚的区域。同年 7 月发布的上海第二批 28 个人工智能应用场景中又有 6 个来自浦东，包括世博地区、东海大桥、中国外汇交易中心、上海儿童医学中心、上海质子重离子医院、普洛斯智慧物流园区等，分别对应“AI+ 综合”“AI+ 交通”“AI+ 金融”“AI+ 医疗”“AI+ 园区”等场景需求。随着 2019 年 5 月全国首个人工智能创新应用先导区——“上海（浦东新区）人工智能创新应用先导区”正式揭牌、启动建设，第一批人工智能“中国赛道”以及智慧工厂、智慧医疗、智慧养老、无人驾驶等 16 个重点应用场景在浦东加速启动。

同时，还得益于浦东科创资源集聚的良好生态。以张江科学城为核心，浦东集聚了一大批国家实验室、高校院所、研发机构、公共服务平台、高新技术企业和创新创业人才，以及全市三分之一的人工智能企业。浦东在人工智能领域提交的国内外专利申请量已超过 7000 件。在空间布局方面，浦东 85% 的人工智能企业分布在张江、临港、金桥等园区。张江集聚了主要的研发力量，临港重点发展人工智能核心技术、装备制造业智能化改造、智能化产品开发，金桥则以 5G 产业生态园联动汽车和机器人产业，打造超高清视频产业基地，为人工智能赋能产业提供通信支撑和应用场景。

在今天的浦东，国际业界“巨头”与本土 AI 翘楚正形成齐头并进之势，共同推动人工智能产业呈现出鲜明的“头雁引领”效应。面向未来，浦东已瞄准建设“辐射长三角地区乃至全国的人工智能发展高地”的目标，继续聚焦核心产业、推进研发创新、推广深度应用，加强行业标准和制度、公共服务平台建设并加大人才引进力度、培养速度，加快向具有全球影响力的人工智能创新策源、应用示范、制度供给和人才集聚高地进军，在推动人工智能赋能产业发展、引领全国人工智能高质量发展的进程中发出“最强音”。■

打造『南北科技创新走廊』

自2009年国务院批复同意原南汇区整体划入浦东新区后，随着张江高科技园区与康桥工业区、国际医学园区联动，四大开发公司“挥师南下、决战临港”等一系列战略举措的推行，“南北联动”成为贯穿浦东新区建设发展的重要理念之一。在浦东建设科创中心核心承载区的大背景下，加强张江、临港两地联动，推动南北走廊创新建设，既是市、区重点工作要求，也是两地产业对接、创新协同的内在需求。张江和临港只有在研发、中试、产业化等各个环节相互支撑，才能充分地形成合力、融入大局，形成产业集群、产业生态，整合实现创新链、产业链、价值链的有机统一。

浦东新区“十三五”规划中明确提出，要按照产业链、价值链、创新链布局的规律，打造分工细化、协作紧密、优势明显的南北创新走廊；《浦东新区建设具有全球影响力的科创中心行动方案》中也明确，以张江科技城为核心，向北依托金桥和外高桥，发挥自贸区制度创新优势和跨国公司总部、研发中心等功能性机构的集聚优势，促进研发成果高效转化，推进

国家上海生物医药科技产业基地——张江药谷

高技术制造业和专业服务业融合发展；向南依托康桥、国际医学园区、南汇工业园、临港地区等，发挥产业基础优势和空间资源优势，加快创新成果落地，成为产业转化的承载地，形成国内规模最大、创新链最完整、集聚和辐射能力最强的浦东百公里中部创新走廊。这就为加快打造张江和临港两大重点功能区之间的“南北科技创新走廊”提供了政策前提。

张江自 1992 年建设高科技园区以来，经过 20 多年的发展，在空间外延拓展的同时，产业形态、发展内涵也不断丰富变化，经济体量不断扩大，发展能级不断提升，经济和创新能量也在不断增强。作为上海科创中心建设的核心承载区，张江正以全球视野、国际标准建设综合性国家科学中心，加快集聚和建设世界一流的大科学设施集聚，提升源头创新能力和科技综合实力。

临港则是上海面向未来的重要战略引擎、滨江沿海发展廊道上的综合性节点城市，是上海建设具有全球影响力的科技创新中心的主体承载区和开放创新先行试验区，将打造成为“国际智造城”和“滨海未来城”。近年

张江已逐渐成为新技术、新业态和新模式的高端价值链策源地

来，临港地区主要经济指标均实现两位数的增长，一批重大产业项目和关键性、功能性平台项目顺利落地，形成一批“上海制造”品牌建设的突出亮点，承担起高端制造、智能制造的国家重任。上海自贸试验区临港新片区的设立，更是推动临港开启了建设具有国际市场竞争力的开放型产业体系新篇章。

2018 年 7 月，浦东新区发布《深入推进张江—临港“双区联动”，打造浦东“南北科技创新走廊”的行动方案》。方案指出，通过三年努力，“南北科技创新走廊”将力争形成生物医药、集成电路、智能网联汽车三个“千亿级”产业集群，在人工智能、新一代信息技术、航空航天等领域培育十家以上独角兽企业。为积极推进“南北科技创新走廊”建设，浦东新区相关部门、临港管委会、张江科学城建设管理办公室、相关镇和开发主体成立工作小组，有力推进、协调建设过程中的重大工作事项。

“南北科技创新走廊”是浦东开发开放进入新的发展阶段后又一重大战略举措。张江—临港的“双区联动”不仅是“点”上的切入，更是“线”

上的联动和“面”上的推进，将促进更大区域内的资源统筹整合，释放改革红利，激发创新活力。这一新的区域发展策略，将在更大空间范围内整合发展资源，科学统筹、合理布局，实现张江—临港和周边镇“2+N”产业发展格局，发挥更大的集聚效应，激发新动能，成为推动上海科创中心建设、产业转型升级的核心载体和重要支撑。同时，这一城市及产业发展带的集聚发展，将有力发挥区域的辐射带动作用，推动长三角一体化发展。

在全面推进“南北科技创新走廊”建设进程中，“2+N”体系中的张江、临港、周边各镇及新区相关部门着眼总体目标，聚焦核心内容，明确自身在“南北科技创新走廊”的角色定位和战略目标，立足各自产业发展基础和特色，加强产业链上下游协同，重点打造生物医药、人工智能、集成电路、智能网联汽车、软件信息、民用航空等有国际竞争优势的创新型特色产业集群。同时，结合“南北科技创新走廊”主导产业需求，探索对镇级工业区进行整合升级，其中包括探索将新场工业区升级打造成张江生物医药高端制造园、将张江工业区升级打造成生物医药研发总部基地、将合庆工业区升级打造成张江医疗器械产业基地、将原集电港区域升级打造成上海集成电路设计研发基地，等等。通过每个产业区聚焦在产业链的重点环

位于临港地区的上海智能制造创新中心

节，集中配套针对性政策、设施，推动产业落地。目前，张江—临港“南北科技创新走廊”建设已形成首批产业项目的联动意向，包括华域汽车、微小卫星中心、云从科技、翱捷科技、ABB 等，项目覆盖汽车、航天、能源、人工智能、集成电路、机器人等重要领域。而张江集团的临港首发项目——2018 年 1 月开工的张江科技港·先进制造产业园（一期）则是落实两地联动要求的重大项目。该产业园积极承接张江科学城的关键技术的中试与产业化，布局精密仪器仪表、智能制造关键技术与装备、新型 ICT 等关键制造产业，促进张江的科技创新成果在临港转移转化，助力上海科创中心建设。

未来，“南北科技创新走廊”还将向北延伸至金桥、外高桥等区域，形成浦东完整的中部南北走廊，成为浦东未来发展新的战略支撑，并将打造成为上海科创中心建设的关键发展轴带、长三角一体化发展的重要极核，以及世界级科学基础研究、科技创新策源地，高端产业发展和智能制造集聚区。浦东、上海乃至长三角的科技创新版图上，又将添上浓墨重彩的一笔。■

世界顶尖科学家齐聚“滴水湖论坛”

2018 年和 2019 年的金秋时节，以“科技，为了人类共同命运”为主题的世界顶尖科学家论坛（又称“滴水湖论坛”）已连续两年在上海浦东临港地区的滴水湖畔成功举办。包括诺贝尔奖、沃尔夫奖、拉斯克奖、图灵奖、麦克阿瑟天才奖等世界著名学术奖项得主在内的数十名世界顶尖科学家，以及中国科学院院士、中国工程院院士、中外杰出青年科学家等出席论坛。

2019 年 10 月 29 日，正值第二届世界顶尖科学家论坛在上海开幕之际，习近平主席向论坛致贺信，指出科学技术是人类的伟大创造性活动，发展科学技术必须具有全球视野、把握时代脉搏；中国愿同世界各国一道加强科学研究，密切科研协作，推动科技进步，应对时代挑战。习近平主席强调，中国高度重视科技前沿领域发展，致力于推动全球科技创新协作；中国将以更加开放的态度加强国际科技交流，依托世界顶尖科学家论坛等平台，推动中外科学家思想智慧和研究成果转化为经济社会发展的强大动力；希望与会代表围绕“科技，为了人类共同命运”这个主题，推动基础

世界顶尖科学家论坛以“滴水湖”命名

科学、倡导国际合作、扶持青年成长，为共同创造人类更美好的未来作出贡献。习近平主席的贺信，为全方位加强国际科技创新合作、推动构建人类命运共同体指明了方向。坚定走科技创新共赢、多赢之路，把开放的“门”打得更开、把创新的“火”点得更旺、把包容的生态建得更好，让科技创新焕发出更加蓬勃的生机，正是上海加快建设具有全球影响力的科技创新中心的题中应有之义。

首届世界顶尖科学家论坛为期 3 天，包括主题论坛、世界顶尖青年科学家特别论坛和前沿科技与创新发展圆桌会议三大板块，其中 4 个主题论坛分别为世界顶尖科学家光子科学与产业论坛、生命科学与产业论坛、创新药研发和转化医学论坛、脑科学与人工智能论坛。第二届论坛期间，则举办了“莫比乌斯”论坛、“国际大科学计划”战略对话、青年科学家论坛以及 8 大主题峰会。在此期间，中外科学家就科学前沿课题，以前瞻性的研究视角，作了精彩的论述和交流，充分彰显了坚持探索、追求真理的科学精神，为科学领域的研究提供了很好的分享与启迪。在青年科学家特别论坛上，顶尖科学家与数以百计的青年科学家同场交流，不同国别、不同年龄的科学家在共同的追求下，进行科学灵感的碰撞、创新火花的激扬。通过对全球青年科学家的帮助和支持，鼓励更多年轻人加入到创新性教育和公众科学活动中，推动人类科学事业发展，为科学创新发展增添年轻的血液，注入新的动力；而世界顶尖的科学大师们不遗余力、倾心指点，也将对青年科学家更快成长、更好融入全球科技创新体系产生重要影响。从对宇宙的探究，到对生命的探索；从无人驾驶、区块链、人工智能等新科技，到量子计算机、新材料、有机化学等基础研究，世界顶尖科学家们的精彩演讲以及同其他科学家、青年科学家的交流讨论，为浦东临港带来了一场科学的饕餮盛宴。

同时，论坛也对学术评价、科研素质培养和科技创新机制、青年人才培养、社会经济发展规律和公平效率等问题进行探讨。第二届世界顶尖科学家论坛闭幕会上，发布了《科技，为了人类共同命运——第二届世界顶

2006年诺贝尔化学奖得主、世界顶尖科学家协会主席罗杰·科恩伯格在论坛上作未来前沿科技趋势报告

尖科学家上海倡议》，重申对基础科学这个社会的变革性源泉的关注，强调开放、合作和科技共同体的观念仍然是支撑科学发展的决定性基础，呼吁促进对全球青年科学家的支持，建设一个健康的全球性科学生态体系。倡议提出：让惠及人类未来的科技和科学家，承担起更多的责任，并以此为基石创造出更好的科技治理模式。

建立全球性科学生态体系，是开展全球创新活动的重要基础。首届世界顶尖科学家论坛上发布了“WLA 科学社区”的规划，探索创新源头“最先一公里”与产业化“最后一公里”的对接，体现了建立科学生态体系的全新尝试。根据规划，“WLA 科学社区”主要由思想板块、实验室板块、技术转化板块构成，将以高校、科研院所、企业共建联合实验室为基础，以国际化知识产权服务、产业基金服务为支撑，辅以综合生活服务，打造孵化器、加速器、助推器“三器合一”的新型创新载体；以诺贝尔奖、拉斯克奖、沃尔夫奖等世界著名学术奖项得主为核心人物，把顶尖科学家的科技原创资源注入上海，并与中国庞大的应用市场对接。在第二届论坛上，则进一步提出“WLA 科学社区”将致力于全球顶尖科技事业发展，并打造成为上海自贸试验区临港新片区四大重点产业（即集成电路、人工智能、生物医药和航空航天）的技术创新策源地；同时明确：“WLA 科学社区”将于 2020 年在临港新片区启动建设。

科学技术发展到今天，已进入全球开放、协同创新的时代。科学创新从来没有像今天这样深刻地影响着一个国家和一座城市的命运。相比过去的任何时期，基础科学研究对产业发展产生更直接、更快速的影响，科学到技术的转化变得更高效、更专业。地处中国改革开放前沿、创新发展前列的上海浦东，大科学装置群初露峥嵘、研发与转化功能型平台不断完善、“大众创业、万众创新”的科创氛围浓厚、科创中心核心功能区不断完善。世界顶尖科学家论坛连续成功举办，同时标志着上海和浦东已经具备了同世界最高科学技术水平的代表碰撞科研思想、交流科技经验、分享科创成果的底气。正如 2006 年诺贝尔化学奖得主、世界顶尖科学家协会（WLA）

出席论坛的世界顶尖科学家、“两院”院士、青年科学家等

主席罗杰·科恩伯格所指出，2018 年论坛的成功举办，我们见证了中国、见证了上海的“速度”；2019 年论坛则让我们感受到了上海的“温度”；我们完全可以预见，上海未来可能达到的科学“高度”！

展望

而立浦东再出发

浦东，三十而立。

步入而立之年的浦东，形成了开放、创新、高品质的卓越浦东基本框架。国际经济、金融、贸易、航运核心功能区基本建成，科技创新中心核心功能区形成框架，与高标准投资贸易规则相衔接的营商环境率先构建，社会主义现代化国际大都市城区基本建成。

放眼 2035 年，基本建成开放、创新、高品质的卓越浦东。核心功能持续优化，区域带动显著增强，城市品质达到一流，吸引力、创造力、竞争力大幅提升，基本建成具有世界影响力的社会主义现代化国际大都市城区。

展望 2050 年，全面建成开放、创新、高品质的卓越浦东。全球服务形成顶级配置力，科技创新形成前沿驱动力，产业集群形成世界影响力，宜居城区形成家园感召力，吸引力、创造力、竞争力达到顶级全球城市水平，建成具有世界影响力的社会主义现代化国际大都市城区！■

参考文献

1. 浦东新区档案馆保存的相关档案资料。
2.《邓小平文选》第三卷，人民出版社 1993 年版。
3.《邓小平年谱（1975 ～ 1997）》(下)，中央文献出版社 2004 年版。
4. 浦东新区历任领导讲话集。
5.《上海改革开放二十年》系列丛书（浦东卷），上海远东出版社 1998 年版。
6.《上海改革开放二十年》系列丛书（金融卷），上海人民出版社 1998 年版。
7.《上海经济年鉴》(1992 ～ 2019 年)，《上海经济年鉴》社出版。
8.《浦东年鉴》编辑部：《浦东年鉴》(1994 年～ 2019 年)。
9.《文汇报》(1992 ～ 2019 年)。
10.《解放日报》(1992 ～ 2019 年)。
11.《浦东时报》(2008 ～ 2019 年)。
12.《浦东开发》(1992 ～ 2019 年)。
13. 中共上海市委党史研究室编：《上海社会主义建设五十年》，上海人民出版社 1998 年版。

14. 黄菊：《在探索中前进》，中共中央党校出版社 1999 年版。
15. 黄菊：《在协调中发展》，中共中央党校出版社 2002 年版。
16. 徐匡迪：《求真务实创新》，中共中央党校出版社 1999 年版。
17. 中共上海市委党史研究室编：《阔步迈进新世纪（1997—2002）》，上海人民出版社 2002 年版。
18. 俞可平等主编：《海外学者论浦东开发开放》，中央编译出版社 2002 年版。
19. 李鹏：《市场与调控——李鹏经济日记》，新华出版社 2007 年版。
20. 赵启正：《浦东逻辑——浦东开发与经济全球化》，上海三联书店 2007 年版。
21. 中共上海市委党史研究室编：《新世纪新步伐（2002—2007）》，上海人民出版社 2007 年版。
22. 中共上海市委党史研究室编：《开发开放：浦东迈向现代化》，上海书店出版社 2008 年版。
23. 上海市统计局、国家统计局上海调查总队编：《光辉的六十载（1949—2009）上海历史统计资料汇编》，中国统计出版社 2009 年版。
24. 唐国良主编：《2 号楼纪事》，上海辞书出版社 2010 年版。
25. 中共上海市委党史研究室编：《新跨越新发展（2007—2012）》，上海人民出版社 2012 年版。
26.《朱镕基上海讲话实录》编辑组编：《朱镕基上海讲话实录》，人民出版社、上海人民出版社 2013 年版。
27. 政协上海市委员会文史资料委员会等编：《口述上海：浦东开发开放》（上、下），上海教育出版社 2014 年版。
28. 中共上海市委党史研究室编：《邓小平在上海》，上海人民出版社 2014 年版。
29. 中共上海市委党史研究室编：《上海改革开放实录（1978—1992）上、下》，上海书店出版社 2014 年版。
30. 中共上海市委党史研究室编：《上海改革开放实录（1992—2002 上、

下）》，上海书店出版社 2015 年版。

31. 中共上海市委党史研究室编：《上海改革开放实录（2002—2012）上、下》，上海书店出版社 2016 年版。

32. 谢国平：《中国传奇：浦东开发史》，上海人民出版社 2017 年版。

33. 中共上海市委党史研究室编：《创新与转型：2012—2017 年上海发展报告》，上海人民出版社 2017 年版。

34. 中共上海市委党史研究室编：《口述上海：改革开放（1978—2018）》，上海人民出版社 2018 年版。

35. 中共上海市委党史研究室编：《上海经济发展四十年》，上海人民出版社 2018 年版。

36. 中共上海市委党史研究室编：《上海科教发展四十年》，上海人民出版社 2018 年版。

37. 中共上海市委党史研究室编：《上海改革开放四十年》，上海人民出版社 2018 年版。

38. 中共上海市委党史研究室编：《上海社会发展四十年》，上海人民出版社 2018 年版。

39. 中共上海市委党史研究室编：《上海文化建设四十年》，上海人民出版社 2018 年版。

40. 中共上海市委党史研究室编：《上海党的建设四十年》，上海人民出版社 2018 年版。

41. 中共上海市委党史研究室编：《上海区域发展四十年》，上海人民出版社 2018 年版。

42. 中共上海市委党史研究室编：《上海相册：70 年 70 个瞬间》，上海人民出版社 2019 年版。

43.《上海市浦东新区国土空间总体规划（2017—2035）》。

后 记

为庆祝浦东开发开放30周年，在市委宣传部的支持下，由中共上海市委党史研究室组织编写的《潮涌东方——浦东开发开放30周年》一书，在浦东开发开放30周年之际，正式出版与广大读者见面了。

本书由已结项的上海市哲学和社会科学规划办公室资助课题《浦东开发开放历程研究》（课题批准号：2013BDS001）转化而来。在写作过程中，我们从档案馆、图书馆查阅、收集大量资料，采访了一大批见证并参与浦东开发开放的亲历者。

市委党史研究室领导高度重视本书的编写工作。徐建刚主任积极推动本书的各项工作，严爱云副主任、谢黎萍副主任提出大量宝贵修改意见。全书由黄金平负责框架设计和统稿；撰写分工为：黄金平撰写第一至四章、第七章；龚思文撰写第五、六、八章。本书得到了市委党史研究室相关处室的热情支持和大力帮助，郭炜、胡迎等同志协助做了大量资料和照片查找工作。浦东新区党史地方志办公室主任柴志光为本书编写提供了大量资料。上海人民出版社编辑为本书的出版付出了辛勤劳动，在此一并致谢。

由于我们水平有限，加之时间紧、跨度大，书中疏漏和不足之处，希望广大读者给予批评指正。

编者

2020 年 3 月

图书在版编目(CIP)数据

潮涌东方:浦东开发开放30年/中共上海市委党史研究室编;黄金平,龚思文著.—上海:上海人民出版社,2020
ISBN 978-7-208-16350-8

Ⅰ.①潮… Ⅱ.①中… ②黄… ③龚… Ⅲ.①改革开放-成就-浦东新区 Ⅳ.①D619.513

中国版本图书馆CIP数据核字(2020)第043880号

责任编辑 罗 俊
封面设计 汪 昊

潮涌东方
——浦东开发开放30年
中共上海市委党史研究室 编
黄金平 龚思文 著

出　　版 上海人民出版社
(200001 上海福建中路193号)
发　　行 上海人民出版社发行中心
印　　刷 常熟市新骅印刷有限公司
开　　本 720×1000 1/16
印　　张 24.25
字　　数 325,000
版　　次 2020年4月第1版
印　　次 2020年6月第3次印刷
ISBN 978-7-208-16350-8/D·3565
定　　价 128.00元